“十二五”职业教育国家规划立项教材

创新旅游管理系列教材

旅游学概论

总主编 ◇ 王忠林

主　编 ◇ 章　艺　郑昭彦

华东师范大学出版社

总序

近年来，随着职业教育的蓬勃发展，教材的编写与出版也蔚为大观。是否找准定位、真正契合职业教育课程体系和人才培养的实际需求，并区别于学术型本科院校教材，几乎成为职业教育教材是否优劣的命门。如今摆在我们面前的这套教材，我以为，它在追求创新和优秀的道路上呈现出了最大努力。

总体来看，这套教材有以下几个亮点：

一、认可度高。2013年年初，教育部职业教育与成人教育司开展"十二五"职业教育国家规划教材选题立项工作。这套高职高专创新旅游管理系列教材顺利通过立项和评审，获得很高认可。这套教材的推出，将进一步规范和提高我国高等职业院校的旅游管理专业教学水平，从而对我国旅游产业的人才培养和可持续发展产生积极深远的影响。

二、编写实力强。这套教材的编委会和具体编写团队成员均来自以"中国旅游院校五星联盟"为主的实力强劲的相关高职旅游院校，在编写方面，可以说，既做到了高瞻远瞩、立足未来旅游专业适用人才培养的方向，又做到了结合当下职业院校旅游管理专业课程设置和就业需求的实际。

三、契合专业教学标准。该套教材的编写贯彻和实施了2012年年底教育部职业教育与成人教育司颁布的《高等职业学校专业教学标准（试行）》，集行业内资深专家和高职院校优秀一线教师的理论积淀和实践经验于一体，立足于教材的科学性、创新性、实用性，注重产教结合，深入浅出，体现了高等职业教育的特色和应用型专业的典型特征。

希望这套高职高专创新旅游管理系列教材对我国高职院校培养应用型的旅游从业人员有所裨益，为我国高等职业教育旅游管理专业的建设和人才培养起到推动和引导作用。

全国旅游职业教育教学指导委员会秘书长　韩玉灵

前言

当前，我国正在加快转变经济发展方式，旅游业也相应地进入了全新的战略机遇期和发展调整期。一方面，我国现已成为世界第一大出境旅游消费国和第三大入境旅游目的地。2012年出境旅游消费支出达1020亿美元，约占全球份额的9.5%，在全球入境旅游接待的份额也增长了5.58%。另一方面，旅游业表现出了一些新的发展特点，如《旅游法》的颁布、信息技术的日新月异、新业态的不断涌现等，都决定了旅游基础知识需要及时地更新。

旅游概论是旅游类专业的基础课程和入门课程，在旅游管理专业人才培养中属于启蒙课程。根据高职院校以职业能力培养为重点的人才培养特点，本教材摒弃以往常见的章节设计体系，采用“工学结合、任务驱动”的设计体系，每一项任务以真实案例导入，使学生进入相应的情境之中，激发学习兴趣，引导学生学习相关知识和技能。

本教材既可作为旅游管理专业用书，也可作为广大旅游从业人员的培训教材或参考资料。本教材共分为了解旅游、认识旅游、管理旅游、营销旅游和发展旅游五个模块，每个模块均先对教学目标、重点内容和关键词进行说明，每个任务由任务引入、任务执行、知识拓展和效果评价等构成。具体编写分工为：模块一、模块四由浙江旅游职业学院郑昭彦老师编写，模块二由浙江旅游职业学院沙绍举老师编写，模块三由北京培黎职业学院夏颖颖老师编写，模块五由浙江旅游职业学院章艺老师编写。

在教材编写过程中，我们倾注了大量心血，参阅了大量的文献、教材和专著。对有助于这部教材编写的文献、教材和专著的作者，我们深致谢意！

由于成书时间仓促，且水平有限，本书肯定存在不当之处，敬请读者和旅游从业人员批评指正。

编　者

2014年1月

前言

[illegible]

目录

模块一 了解旅游

通过本模块的学习，你能够

- 判断哪些行为属于旅游活动
- 分辨不同类型的旅游活动
- 判断哪些人群属于旅游者，并能对不同旅游者进行归类
- 了解旅游者形成的主客观条件
- 对不同旅游吸引物进行分类
- 辨析旅游发展带来的积极和消极影响

本模块重点内容网络图

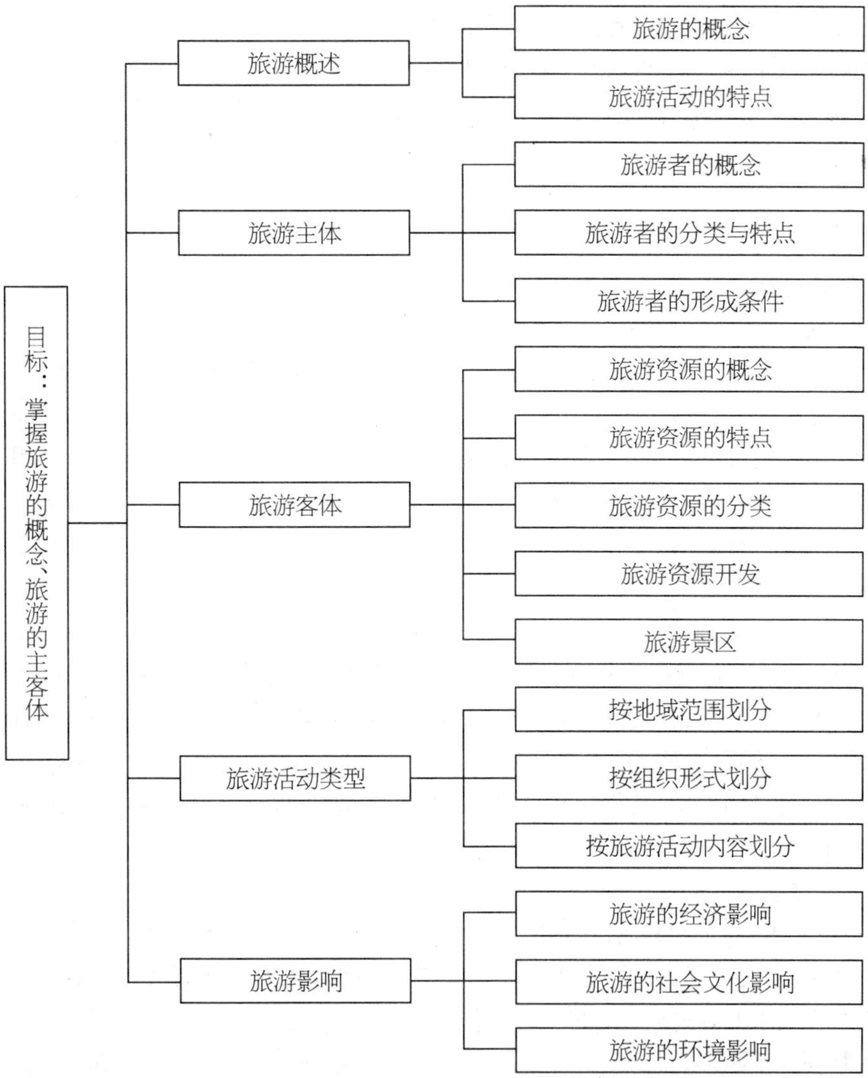

关键词

旅游　旅游者　旅游资源　旅游动机　旅游影响

任务一 旅游概述

任务引入

于丹论旅游

旅游是养心的过程。我把旅游分为三层境界：最浅的一层是你邂逅了你从没看到过的风景；第二层是你邂逅了一种你从来没有经历过的生活方式；第三层，也就是最高的一个层次，是你突然遇见了你从来没有遇见过的自己。什么是旅游？旅游就是穿越山水与固有的生活方式，突然发现，原来自己可以像孩子一样特别天真快乐。

资料来源：于丹，《读书和行走是我的两个翅膀》。

http://news.xinhuanet.com/book/2011-03/27/c_121235825.htm

请问：你认为旅游的目的是什么？

任务执行

一、旅游的概念

（一）定义

迄今为止，关于旅游的定义众多，尚未有一个统一的定义。综合国内外学术界、旅游组织关于旅游的定义，基本上可以分为两类：一类是概念性定义，旨在提供一个框架，用以明确旅游的基本特点以及将它与其他类似的或相关的，但又不同的活动区别开来；另一类是技术性定义，旨在用它来为统计和立法提供旅游信息。在国际上比较有影响的旅游定义主要有以下表述：

1. "艾斯特" 定义

旅游是非定居者的旅行和暂时逗留而引起的现象和关系的综合。这些人不会导致长期定居，并且不牵涉任何赚钱的活动。这一定义最初由瑞士学者汉泽克尔（Hunziker）和克拉普夫（Krapf）于1942年在他们合著的《普通旅游学纲要》一书中提出，后来到20世纪70年代被"旅游科学专家国际联合会"（International Association of Scientific Experts in Tourism，简称AIEST）采用为该组织对旅游的标准定义，所以这一定义常常被人们简称为"艾斯特"（AIEST）定义。

2. 世界旅游组织定义

人们为了休闲、商务和其他目的，离开他们惯常的环境，到某些地方去以及在那些地方停留不超过一年的活动。这是1995年世界旅游组织和联合国统计委员会针对旅游统计问题，在技术上对旅游给出的一个界定。

（二）特征

综合以上对旅游定义的不同表述，我们可以看出旅游活动具有以下几个方面的特征：

1. 异地性

旅游应该是人们离开自己的定居地，去异国他乡访问的活动。上述定义中的"惯常的环境”包括居住地附近的地方和人们经常去的地方，一是指人们常去的地方，即使这个地方离他的居住地很远，如一个人在离他居住地很远的地方上下班；二是指离一个人的居住地很近的地方，即使他很少去，也属于惯常环境。这是旅游活动区别于其他在人们惯常居住地范围内开展休闲活动的一个重要特征。

2. 暂时性

人们在完成一次旅游活动后，必须要返回居住地，如果在旅游目的地停留过长时间，就会被界定为定居。按照世界旅游组织的定义，外来旅游者在旅游目的地连续停留时间超过一年将被认为是永久移民或临时移民，不再纳入旅游者统计范畴。

3. 综合性

旅游是人们的旅行和暂时居住而引起的各种现象和关系的综合。它不仅包括旅游者的活动，而且包括这些活动在客观上所产生的一切现象和关系。

知识拓展

旅游与迁徙、旅行、休闲的区别

概念	目　　的	空间	时　　间
旅游	休闲享乐、审美求知	异地	暂时（一般不超过一年）
迁徙	生存、生活	异地	可能是永久的
旅行	商业、贸易、宗教、探亲访友、科考	异地	暂时
休闲	休闲享乐、审美求知	非异地	暂时（一般不超过一天）

二、旅游活动的特点

1. 普及性

旅游活动的普及性主要表现为大众旅游。大众旅游指的是现代旅游活动开始形成的以有组织的团体包价旅游为代表的大众型旅游模式，并且成为广大民众中占支配地位的旅游形式。

大众旅游，首先是指旅游活动参加者的范围已扩展到普通的大众。

大众旅游的另外一层含义则是指旅游者在旅行社的组织和安排下，借助各类旅游企业提供的产品和服务，按照规定的时间、线路和活动内容，有计划地完成全程旅游活动。

2. 持续性

现代旅游活动的第二个特点是其增长趋势的持续性。由于二战后旅游活动的日益普及和其正在成为人们生活的必要组成部分，自20世纪50年代起，全世界旅游（包括国际旅游和国内旅游）活动的发展持续不衰。世界旅游组织预言，到2020年，全球国际旅游活动的规模将达到16亿人次，全球国际旅游消费将超过10000亿美元。美国的赫德森研究所（Hudson Institute）在20世纪80年代就大胆预测，全世界的旅游消费总额（包括国际旅游和国内旅游）到2029年将上升为70000亿美元。

3. 季节性

旅游活动在时间分布上具有不均衡性，这种在时间分布上的不均衡特点称之为旅游活动的季节性。形成旅游活动季节性的特点主要有以下几方面的原因：

从自然条件来看，旅游目的地所处的地理位置形成的气候条件，会导致旅游有明显的淡旺季之分。一般来说，以自然旅游资源为主的区域，旅游活动的季节性波动比较大；而以人文旅游资源为主的区域，旅游活动的季节性波动比较小。这是因为自然旅游资源受到季节性的气候变化影响会呈现周期性的季节变化。例如，吉林的雾凇只能在入冬后才出现，北京香山红叶只有在深秋才能看到。

从闲暇时间来看，旅游客源地居民的放假时间会影响旅游者的出游时间，也就是说旅游季节性和放假时间有关，比如2012年春节、“十一”两个黄金周中，全国共接待国内游客6.01亿人次，占全年总数的20.3%。而以消遣、休闲为目的的旅游活动，出游时间受到节假日的影响更大，旅游季节性较为明显。

4. 地理集中性

旅游活动在空间分布上具有地理集中性特点。这种集中性，不仅表现在世界旅游地区格局的不均衡，而且还表现在一个国家以及一个城市格局的不均衡。

在世界旅游的格局中，依然存在着一种“老秩序”，它是由欧洲、美洲、东亚和太平洋地区在20世纪五六十年代起长期占据全世界旅游的注意力中心而形成的。

就一个国家而言，旅游者也主要集中在能够代表该国政治、经济、文化特色的城市，这些旅游需求较大的城市也就成了旅游热点地区。据2012年中国旅游业统计公报显示，2012年接待入境过夜游客人数超过20万人次的城市有深圳、广州、上海、北京、杭州、珠海、苏州等46个城市。

效果评价

知识评价

1. 请分析旅游概念的内涵。
2. 请总结旅游活动的特点。

能力评价

通过收集资料分析我国和世界范围内的旅游热点城市，并分析原因，最终形成调研报告。

任务二　旅 游 主 体

任务引入

美国总统奥巴马访华——他，是旅游者吗？

2009年11月15日晚，美国总统奥巴马乘“空军一号”专机抵达上海，开始对中国进行为期4天的国事访问。中国驻美大使周文重和上海市常务副市长杨雄到机场迎接。在沪期间，奥巴马将与中国青年进行交流，其中15分钟用来演讲，另外1个小时用来回答学生的提问。与奥巴马对话的学生多为复旦大学和同济大学的学生。奥巴马是首位在就职一年内便访问中国的总统。16日上午与上海市委书记会面；16日中午与中国青年对话；17日上午胡锦涛会晤奥巴马；18日与温家宝举行会谈；17日参观故宫；18日参观长城。

请问：奥巴马访华，他属于旅游者吗？

任务执行

一、旅游者的概念

根据旅游研究和旅游管理的实际需要，对旅游者的定义有必要分国际旅游者和国内旅游者作出技术性的界定。

（一）国际旅游者

1. 国际联盟定义

1937年，国际联盟的统计专家委员会对旅游统计中的“外国旅游者”解释为“离开自己的居住国，到另一个国家访问至少24小时的人”。

应列入来访旅游者统计的人员范围包括：

① 为了消遣、家庭事务及身体健康方面的目的而出国旅行的人；

② 为出席会议或作为公务代表而出国旅行的人（包括科学、行政、外交、宗教、体育等方面的会议或公务）；

③ 为工商业务原因而出国旅行的人；

④ 在海上巡游度假（cruising）过程中登岸访问的人员，即使其上岸停留时间不足24小时，亦视为来访旅游者（停留时间不足24小时者应分开作为一类，必要时可不论其通常居住地为何处）。

不能列入来访旅游者统计的人员范围包括：

① 抵达某国就业任职（不管是否订有合同）或者在该国从事营业活动者，均不能列为旅游者；

② 到国外定居者；

③ 到国外学习，膳宿在校的学生；

④ 边境地区居民中日常越境工作的人；

⑤ 临时过境而不停留的旅行者，即使在境内时间超过24小时也不算旅游者。

2. 罗马会议定义

联合国于1963年在罗马召开的全体成员国参加的国际旅游会议上对国际来访的“入境旅游者”的统计范围作了新的规范：凡纳入旅游统计中的来访人员统称为“游客”(Visitor)，即除为获得有报酬的职业以外，基于任何原因到一个不是自己通常居住的国家访问的人。

“游客”分为两类：

——（过夜的游客）“旅游者”(Tourist)。即到一个国家作短期访问至少逗留24小时的游客。其访问目的可属下列之一：

① 消遣（包括娱乐、度假、疗养保健、学习、宗教、体育活动等）。

② 工商业务、家庭事务、公务出使、出席会议。

——（不过夜游客）“短程游览者”（Excursionist）或“一日游游客”（Day Tripper或Day visitor）。即到一个国家作短暂访问，停留时间不超过24小时的游客（包括在海上巡游过程中的到访者）。

这一定义不包括那些在法律意义上并未进入所在国的过境旅客（例如没有离开机场中转区域的航空旅客）。

罗马会议之后，世界旅游组织采纳了将该定义，因此人们通常也将这一定义内容称为世界旅游组织的解释。

这一定义的基本特点是：

① 将所有纳入旅游者统计的来访人员统一称为“游客”。

② 以在访问地的停留时间即是否在访问地停留过夜为标准，将来访游客进一步划分为停留过夜的“旅游者”和不停留过夜的“一日游游客”，并提出对这两种不同类型的游客分别进行统计。

③ 根据来访者的定居国或通常居住国，而不是根据其所属国籍，来界定其是否属于应纳入旅游者统计中的游客。

④ 根据所规定的访问目的来界定来访者是否属于应纳入旅游者统计中的游客。

[提示] 对旅游者（即旅游统计中所称的游客）进行界定时，所采用的技术性指标通常都涉及离开定居地或长住地、访问目的、在目的地的停留时间这三大方面。

3. 我国的统计口径

1978年后，根据我国旅游统计工作的需要，国家统计局和国家旅游局对应纳入我国旅游统计的旅游者人员范围作过一系列的解释和规定。目前，我国在海外来华入境旅游人次统计方面，对有关概念使用的现行解释和有关规定包括：

海外游客：是指来我国大陆观光、度假、探亲访友、就医疗养、购物、参加会议或从事经济、文化、体育、宗教交流活动的外国人、华侨、港澳台同胞。其中：

① 外国人是指属外国国籍的人，包括加入外国国籍的中国血统华人；

② 华侨是指持有中国护照，但侨居外国的中国同胞；

③ 港澳台同胞指居住在我国香港、澳门地区和台湾省的中国同胞。

我国旅游统计中规定，来华海外游客是指因上述原因或目的，离开其长住国（或长住地区）到我国大陆访问，连续停留时间不超过12个月，并且在我国大陆活动的主要目的不是通过所从事的活动获取报酬的人。其中，长住国（或地区）是指一个人在近一年的大部分时间内所居住的国家（或地区），或者虽然在这个国家（或地区）只住了较短的时间，但在12个月内仍将返回的这个国家（或地区）。

按照在我国大陆访问期间停留时间的差别，海外游客划分为以下两类：

① 海外旅游者，即在我国大陆旅游住宿设施内停留至少一夜的海外游客（过夜游客）。

② 海外一日游游客，即未在我国大陆旅游住宿设施内过夜（而是当日往返）的海外游客（不过夜游客）。

我国旅游统计中还规定，海外游客中不包括下列人员：

① 应邀来华访问的政府部长以上官员及其随行人员；

② 外国驻华使、领馆官员，外交人员以及随行的家庭服务人员和受赡养者；

③ 在我国驻期已达一年以上的外国专家、留学生、记者、商务机构人员等；

④ 乘坐国际航班过境，不需要通过护照检查进入我国口岸的中转旅客；

⑤ 边境地区（因日常工作和生活而入出境）往来的边民；

⑥ 回大陆定居的华侨、港澳台同胞；

⑦ 已在我国大陆定居的外国人和原已出境又返回我国大陆定居的外国侨民；

⑧ 归国的我国出国人员。

[**提示**] 目前，世界各国在对国际入境旅游者进行界定和统计时，都是以罗马会议定义或者说都是以世界旅游组织的解释为基准。因此可以认为，目前世界各国对于国际入境旅游者的界定，原则上已经达成共识。

（二）国内旅游者

对于在统计国内旅游发展情况时应如何界定国内旅游者的问题上，目前世界各国所使用的标准还远远没有统一。这主要是因为，对于国内旅游者的范围划定或定义问题，人们的看法一直存在差异。

加拿大：离开居住地边界至少50英里（80公里）以外的地方去旅行的人。

美国：处于工作上下班之外的其他任何原因而离家外出旅行至少50英里（80公里）的人，而不管其在外过夜还是当时返回。

英国：基于上下班之外的任何原因，离开居住地外出旅行过夜至少一次的人。

法国：基于上下班之外原因离开自己的主要居所，外出旅行超过24小时但未超过4个月的人。

世界旅游组织：1984年对国内旅游者的定义是为了娱乐、度假、体育活动、公务、集会、会议、学习、探亲访友、保健、慈善工作或宗教目的而在自己定居的国家对某个目的地进行至少24小时但不足一年的访问旅行者。

中国：1. 国内旅游者。在旅游住宿设施内至少停留一夜，最长不超过6个月的国内游客。2. 国内一日游游客。离开长住地外出距离在10公里以上，时间超过6小时但不足24小时，未在旅游住宿设施内过夜的国内游客。

中国国家统计局规定，下列人员不在国内游客统计范围内：

① 到各地巡视工作的部以上领导；

② 驻外地办事机构的临时工作人员；

③ 调遣的武装人员；

④ 到外地学习的学生；

⑤ 到基层锻炼的干部；

⑥ 到其他地区定居的人员；

⑦ 无固定居住地的无业游民；

⑧ 到外地务工的农民。

二、旅游者的分类与特点

实际上，关于旅游者的类型目前尚无统一的划分标准。人们通常是按照各自研究问题的角度和分析目的的不同，采用不同方法和标准对旅游者进行分类。其中旅游目的是最根本的特征，因为它代表了旅游的具体动机。而从旅游经济管理、研究的角度来看，旅游业的发展主要取决于旅游者的需求及消费特点。旅游需求及消费特点的差别主要是由于旅游者不同的旅游目的所造成的。因此，按照旅游目的，旅游者可以划分为消遣型旅游者、差旅型旅游者、家庭及个人事务型旅游者三种基本类型和特种旅游者这一新兴类型。

（一）消遣型旅游者

消遣型旅游者主要是追求享乐，他们是目前国际旅游者的主题，在全部旅游者中所占比例最大，他们的需求及消费特点对旅游业的发展至关重要。这类旅游者主要有以下几个特点：

1. 季节性强

这类旅游者大多是利用节假日、带薪假期外出旅游。一般来说，节假日、带薪假期安排多受季节因素影响，主要选择旅游目的地气候宜人的季节前往观光或度假活动。

2. 旅游行程易变性

此类旅游者对旅游目的地和出访时间的选择多没有强制约束，因而拥有较大程度的选择自由，如客观因素发生重要变化，就会影响旅游者对旅游目的地的选择和行程时间的安排。例如，雪灾、地震、暴力恐怖袭击等事件的发生都会影响旅游者另选目的地或者旅游时间。

3. 停留时间长

旅游者多利用节假日、带薪假期旅游，时间充裕，多会选择需时间较长的旅游路线。即使在一地停留，也会度假与消遣相结合，停留时间较长。

4. 需求弹性强

这类旅游者费用多自理，出于支付能力的考虑，对价格问题较为敏感，经济实惠是他们选择目的地的重要参考条件。

5. 对目的地自然或人文景观要求较高

这类旅游者目的是追求身心的放松和享受，必然要求目的地有优美的自然景观、独特的人文景观。

（二）差旅型旅游者

差旅型旅游者是以业务为主要目的，兼顾观光旅游的人，包括公务旅游者、商务旅游者、会议旅游者等。随着世界经济不断发展，各国、各地区间的经济贸易、政治交往日益活跃，任何国家在发展经济的过程中，都离不开世界经济的支持和合作。在这种趋势下，世界各国、各地区人员交流日益频繁，差旅型旅游者不断增多，这一类型旅游者已在世界旅游业市场客源中占有重要地位，而且将有很大增长潜力。

差旅型旅游者的旅游动机不同于消遣型旅游者，旅游目的地、停留时间、交通工具等选择基本上根据业务工作需要来决定。所以这类旅游者有自己的特点：

1. 出行次数频繁

由于工作原因，差旅型旅游者出访次数多、频率高。

2. 旅游目的地及出访时间的限定性

由于出访目的是商务、公务活动，因而目的地是既定的，一般不受其他因素影响；

而出访时间也是由业务决定的，不受季节因素影响，此类旅游者的活动无明显季节性。

3. 对旅游产品价格变化承受力较强

旅行费用不由个人支付，而且旅游活动是出于业务需要，即使旅游产品价格变化，只要在企业或组织可以承受的范围以内，差旅型旅游基本不受影响。

4. 消费水平相对较高

差旅型旅游由企业或组织支付，且旅游享有一定的经济补助，因而旅游者有较多的金钱可以用于其他消费。此类旅游者对接待服务水平要求较高，强调舒服、方便，便于进行业务活动。

（三）家庭及个人事务型旅游者

这类旅游者的旅游目的是为了处理家庭和个人事务。主要特点有：

1. 对价格敏感

处理家庭和个人事务的旅游者，旅游费用自理，如旅游产品价格过高，旅游者就可能取消旅游计划而采取其他处理事务的方法和途径，或减少旅游活动项目。

2. 停留时间较短

类似于差旅型旅游者，外出时间限制较紧，在目的地不会长时间逗留。

3. 选择受限制

由于受旅游目的的限制，他们对旅游目的地无选择的自由，有时在时间紧迫或其他因素影响下，甚至没有选择交通工具的余地。

从总体上看，这类旅游者兼有消遣型旅游者和差旅型旅游者两方面的特点。出于自费原因，对价格敏感程度和消遣型旅游者相似；受旅游目的限定，其出访时间或季节、目的地选择、逗留时间、交通工具选择又与差旅型旅游者基本相同。

（四）特种旅游者

人们在日常生活和旅游中获得了物质和精神方面的基本满足后，就开始追求旅游形式的多样化。观光、度假等旅游活动已经不再满足人们的需求，人们越来越倾向于参与性、体验性的旅游形式，比如登山、探险、体育、攀岩等活动。

这一群体正在兴起和壮大，以不同于大众方式的旅游形式而进行旅游活动，追求具有挑战性的特殊经历。这类旅游者的特点有：

一是对自然资源和人文资源的原生态要求较高，要求原汁原味。

二是特种旅游者对参与性的要求较高，要求以一种新的感官来面对新的刺激，挑战自我，追求自我价值实现，从而体验一种新的感受。

三是特种旅游者的文化素质较高。如果旅游者不具备较高的文化素质，在参与旅游活动之中，不可能完成整个旅游活动，无法通过自身的能力体验旅游活动的乐趣，也就无法称其为特种旅游者。

三、旅游者的形成条件

（一）影响旅游需求的客观因素

一个人能否成为旅游者取决于多种社会经济因素的影响，而旅游发展历史证明，国际性大众旅游的兴起与世界各国国民收入水平的提高和带薪假期的增加是分不开的。

因此，收入水平和以带薪假期为代表的闲暇时间是影响一个人能否成为旅游者的最重要的客观因素，也是实现旅游活动的两个最主要条件。

1. 收入水平

旅游活动并非必需品，需要有一定的经济收入作为基础，否则这个消费过程就无法实现。因此，从一定意义上说，较高的社会经济发展水平和个人（家庭）收入是旅游者产生的先决条件。旅游者的发展历史也证明了这一点，第二次世界大战后国际大众旅游的兴起是同世界经济的稳定发展分不开的。社会经济发展与繁荣必然引起个人及家庭收入的提高，这是旅游者产生的首要因素。一个人的收入水平，或者确切地说是其家庭收入水平和富裕程度，与人们外出旅游活动有着直接的关系，决定着他能否成为旅游者。但是一个人或家庭的收入并非全部都用于旅游。一个人能否实现旅游的愿望以及旅游时间的长短、路程的远近、消费水平的高低和消费结构的组成，最终取决于可自由支配收入。

家庭收入分为可支配收入和可自由支配收入两个部分。可支配收入是指扣除全部纳税后的收入；可自由支配收入指扣除全部纳税及社会消费（保险、老年退休金、失业补贴的预支等）以及日常生活必须消费部分（衣、食、住、行等）之后所余下的部分。因此，当一个家庭的收入尚不足以购买基本生活必需品时，该家庭很少会外出旅游。然而，一旦这个家庭的收入水平超过这一临界点（即家庭收入高于购买生活必需品的费用），该家庭用于旅游的消费便会迅速增加。而且，可自由支配收入还会影响人们的旅游消费构成。例如，家庭富有的旅游者会在食、宿、购和娱等方面消费较多，从而使交通费用在其全部旅游消费中所占的比例减少；而经济条件次之的旅游者消费构成中，交通费用所占的比例较前者要大。其原因在于，在食、宿、购、娱等方面节省开支比较容易，而在交通费用方面节省开支比较困难。

旅游者的可自由支配收入可以通过恩格尔系数进行相对的衡量。恩格尔系数是一个家庭或个人收入中用于食物支出的比例，恩格尔系数越低，则表明可自由支配收入水平较高，旅游者也就越多；反之则呈相反方向变化。

总之，收入水平意味着支付能力。它影响着一个人能否成为旅游者，影响着旅游者的消费水平及消费构成，并且还会影响旅游者对旅游目的地及旅行方式的选择等。所以，收入水平是影响旅游需求最重要的经济因素。

2. 闲暇时间

旅游活动不仅要具有经济上的支付能力，而且必须有必要的时间。在现代社会，人的活动时间由以下四部分构成：

（1）谋生活动时间：即法定工作时间和必须附加的工作时间

（2）生理活动时间：如吃、睡及其他生理活动

（3）家务活动和社会交往活动时间

（4）闲暇时间：又称可自由支配时间，这是产生旅游者必不可少的条件之一。

闲暇时间是可以自由支配的，但是并非任何闲暇时间都可用于参加或完成旅游活动的。一个人只有拥有足够的闲暇时间，才有可能实现外出旅游。所谓拥有足够的闲暇时间，通常是指拥有一定数量并且连续集中的闲暇时间。一般闲暇时间分布情况如下：

(1) 每日闲暇。这部分闲暇时间很零散,虽然可用于娱乐和休息,但不能用于旅游。

(2) 每周闲暇。我国实行每周5天工作日制度,可利用周末2天假日进行短程游览。

(3) 公共假日,即是法定节假日。例如,我国有国庆节、劳动节、春节、中秋节、端午节、清明节等法定节假日,每年节假日达21天。人们可利用这些时间进行旅游活动。

(4) 带薪假期。随着社会经济不断发展和世界工人阶级不懈努力,目前发达的资本主义国家就业人员实行带薪休假制度。但是,各国对带薪假期时间长短的法律规定并不统一。例如,法国的带薪休假已经多达每年6周,巴西的最低带薪年假为30天,立陶宛的最低带薪年假为28天,芬兰最低带薪年假30天,法国30天,俄罗斯28天,中国台湾15天,中国香港14天,新加坡14天,美国15天,中国内地10天。

总之,旅游需要时间。闲暇时间长短不仅决定一个人能否成为旅游者,而且还影响旅游者的旅游方式和旅游活动内容。闲暇时间充裕时,旅游者可以选择较远距离的旅游活动,而且在选择交通工具时有较大自由;闲暇时间较少时,旅游者多会选择较近的旅游目的地,选择耗费时间少的旅游项目。

知识拓展

全球带薪假期比较:中国内地假期少,休不够

全球人力资源咨询公司美世曾在名为《全球员工应享假期》的报告中对62个国家的雇员假期进行了国际比较,假期包括公众节日假期和带薪假期。中国在62个国家中排名第59位。

报告显示,大部分国家的公众节日假期在10—15天范围,发展中国家的节日假期平均多于发达国家。哥伦比亚公众节日假期共18天,全球最高。印度、泰国、马来西亚等国有16天节日假期。因此中国内地的11天节日只能算中间偏下水平,多于美国的10天和英国的8天,持平于法国的11天。从这个意义看,中国的确已达到"中等发达国家水平"。

在法定带薪假期方面,发达国家则十分慷慨。美世以具有十年工龄的劳动者为标准比较,英国十年工龄的劳动者通常会有28天的带薪假期,属全球最高水平。欧洲国家总体上都有较多的带薪年假,法国、芬兰、丹麦、希腊、瑞典等国都有25天的带薪假期。

美国联邦法律对带薪年假没有强制规定,但多数公司会在雇员工作五到十年后提供每年三周的带薪休假。

亚太地区拥有的带薪年假总体上最少,中国内地、泰国以及菲律宾的带薪假期天数位列最后三位。中国的十天带薪假期甚至少于印度和越南,更低于以节奏快、压力大著称的日本和中国香港。

若将节日假期和带薪假期合并考虑,中国内地合计只有21天假期,在62个国家中排名倒数第四。

即便如此,在中国内地仍有相当一部分劳动者无法真正享受到这些假期。一些服务业从业者和大量进城务工人员甚至没有双休日,更不用说带薪假期。路透社2011年曾做过一项调查,结果表明只有65%的中国内地人休完了当年的全部法定假期。

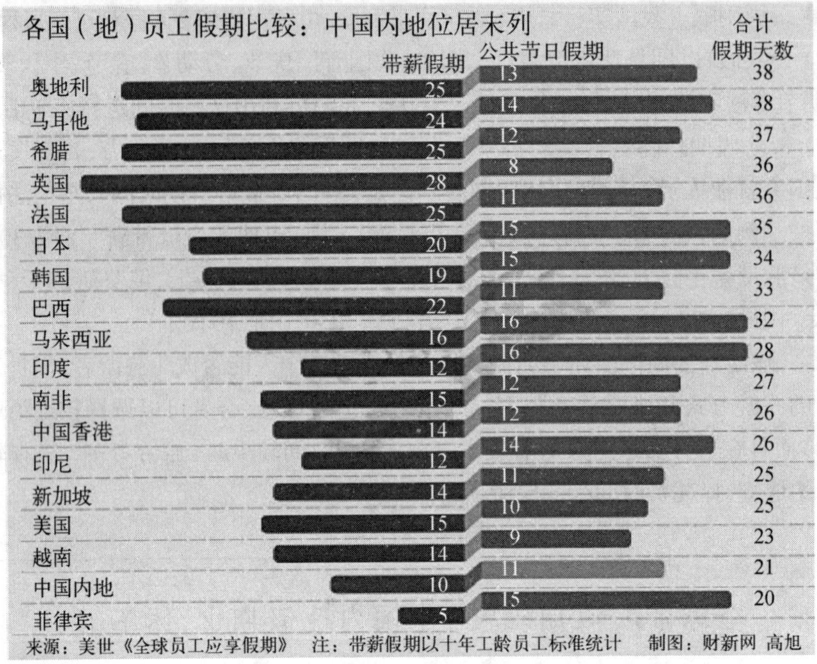

资料来源：财新网 http://special.caixin.com/2013-02-19/100492165.html

3. 其他影响因素

可自由支配收入和闲暇时间是旅游者产生的两个重要基本条件，但这并不是说一个人只要具备了这两个条件便能成为旅游者。实际上，一个人能否成为旅游者还受到其他因素的影响。

（1）旅游目的地的社会条件

旅游目的地的社会条件是指一个国家或地区的政治经济制度、社会政治环境和社会治安等方面。政治稳定、治安良好的国家和地区能吸引旅游者，而战争、动乱、恐怖活动等频繁爆发的国家和地区，则会阻碍旅游者前往。

（2）旅游目的地的可进入性

可进入性主要是指旅游客源地和目的地之间的距离、交通状况以及国际旅游中的入关签证、服务效率等因素。如果客源地和目的地之间距离短、交通便利、入关签证简便、服务效率高，前往的旅游者就会多；反之则会少。

（3）旅游者的年龄、性别及家庭结构

一个人的年龄、身体状况是决定其能否成为旅游者的重要因素。从旅游发展的实际状况来看，中青年外出旅游的比例最大，老年人出游比例相对较低。

男性和女性在家庭中扮演的角色不同而可能对旅游感兴趣的程度不一，而且性别因素也与社会发展水平和经济收入有关。一般来讲，男性外出旅游的可能性要高于女性。

此外，家庭结构也是影响旅游者形成的一个条件。调查表明，家庭中有4岁以下婴幼儿的家庭外出旅游可能性很小；与此相反，未婚的成年人由于身体健康、无牵挂，收入较高，外出旅游的可能性较大。家庭结构对家庭成员的旅游倾向有很大影响。

（4）旅游信息获取的便利性

旅游信息来源越来越多样化，例如：广播、电视、报刊等传统媒介以及互联网、微信、微博等新兴媒介。人们不但可以很方便地查询旅游目的地的信息，而且可以通过互联网预订各项服务。信息获取的便利性在一定程度上引导着潜在旅游者加深对旅游目的地的了解，进而产生旅游需求和旅游动机。

（二）影响旅游需求的主观因素——旅游动机

动机是以需要为基础的，人类的需要激发动机的产生；而动机和行为又是相互联系的，有什么样的动机，就有什么样的行为。也就是说，动机是需要的具体化，是需要和行为的中介，动机转换为行为后，通过最终结果来满足动机的需要。

旅游动机是推动人们从事旅游活动的内在原因。根据美国学者罗伯特麦金什和沙西肯特格普特在他们合编的《旅游的原理、体制和哲学》一书中将所有人的旅游动机分为以下4种基本类型：

1. 身体方面的动机

包括度假放松、消遣娱乐以及其他直接与保健相关的活动。属于这方面的动机有一个共同特点，即通过与身体有关的活动来消除紧张。

2. 文化方面的动机

人们为了认识、了解自己生活环境和知识范围以外的食物而产生的动机。其最大特点是希望了解异国他乡的情况，包括了解其音乐、艺术、民俗、舞蹈、绘画和宗教等。

3. 人际方面的动机

人们通过各种形式的社会交往，保持和社会的接触，包括希望接触他乡人民，探亲访友、逃避日常的琐事及惯常的社会环境、结交新友等。

4. 地位和声望方面的动机

这方面的动机主要与个人成就和个人发展的需要有关。属于这类动机的旅游包括事务、会议、考察研究、追求业余爱好以及求学等类型的旅游。旅游者可以通过旅游实现自己受人尊重、引人注意、被人赏识、获得好声名的愿望。

对于旅游者而言，几种旅游动机会以各种组合方式形成一种综合动机。例如，去承德避暑山庄的旅游者，既是为了避暑，也是为了欣赏那里的美景，还可能是为了了解其历史文化知识。

知识拓展

马斯洛需求层次理论

马斯洛需求层次理论（Maslow's hierarchy of needs），亦称“基本需求层次理论”，由美国心理学家、人本主义心理学的创立者亚伯拉罕·马斯洛于1943

年在《人类激励理论》论文中提出。该理论将人类的需求分为五种，并将五种需求进行了等级的划分，按层次逐级递升，分别为：生理上的需求、安全上的需求、情感和归属的需求、尊重的需求、自我实现的需求。马斯洛认为，当人的低层次需求被满足之后，会转而寻求实现更高层次的需求。另外两种需求——求知需求和审美需求——这两种需求未被列入到他的需求层次排列中，他认为这二者应居于尊重需求与自我实现需求之间；还讨论了需求层次理论的价值与应用等。

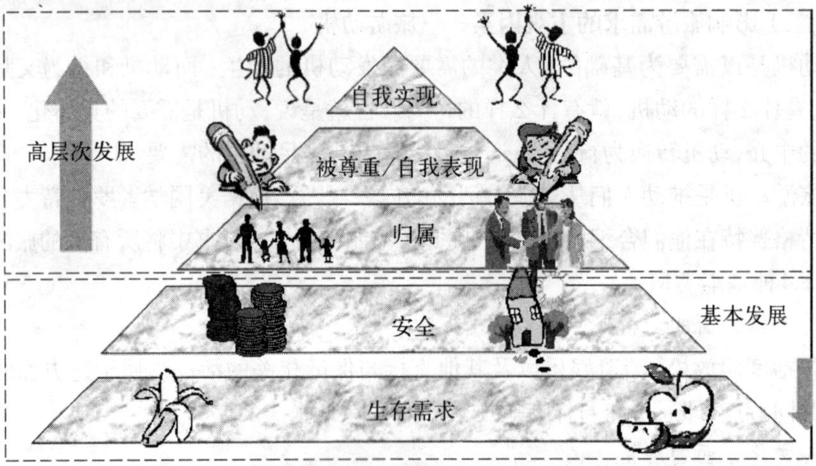

资料来源：http://baike.baidu.com/link?url=DLkNVAyIM8g9xHgHmUtTEW2nzQzspLYuHAK5ScRKbVUtJujjTIZwpaKTRwDf78Pi 以 及 http://www.ugong.com/cn/2010/12/ 20101222101220.html

效果评价

知识评价

1. 请描述旅游者与旅行者、访客之间的区别。
2. 如何根据旅游者的需求开发不同类型的旅游产品。
3. 说明不同类型旅游者之间的共同点和不同点。
4. 请总结影响旅游者形成的主客观因素。

能力评价

1. 自由组成6—8人的小组，设计一份大学生寒假旅游动机和需求特点的问卷，对本校同学进行调查访问，并撰写调查报告。
2. 分小组根据不同类型旅游者的需求特点设计情景剧，并表演展示。
3. 就“要不要取消十一黄金周”为主题展开辩论。

任务三 旅游客体

任务引入

西湖三大情人桥与爱情故事

断桥：白娘子原本是山野中修炼的一条小白蛇。有一天，小白蛇被一个捕蛇老人抓住了，差一点遭遇杀身之祸，幸亏被一个小牧童所救。经过一千七百年的修炼，白娘子终于化作人形，经观音大士指点，来到杭州西湖寻找前世救命恩人小牧童。清明佳节，烟雨蒙蒙，观音大士说“有缘千里来相会，须往西湖高处寻”。在杭州西湖的断桥上，白娘子终于找到了前世的救命恩人许仙，以身相许，结为夫妻。在经历水漫金山之后，又是在断桥邂逅重逢，再续前缘。

长桥：长桥不长，指的是梁山伯与祝英台，两人在桥上送别，依依不舍，你送过来，我送过去，来回送了十八次。桥虽不长情意长，故民间有长桥之称。长桥九曲十八盘，为西湖三大情人桥之一，每逢春暖花开，长桥边上会闪动着许多美丽的蝴蝶。徜徉其中，美不胜收，情浓之际，桥须臾便尽，真乃长桥不长也。

西泠桥：“千载芳名留古迹，六朝韵事著西泠。”古老传说苏小小的故事就发生于此处。苏小小是个南齐才妓，钱塘（今杭州）人，家在西村附近，苏小小聪敏美丽，有才华，知自爱。有一次，她乘油壁车出游，在白堤遇到一个叫阮郁（南齐宰相阮道之子）的青年，阮郁骑着马从断桥缓缓而来。两人一见倾心。苏小小就吟了一首诗：“妾乘油壁车，朗跨青骢马；何处结同心？西陵松柏下。”诗中的西陵，就是现在的西泠桥，苏小小死后就葬在西泠桥侧。由于苏小小与阮郁在西泠桥上的那首定情诗，所以这儿也称作“苏小结同心处”。

请问：西湖三大情人桥是旅游资源吗？三大爱情故事是旅游资源吗？

任务执行

一、旅游资源的概念

旅游资源是游客参观游览的对象，是旅游的客体。凡是能激发旅游者旅游动机，吸引旅游者前来观光、游览，满足其生理和心理需求的一切自然和人文因素，都可称为“旅游资源”。旅游资源是发展旅游业的基础。事实上，旅游者的旅游活动是由旅游资源引起的，没有旅游资源就没有旅游者的旅游活动，没有旅游者的旅游活动，也就没有旅游业的服务对象。从这个意义上说，没有旅游资源也就没有旅游业。

二、旅游资源的特点

旅游资源具有以下基本特点：

1. 垄断性

旅游吸引物，尤其是自然景点，大都是天然形成的，是大自然赐予的，比如桂林山水、黄山、尼亚加拉大瀑布等。许多旅游吸引物为某一国某一地所独有，而其他国家和地区却不能同时具有。就文化景点来看，也是如此，中国长城、埃及金字塔、巴黎埃菲尔铁塔等无一不具有垄断性的特点。

2. 可创造性

自然景点是无法创造的，但是人文景点、节庆活动等都是可创造的。通过创造旅游吸引物，吸引游客，发展旅游业。例如，深圳为了发展旅游业，投资兴建了“锦绣中华”、“民俗村”、“世界之窗”、“欢乐谷”等大型人文景观，使得深圳成为国内著名旅游城市。再比如，主题公园“迪士尼乐园”、“海洋公园”等都是创造的旅游吸引物。

3. 发展变化性

随着经济社会和旅游业的发展，可被利用作为旅游者对象物得旅游吸引物的数量是不断增加的。科学技术的进步，增强了人们认识自然界和利用自然界的能力，不断开拓了旅游者对象物的领域，从而使旅游吸引物不断增多。如南极，终年冰封，在过去只有极少量的科学家、探险家才有可能抵达。随着交通条件的变化，去南极已经变得相对容易了，可以预料，未来南极也会成为重要的旅游吸引物。

4. 地域性

受地理环境的区域分布规律与人类活动的影响，旅游吸引物的形成和分布具有明显的地域性。比如，海南岛不可能有冰雪资源，哈尔滨也不可能有热带植物；云南西双版纳居民住竹楼，内蒙古草原居民住蒙古包。正是这种地域差异性引起了人们对异地他乡旅游吸引物的好奇心，从而激发人们进行旅游活动。

三、旅游资源的分类

旅游资源有广义和狭义之分。狭义的旅游资源一般是指有形的旅游资源，包括自然旅游资源和人文旅游资源；广义的旅游资源除有形的旅游资源外，还包括旅游服务、社会制度、民居生活方式等无形的旅游资源。

（一）自然旅游资源

1. 地貌风景资源

地貌是构成自然景观的基本条件，是自然景观存在的地域基础。地貌类别主要有：

图 1-1

泰山

（1）山体

在地理学上把山岳和丘陵通称为山，山体包括的整个隆起范围及直接坡积的外围，通称为山地。而山峰则往往位于群山之中，以峻峭险要为特征。山地和山峰都是重要的自然旅游资源。例如，我国的“五岳”（恒山、华山、衡山、泰山、嵩山）以及有“五岳归来不看山，黄山归来不看岳”美誉的黄山。

（2）峡谷

峡谷是深度大于宽度谷坡陡峻的谷地。峡谷由峭壁所围住的山谷，一般由河流长时间侵蚀而形成。我国的长江三峡、雅鲁藏布江大峡谷、虎跳峡，北美的科罗拉多大峡谷等都是非常有名的峡谷。

图 1–2

雅鲁藏布大峡谷

2. 水文旅游资源

水文是自然地理环境的重要组成部分，也是自然界中最活跃的物质之一。水文主要类别有：

（1）河流

河流是陆地表面上经常或间歇有水流动的线形天然水道。河流在中国的称谓很多，较大的称江、河、川、水，较小的称溪、涧、沟、曲等。南美亚马逊河、埃及尼罗河、中国长江被称为世界三大长河。

（2）湖泊

湖泊是陆地表面洼地积水形成的比较宽广的水域。我国湖泊众多，姿色各异。杭州西湖、江苏太湖、云南滇池、洱海都是我国的旅游胜地。

（3）瀑布

瀑布在地质学上叫跌水。世界上最著名的三大瀑布分别是尼亚加拉瀑布、维多利亚瀑布和伊瓜苏瀑布。我国的黄果树瀑布、壶口瀑布也是著名的瀑布景点。

（4）海洋与海滩

利用海洋和海滩发展旅游业是许多国家开发旅游资源的一个重点。我国有漫长的海岸线，有众多的岛屿，海洋与海滩资源十分丰富，在大连、青岛、舟山、三亚等都有较好的海滩，也都是旅游胜地。再比如，西班牙主要旅游资源就是阳光和海滩，西班牙人称其旅游业为“向全世界出口阳光和海滩”的行业。

（5）溶洞

溶洞的形成是石灰岩地区地下水长期溶蚀的结果。我国是个多溶洞的国家，尤以

图 1–3（左）
图 1–4（右）

贵州织金洞
黄果树瀑布

图 1–5
雾凇

图 1–6
云海

广西境内的溶洞著称，如桂林的七星岩、芦迪岩等。位于湖南张家界境内的黄龙洞也因享有“世界溶洞奇观”、“中国最美旅游溶洞”等荣誉而名震全球。

3. 气候气象旅游资源

气象指发生在天空中的风、云、雨、雪、霜、露、虹、晕、闪电、打雷等一切大气的物理现象。气候是地球上某一地区多年时段大气的一般状态，是该时段各种天气过程的综合表现，以冷、暖、干、湿这些特征来衡量。我国地域辽阔，气象气候资源丰富。比如，北方的冬季“千里冰封，万里雪飘”，是开展滑冰、滑雪的大好时机。东北地区的哈尔滨、佳木斯等城市所举办的冰雕节，每年吸引大量游客前往。海南的动机气候温和，是旅游的旺季。此外，云海、雾凇、海市蜃楼、佛光等都是重要的旅游吸引物。

4. 动植物资源

动植物资源，既可单独作为旅游资源，也可与特定的地貌、环境结合起来作为旅游资源。我国广州番禺的长隆野生动物园，就是利用动植物资源发展旅游业的成功范例。利用树木、森林发展旅游是较为普遍的，很多国家都建有森林公园，供人们游览观光，如美国的黄石公园、我国的张家界国家森林公园。

图 1–7
半坡遗址

（二）人文旅游资源

人文旅游资源分为以下六种类型：

1. 古文化遗址

古文化遗址包括古人类遗址和古建筑遗址。

在我国许多地方发现了古人类遗址，如云南“元谋人”、陕西“蓝田人”、北京“周口店人”，在这些地方都修建了博物馆，供人们参观。西安半坡遗址，是典型的母系氏族社会代表的遗址；河姆渡遗址是目前发现的最早的新石器时期文化遗址之一。

2. 古陵墓

陵墓种类较多，其中帝王陵墓一般建筑规模比较大，造型宏伟，是吸引旅游者前来参观游览的重要旅游资源。我国是世界文明古国，帝王陵墓资源十分丰富，比如明清十三陵。在国外著名的陵墓中，有埃及的金字塔、印度的泰姬陵等。

图1-8

印度泰姬陵

3. 古建筑

(1) 宫殿

宫殿分布比较广泛，各国古代建都之地大都有宫殿。由于历史悠久，许多宫殿的地面建筑已荡然无存，只剩下遗址。但仍有一些保存完好的宫殿，如北京故宫，是我国现存最大最完整的古建筑群；比如承德避暑山庄，是清朝王室的离宫；比如巴黎凡尔赛宫、华盛顿白宫、伦敦白金汉宫等。

(2) 寺庙

寺庙是宗教建筑，反映一个国家在一定历史时期的建筑文化和建筑艺术。同时，也是重要的旅游资源，不仅吸引香客和朝圣者，而且也吸引来自各国各地的旅游者。如杭州的灵隐寺、苏州的寒山寺等几乎是到访游客的必至之地。

(3) 塔

塔分布广泛，造型各异。著名的有西安的大雁塔、杭州六和塔、法国埃菲尔铁塔等。

(4) 碑石

碑石反映一个国家的雕刻艺术、书法艺术和思想文化，也是旅游者参观游览的对象。我国的碑石丰富多样，西安碑林是我国碑石精华荟萃之处。

(5) 石窟

石窟大都与宗教相联系，同时也反映不同民族不同历史时期的文化艺术。我国的石窟很多，部分石窟具有极高的历史价值和艺术价值。如山西大同云冈石窟、甘肃敦煌莫高窟、河南洛阳龙门石窟、甘肃天水麦积山石窟等，都是世界罕见的艺术精华。

(6) 亭台楼阁

这种建筑在我国极为普遍，造型精巧奇特。武汉的黄鹤楼、岳阳的岳阳楼、山东蓬莱的蓬莱阁、安徽的醉翁亭等都有不同的历史艺术价值，是旅游者参观游览的对象。

4. 伟大工程

历史和现代都有许多伟大工程，这些工程都分别有经济、军事、历史、艺术等巨大价值，同时也有较高的旅游价值。如我国的长城、都江堰、长江三峡大坝等。

5. 民俗风情

民俗风情是不同地方、不同民族在长期的生产生活中所形成的特殊风俗习惯，是重要的旅游吸引物。

(1) 民族风情

不同的民族大都有其特有的民俗风情，如宗教仪式、婚丧嫁娶等都各有差异。如云南丽江摩梭人的"走婚"制度。

(2) 文化艺术

不同民族、不同地区的文化艺术各有千秋。如维吾尔族歌舞、苗族歌舞、高山族歌舞等；河南的豫剧、陕西的秦腔、浙江的越剧、北京的京剧等。

(3) 建筑形式

由于生活地域、气候条件、宗教信仰、生活习惯等因素的不同，形成了各地各民族建筑形式的不同。例如，蒙古族的蒙古包、陕北窑洞、傣族的竹楼、苗族的吊脚楼等。

(4) 节庆活动

民族的、宗教的、民间的、法定的节庆活动丰富多彩，是发展旅游业重要的旅游资源。如傣族的泼水节、彝族的火把节等，杭州西湖博览会、广州美食节等。

6. 城镇风貌和纪念地

(1) 城镇风貌

城市类型多种多样，有国际化大都市、文明古都、风景名胜区等。北京、上海、西安、杭州等是我国的旅游热点城市；法国的巴黎、日本的东京、英国的伦敦、意大利的罗马是世界旅游热点城市。

图 1-9

蒙古包

图 1-10

宋城千古情

(2) 纪念地

纪念地，有的是革命纪念地，有的是名人诞生地，有的是军事主战场、有的是曾经的自然灾害发生地，这些都可能成为重要的旅游资源。如利用革命纪念地发展"红色旅游"，利用发生过自然灾害的地方发展"黑色旅游"等。

(三) 人造景观

为了吸引旅游者，发展旅游业，很多地方开发了有价值的人造景观。人造景观既有有形的，也有无形的。有形的人造景观，比如主题公园"迪士尼"、"海洋公园"等；无形的人造景观主要指各种大型歌舞表演，如"印象——刘三姐"、"宋城千古情"等。

四、旅游资源开发

旅游资源开发是指借助现代科学技术手段，把潜在的旅游资源

知识拓展

虚拟紫禁城

“虚拟紫禁城”是中国第一个在互联网上展现重要历史文化景点的虚拟世界。这座“紫禁城”用高分辨率、精细的3D建模技术虚拟出宫殿建筑、文物和人物，并设计了6条观众游览路线。“虚拟紫禁城囊括了目前故宫所有对外开放的区域。在这里，游客可以像现实生活中游览故宫那样，走过每一条游览线路，看到每一处开放的宫殿。而比现实中更方便、更吸引人的是，在虚拟世界中，游客可以走进在现实中不能进入的宫殿，比如太和殿。游客在进入虚拟世界时可选择一个自己喜欢的身份，如官员、宫女、嫔妃、武士、太监等。参观时既可跟随一个导游，也可自己随意闲逛，或是自己做导游带领其他在线的游客一起参观。虚拟世界还设计了一些场景，比如皇帝批阅奏章、用膳，太监们逗蛐蛐、武士们练射箭等，游客可以“冷眼旁观”，也可参与其中，与人物比试一番。此外，游客还能够与其他游客及一系列预设的人物进行交谈互动。这种自主性、互动性，可谓是该项目与之前的一些“虚拟游览”或数字化游览最根本的区别。

资料来源：百度百科 http://baike.baidu.com/link?url=S1VCcAodAJo1ElvhD86z5yS_1ED8Kfh8TwrEEaf_tXoWawgikWI-gKHy-04i5UUIFaJzKg50ulWNiy5cz-3-8K

改造成旅游吸引物，并促使旅游活动得以实现的技术、经济活动。旅游资源开发，不仅仅是将旅游资源本身开发成对游客具有吸引力的吸引物，还需要为其提供满足旅游活动需要的其他条件，如交通、住宿、饮食、休息、购物等。所以，在旅游资源开发中必然伴随着基础设施的兴建以及人员的培训和接待管理机构的设立。

（一）旅游资源开发原则

旅游资源开发的目的是为了发挥、改善和提高旅游资源的吸引力，发展旅游业。在吸引旅游者来访并满足其需要的同时，推动旅游接待国或地区社会、经济的发展。对于国内旅游而言，则是要满足人民日益增长的物质和文化需求。为了保证旅游资源开发的科学化、有序化，旅游资源的开发和建设工作应遵循以下一些原则。

1. 突出独特性的原则

旅游资源贵在稀有，其质量在很大程度上取决于与众不同的独特性。这是它们能够对旅游者产生吸引力的根本所在。因此，突出旅游资源本身原有的特征，有意识地保存和增强这些特征具有十分重要的意义。这一原则具体体现在：

（1）尽可能保护自然和历史形成的原始风貌。任何过分修饰和全面毁旧翻新的做法都是不可取的。特别是对于自然旅游资源和历史旅游资源来说，这种做法只能削弱它们对旅游的吸引力。在这个问题上，开发者必须要以市场的价值观念看待开发后的吸引力问题，而不能凭自己的观念意识主观地决定。当然，对于那些虽有记载或传说但事物遗迹全不存在的历史人文资源，根据史料或传说在原址重新复建则另当别论。然而即使如此，也要注意尽量反映其历史风貌，而不能以现代的建筑材料和建筑风格取而代之。

(2) 尽量挖掘当地特有的旅游资源,以突出自己的优越性,即所谓“人无我有,人有我佳”。不论是借用或开发自然和历史遗产,还是新创当代人造旅游资源,都要通过开发措施强化旅游资源的独特性,如某项旅游资源在一定地理范围内最高、最大、最古、最奇等,以确保旅游资源的吸引力和竞争力。

(3) 努力反映当地的文化特点。突出民族化、保持某些传统格调也是为了突出自己的独特性,同时也有利于当地旅游形象的树立。旅游者前来访问的重要目的之一就是要观新赏异,体验异乡风情。不难想象,如果开发后的旅游地环境同客源地的情况无大差别,旅客是不大愿意前来访问的。即使来过一次,以后也难再返故地重游,除非会有新的变化。以旅游开发地的建筑风格为例,如果在开发过程中片面追求西方现代建筑式样,那么西方游客来此地后就不会有新异之感。但这并不是说一切只能“土”而不能“洋”,更不是说一切只能“旧”而不能“新”。旅游开发中应突出的民族文化和地方文化主要是指在环境外观上要使其有民族和地方的特点。对于旅游服务设施的内部环境和设施非但不宜“旧”,而且必须要以符合游客的生活习惯并使其具有熟悉感为原则。总之,应力求外“土”而内“洋”,外“旧”而内“新”,使来访游客在精神上有置身于异国他乡的新奇感,在生活上又享有如居故里之便利。

2. 经济效益、社会效益和环境效益相统一的原则

旅游资源开发的目的是发展旅游业,从而达到挣取外汇、回笼货币、解决就业、发展地区经济等目的,实现一定的经济效益。由此,旅游资源的开发首先必须要服从当地社会经济发展的需要。并非所有拥有旅游资源的地区都可以或者都应该发展旅游业。在旅游业所付出的机会成本大于它能带来的收益的情况下,这种开发对当地全局来讲显然是不经济的。其次,在国家或地方决定发展旅游业的情况下,也要根据自己的经济实力和有关开发项目的投资效益预测,分期分批有计划有重点地优先开展某些项目,不能不加选择地盲目开发,更不能不分先后地全面开发。再次,对开发项目投资的规模、建设周期的长短、对游客的吸引力、回收期限及经济效益等方面,进行投入—产出分析。但经济效益并非旅游资源开发追求的唯一目标,在讲求经济效益的同时还要考虑开发活动不能超过社会和环境的限度,否则会造成资源破坏、环境质量下降、社会治安混乱等负面影响,不利于当地旅游业的持续发展。因此旅游资源开发应遵循经济、社会、环境三效益统一的原则。对此,有学者提出旅游资源在开发时必须满足的八个条件:

(1) 经济贡献。旅游资源开发会带来经济价值和就业机会的增加。

(2) 环境因素。旅游资源开发在环境保护法律和法规允许的范围内。

(3) 社会文化因素。旅游资源的开发没有危及当地居民的道德和社会生活。

(4) 竞争影响。旅游资源的开发与现有的旅游业形成互补的形势,而非形成同类旅游资源开发恶性竞争的局面。

(5) 可行性。旅游资源开发的具体项目必须在经济上可行。

(6) 遵循地方政策和发展战略。旅游资源的开发必须遵循旅游目的地的政策、法规及规划的要求。

(7) 旅游影响。旅游资源开发增加旅游目的地的旅游吸引力,改善游客量及其他有益于旅游业发展的条件,增加旅游业发展的潜力。

（8）开发和经营者的能力。旅游资源的经营者具备一定的实力。

3. 综合开发的原则

综合开发对不同概念的旅游目的地有不同的意义。对于一个旅游接待国或者地域较大的旅游地区来说，往往存在有多种不同类型的旅游资源。综合开发通常是指在突出作为自己形象的重点旅游资源的同时，对其他各类旅游资源也要根据情况逐步进行开发。这是充分发掘该旅游目的地对外吸引力和努力克服来访旅游需求季节性波动的重要途径之一。通过综合开发，使吸引力各异的不同旅游资源结成一个吸引群体，使游客可以从多个方面发现其价值。对于一个地域较小的旅游目的地综合开发则多指在开发其旅游资源的同时，从行、游、住、食、购、娱等多方面考虑旅游者的需要，做好有关的设施配套和供应工作。

4. 生态保护的原则

开发旅游资源的目的是为了利用。但在某种意义上，对某些旅游资源，特别是对自然旅游资源和历史旅游资源来说，开发的本身就意味着一定程度的破坏。不过，如果处理得当，开发未必会破坏，反而能起到保护这些资源的作用。因此，在开发旅游资源的同时，要注意着眼于对旅游资源的保护，不能单纯地片面强调开发而不顾对环境的破坏问题。

（二）旅游资源开发方式

根据旅游资源的性质和开发目的，旅游资源开发包括新建、利用、修复、改造和挖掘提高5种方式。

1. 新建

新建即凭借当地的旅游资源特点，建立新的旅游景区、景点或主题公园，建设一些必要的旅游服务基础设施，以增加区域旅游吸引力，满足旅游需求，推动地方旅游业发展。这种方式，重在创新，贵在特色，必须创造出“人无我有、人有我优、人优我特”的具有鲜明个性和独特风格的景物。

2. 利用

利用指利用原有的并未被认识到的旅游资源，通过整理、组织和再开发，并使之成为旅游吸引物的一种开发方式。随着社会的进步和人类生活水平的提高，人们的旅游需求及消费行为特征也呈现多样化趋势。所以，根据人们需求的新变化，开发利用以前未被认识到的旅游吸引物，使其成为新的旅游景点。如工业旅游、科技旅游的开展，使西安的卫星测控中心、陕西阎良的飞机制造公司成为新的旅游热点。

3. 修复

由于自然或历史的原因而被损毁，但又有很高艺术、历史文化或科学研究价值的旅游资源，经过对其进行整修、修复或重建，使之重新成为可供旅游者参观游览的景点。

4. 改造

投入一定数量的人力、物力和财力，对现有的但利用率不高的旅游景观、旅游设施进行局部或全部改造，使其符合旅游市场需求，成为受旅游者欢迎的旅游吸引物的一种开发方式。

5. 挖掘提高

对已被开发但又不适应旅游业发展需要的旅游吸引物，需要深入挖掘，增加一些旅游设施和新的服务，提高其整体质量，再生出新的旅游吸引力的一种开发方式。

以上5种开发方式并无严格的明显界限，难以截然分开，通常是结合现状与需求，根据具体的旅游资源状况，确定具体的开发方式及其组合。

知识拓展

黑色旅游

强调死亡、灾难、暴力与悲伤的黑色旅游，在国外慢慢成为旅游一种新特色。与此同时，很多日本知识分子也想要将福岛第一核电站打造为一个旅游胜地。越来越多人愿意花大钱去体验令人震撼的场面，去亲眼看不幸的场面。虽然很多人对“黑色旅游”觉得病态或不可思议，但是想到全球暖化问题被炒热后，越来越多人抢着要到南极或是北极去看融化的冰山，或是去巴西贫民窟看他们的生活，去阿富汗看被毁于战火的千年巴米扬大佛，去看地震海啸灾后的现况，其实这些正是黑暗旅游的一种。

● 德国集中营与黑色旅游

德国“黑色旅游”的起点与德国学校的历史教育有关。布痕瓦尔德集中营就是这样一个历史教育基地。它建在魏玛北部的埃特山坡上。全长3公里的围墙上还有通着380伏电压的铁丝网，再加上22个瞭望塔。围绕在“主营”周边的是为数不少的附属“分营”。尽管保留下来的建筑只是当年极小的一部分，但用了一整天时间记者也无法全部参观完。20世纪50年代末，德国政府正式将集中营原址作为“黑色旅游”点开放。导游介绍说，每年都有数十万青少年来此参观。有的青少年和老师在此居住几天甚至几个星期，认真了解纳粹的历史。

● 美国9·11事件与黑色旅游

美国东部时间2001年9月11日上午（北京时间9月11日晚上）恐怖分子劫持的4架民航客机撞击美国纽约世界贸易中心和华盛顿五角大楼的历史事件。包括美国纽约地标性建筑世界贸易中心双塔在内的6座建筑被完全摧毁，其他23座高层建筑遭到破坏，美国国防部总部所在地五角大楼也遭到袭击。为了纪念此次事件和悼念在此事件中逝去的生命，美国修建了“9·11国家纪念馆”。纪念馆所在广场绿树环绕，以世贸中心双子塔楼基座为主体的两个占地4000多平方米的人工瀑布池位列两侧，瀑布池边的青铜铭牌上刻着2983名“9·11”恐怖袭击遇难者的名字，纪念馆的主体建筑是位于在地下的博物馆，博物馆陈列了大量一手资料和死难者遗物，其中包括之前未公布的有关9·11的录像、双子北塔楼的天线、一辆纽约消防局的救火车残骸（该车在2001年的“9·11”恐怖袭击灾难中计划用来疏散困在世贸中心的人们，抵达现场时大楼倒塌，车上的11位消防员也不幸遇难）。此外，博物馆走廊的墙壁上贴满了遇难者的照片。

资料来源：腾讯网 http://hb.qq.com/a/20120923/000130.htm

五、旅游景区

（一）概念

旅游景区(tourist attraction)，是指具有吸引国内外游客前往游览的明确的区域场所，能够满足游客游览观光、消遣娱乐、康体健身、求知等旅游需求，应具备相应的旅游服务设施并提供相应旅游服务的独立管理区。包括风景区、文博院馆、寺庙观堂、旅游度假区、自然保护区、主题公园、森林公园、地质公园、游乐园、动物园、植物园及工业、农业、经贸、科教、军事、体育、文化艺术、学习等各类旅游景区。

旅游景区(tourist attraction)是旅游业的核心要素，是旅游产品的主体成分，是旅游产业链中的中心环节，是旅游消费的吸引中心，是旅游产业面的辐射中心。

（二）分类

1. 根据质量等级来划分

旅游景区质量等级划分为五级，从高到低依次为AAAAA、AAAA、AAA、AA、A级旅游景区。AAAAA是一套规范性标准化的质量等级评定体系，是全国旅游景区（点）最高等级荣誉。代表了世界级旅游品质和中国旅游精品景区的标杆，较AAAA级旅游景区更加注重人性化和细节化，更能反映出游客对旅游景区的普遍心理需求，突出以游客为中心，强调以人为本。

2. 根据性质类型划分

（1）文化古迹类

文化古迹类旅游景区主要指古代时期就已经存在，却未因时间原因消逝，至今仍然存在的典型遗迹，具有一定的文化价值或历史价值的文物古迹为主的景区。文化古迹类景区是人们学习历史、了解历史以及教育当代人的良好场所。如北京故宫、长城、天坛、颐和园、云冈石窟沈阳故宫等。

（2）风景名胜类

风景名胜类旅游景区是指具有独特的风光、景物以及古迹，同时也包括有独特的人文习俗的景区。风景名胜是人们休闲、学习、放松心情的好去处。如恒山、青城山、峨嵋山等。

（3）自然风光类

自然风光类景区是以当地独特、优美的自然环境为主，当地旅游部门精心开发而成的景区。适合于休闲、养生等。比如著名的自然风光景区有桂林、九寨沟、漓江、张家界等。

（4）红色旅游类

红色旅游是把红色人文景观和绿色自然景观结合起来，把革命传统教育与促进旅游产业发展结合起来的一种新型的主题旅游形式。其打造的红色旅游线路和经典景区，既可以观光赏景，也可以了解革命历史，增长革命斗争知识，学习革命斗争精神，培育新的时代精神，并使之成为一种文化。比如革命根据地纪念馆、毛泽东故居和纪念馆等。

（5）生态旅游类

生态旅游景区可以分为山岳生态景区、湖泊生态景区、森林生态景区、草原生态景区、海洋生态景区、观鸟生态景区、冰雪生态景区、漂流生态景区和徒步探险生态景区等9大类。生态旅游景区必须包括两个要点：第一是生态旅游景区的资源是自然景物；第二是生态旅游景区的资源不应受到损害。

效果评价

知识评价

1. 请描述旅游资源的概念、特点。
2. 请说明旅游资源的不同种类，并以实例进行说明。
3. 旅游资源的开发应遵循什么原则。
4. 请描述旅游景区的概念，并举例说明旅游景区的不同类型。

能力评价

1. 选择一个地区，通过资料搜集、实地考察或其他方法对该区域内的旅游资源进行调查，并在调查的基础上对旅游资源进行分类。
2. 通过搜集秦皇陵的相关资料，以小组形式讨论开发秦始皇陵对资源本身的影响。

任务四　旅游活动类型

任务引入

房车是一辆车，更是一个可移动的房子，上面有居家必备元素，是自己在路上的一个温暖的家，家在路上，就能够找到很多乐子，实践着“在生活中旅行，在旅行中生活”。

请问，你认为房车旅游有哪些特点？

任务执行

随着社会经济的发展和旅游活动的普及，世界各地参加旅游的人数越来越多，旅游活动的地域范围越来越广，旅游类型也不断多样化。采用不同的划分标准划分出来的旅游类型是不相同的，归纳起来，主要有以下几种：

一、按地域范围划分

（一）国际旅游

国际旅游是指跨越国界的旅游活动，它包括入境旅游和出境旅游。入境旅游是其他国家或地区的居民前来本国的旅游。出境旅游是本国居民到其他国家或地区去的旅游。这里需要说明的是，港澳台居民前来大陆地区旅游视为入境旅游，而把内地地区的居民前往港澳台地区旅游视为出境旅游。

（二）国内旅游

国内旅游，是指国家内的居民离开长住地到国内另一地方去进行的旅游。它的特点是对进行这种旅游活动的人没有国籍的限制，游客可以是本国公民，也可以是长住该国的外国人。

（三）国际旅游和国内旅游的比较

国际旅游和国内旅游之间最根本的区别在于是否跨越国界。除此之外，两者在以下几方面也有所不同：

第一，从消费程度来看，国内旅游消费一般低于国际旅游消费。

第二，从逗留时间来看，国内旅游者在旅游目的地逗留的时间一般短于国际旅游者。

第三，从便利程度来看，国内旅游一般很少存在语言障碍，而且不需要办理什么手续。而国际旅游大都有语言障碍存在，且须办理而且必须办理护照和签证等旅行证件。

第四，从经济作用来看，国内旅游消费主要促使国内财富在地区间的重新分配，总量并不增加。而国际旅游则是国际旅游者将其在本国所得收入用在旅游目的地国消费，使旅游接待国或地区从中获得旅游外汇收入，用于弥补国际收支逆差，从而有助于其国际收支平衡。

国内旅游和国际旅游相互影响，相互促进。一般而言，国内旅游是国际旅游的基础，当国内旅游发展到一定阶段以后，必然产生国际旅游需求。但对于广大发展中国家而言，旅游业发展的轨迹通常为：国际入境旅游——国内旅游——国际出境旅游。

二、按组织形式划分

（一）团队旅游

团队旅游是以旅行社为主体的集体旅游方式，由旅行社或中介机构对旅行进行行程安排和计划，团队成员遵从旅行社安排统一进行旅行，采用包价方式一次性提前支付旅费并在某些项目上可享受团队折扣优惠的新型旅游方式。团队旅游通常是指10人以上的团体共同出游。旅行社提供线路，游客选择购买，然后游客在规定的时间、地点、景区、在导游的陪同下，乘坐交通工具，住预定的宾馆，按照规定的线路完成食、住、行、游、购、娱等旅游过程。

团队旅游一般以包价形式出现，具有方便、舒适、相对安全、价格便宜等特点，但游客的自由度小。

（二）散客旅游

散客旅游是由旅行社为游客提供一项或多项旅游服务，而由游客自行安排旅游行程、零星现付各项旅游费用的旅游形式。特点是预定期短，规模小，要求多，变化大，自由度高，但费用较高。

（三）自助旅游

自助旅游就是人们不经过旅行社，完全由自己安排旅游行程，按个人意愿进行活动的旅游形式，例如背包旅游。其特点是自由度高，行程弹性高，又可深入了解当地民俗风情。

三、按旅游活动内容划分

（一）观光旅游

观光旅游是指旅游者以欣赏游览为主要目的，通过欣赏异地他乡的自然风光、文物古迹、民俗风情等，得到美的享受、获得愉快和休闲的一种旅游形式。旅游者通过观光游览可达到改变常居环境、开阔眼界、增长见识、陶冶性情、怡悦心情、鉴赏大自然造化之美、享受现代化城市生活的情趣以及满足异地购物等多方面的需求和目的。这种基本的旅游方式，在今后一定时期内仍将继续占据重要地位。

观光旅游有以下几个特点：

1. 旅游活动属于基本层次

观光旅游是旅游的原始形态。观光的内容、形式和所需设施都较简单。所以，在旅游层次上，属基本层次的旅游。

2. 参与人员具有广泛性

由于观光旅游参与简单、适应性广，因而男女老幼、各种职业和各种身份的人皆宜，具有大众性。

3. 在一地停留时间短

在旅游景区（景点）停留的时间较短，属于“走马观花”性质，因而接待服务较简单方便。

（二）度假旅游

度假旅游定义为是旅游者在长期工作或劳动之余以度假和休闲为主要目的和内容的一种旅游消费活动，以休假、疗养等方式来消除疲劳、增进健康的一类旅游方式，又可称为休闲旅游。人们选择度假旅游的目的是为了休闲度假，不会花太多的时间在旅途中，他们对景区不需要太多雕琢的东西，也不是因仰慕所谓的“大手笔”来看热闹，他们需要的是一种平和、宁静、舒心的意境，让自己真正得到精神的调整。

度假旅游有以下几个特点：

1. 滞留时间相对较长

度假旅游者往往会选择一地为据点，然后辐射周边，将休闲、观光、运动、体验甚至商务等有机结合，以慢节奏为特征的生活方式。所以休闲度假者往往在一地的停留时间较长。

2. 重游率高

游客认准了一个度假地，甚至一个度假酒店，其忠诚度会非常高，这是度假旅游的又一个特点。

3. 服务质量要求高

由于度假旅游者要长期停留在一个地方，对当地住宿、餐饮、服务设施和基本设施要求一般都比观光游客高，所以酒店经营者对度假旅游者更要体现出无微不至的关怀和提供热情周到的服务。另外，当地居民的态度对度假旅游者也有很大的影响，一个社区人民的服务质量和待客之道直接影响度假旅游者对当地的满意度和重游率。

4. 休闲性强

随着休闲时代的到来，休闲体验将成为旅游者消费需求的一大特征，而度假旅游正是符合了这一特征。人们因工作的压力，而急切想放松自己，通过度假旅游，在享受大自然所赐的同时也能享受到当地民俗、文化、艺术等无限休闲乐趣，无疑将会对放松身心起到很大的作用。

5. 生态意识逐步增强

如今的度假旅游更加呈现生态化，旅游者对生态环境的保护意识逐步增强。他们对良好生态的追求以及希望摆脱生活污染的环境和回归自然成为他们进行度假旅游的主要动机之一。他们都希望在一个空气清新、气候良好、污染较少的度假地度过一段难忘的假期，同时通过这样的度假更加认识到保护环境的重要性。

（三）宗教旅游

宗教旅游是一种以宗教朝觐为主要动机的旅游活动。自古以来世界上三大宗教（佛教、基督教和伊斯兰教）的信徒都有朝圣的历史传统。凡宗教创始者的诞生地、墓葬地及其遗迹遗物甚至传说“显圣”地以及各教派的中心，都可成为教徒们的朝拜圣地。如耶路撒冷，由于基督徒认为是救世主耶稣的诞生地，犹太人认为是大卫王的故乡、第一座犹太教圣殿所在地，穆斯林认为“安拉的使者”穆罕默德曾在此“登霄”升天，故成为基督教、犹太教和伊斯兰教的共同圣地，吸引了大批的海外朝圣者。

（四）商务旅游

商务旅游（business travel）是指商务旅游者以商务为主要目的，离开自己的常住地到外地或外国所进行的商务活动及其他活动。

商务旅游活动通常包括谈判、会议、展览、科技文化交流活动以及随之带来的住宿、餐饮、交通、游览、休闲、通讯等活动。总之，几乎与商务旅游者发生的所有相关的活动都可称之为商务旅游活动。

商务旅游有以下几个特点：

1. 从出行的主要动机界定

商务旅游是从旅游者的主要出发动机是商务活动来界定的，旅游者以商务为主要目的就是商务旅游者，虽然在商务活动之外，部分商务客人会安排一些观光旅游活动，但我们仍将这种旅游视为商务旅游而非观光旅游和度假旅游。

2. 商务活动的复合性

展览、会议、谈判、考察和科技文化交流、政治访问等，均可列入商务活动或商务旅游范畴。随着区域间的合作增加，政治访问活动在商务旅游中比重有不断上升的趋势。

3. 商务客人的附带性

通常，商务客人会带着家人、朋友及贴身工作人员（如司机、秘书、保镖等）结伴出行，商务客人进行商务活动的同时，随行人员一般会进行观光、度假旅游活动。

4. 出行目的的多重性

目前，国际上非常流行奖励旅游这种集团性的休闲、度假活动方式。虽然奖励旅游是以观光为主要目的，但同时也有加强公司凝聚力、展示公司形象的目的，所以国际上把奖励旅游也归为商务旅游范畴。

5. 旅游服务的综合性

随着社会经济的发展，现代商务旅游服务不仅仅是代买机票、预订酒店，更重要的是为商务游客提供一揽子全套旅游管理项目的解决方案，包括提供各种咨询服务、最大程度地降低旅行成本、提供最便捷合理的旅行方案和打理一切旅行接待服务等。

（五）体育旅游

体育旅游是以参加和欣赏国内外各类体育赛事为主要目的的旅游活动。当今社会，体育旅游已成为旅游活动的重要组成部分，滑雪、登山、漂流等都是体育旅游的表现形式。

体育旅游是以体育为载体的旅游活动，体育与旅游关系密不可分，正如世界旅游组织前任秘书长弗朗加利与国际奥委会主席罗格在联合声明中所指出的，体育与旅游具有相同的目的：在不同文化、生活方式和传统之间建立起沟通的桥梁；促进各国间的和平与友好；激励青年人；通过减少生活压力为大多数人带来娱乐和享受。

（六）生态旅游

"生态旅游"这一术语，最早由世界自然保护联盟（IUCN）于1983年首先提出，1993年国际生态旅游协会把其定义为：具有保护自然环境和维护当地人民生活双重责任的旅游活动。生态旅游的内涵更强调的是对自然景观的保护，是可持续发展的旅游。

生态旅游的内涵应包括两方面：

一是回归大自然，即到生态环境中去观赏、旅行、探索，目的在于享受清新、轻松、舒畅的自然与人的和谐气氛，探索和认识自然，增进健康，陶冶情操，接受环境教育，享受自然和文化遗产等；

二是要促进自然生态系统的良性运转。不论生态旅游者，还是生态旅游经营者，甚至包括得到收益的当地居民，都应当在保护生态环境免遭破坏方面作出贡献。也就是说，只有在旅游和保护均有表征时，生态旅游才能显示其真正的科学意义。

（七）专项旅游

专项旅游是针对各种特殊的旅游需求，根据各接待国或地区旅游资源的特点，精心设计和制作旅游活动项目，形成以某种活动内容为主的专项旅游活动。如西湖博览会、山东潍坊风筝节等。

随着旅游的发展，旅游者需求的不断变化，旅游活动项目内容不断发展。除了以上类型，还有修学旅游、博彩旅游、工业旅游、农业旅游、乡村旅游、城市旅游等。划分旅游种类，是为了更好地认识各种旅游活动的特点，为深入研究做准备。实际上，旅游者外出旅游的目的往往不是单一的，而是集中目的的综合，因此在实际工作中还应灵活运用。

知识拓展

房车旅游发展呼唤完善的配套设施

房车在国外是一种大众消费，在美国，平均每九个家庭中就有一个家庭有房车，然而，随着国内外交流日益密切，百姓生活水平不断提高，房车进入中国时间虽不长，但发展迅猛。在2009年12月国务院下发的《关于加快发展旅游业的意见》中，第九条"培育新的旅游消费热点"明确提出，房车、邮轮、游艇等作为旅游装备制造业被纳入国家鼓励类产业目录中。政策支持和市场环境的改善，房车市场将会迎来更大发展。

但是，房车露营地配套服务，各地发展参差不齐，成为制约房车旅游发展的瓶颈之一。较为完善的露营地需要提供水、电、油、气，以及排污、公用卫生间、洗澡间、公共厨房等设施，在新西兰、澳大利亚等国家，更为成熟的房车露营地还设有游泳池、儿童乐园等配套服务设施。

效果评价

知识评价

1. 旅游活动有哪些常见的类型。
2. 请总结观光旅游和度假旅游的区别。
3. 请分析自助旅游的发展前景。

能力评价

通过收集资料或实地考察等方式对当地的旅游活动类型按旅游活动的内容进行分类，并撰写一份完整的调研分析报告。

任务五 旅游影响

任务引入

云南泸沽湖落水村全村共有87户人家，共546人。在宁蒗旅游未开发时，落水村主要是靠种玉米、土豆及打捞泸沽湖中的小鱼为生。20世纪80年代末90年代初，宁蒗县开始发展旅游。经过多年发展，如今，旅游基础设施和旅游接待服务项目日趋完善，基本形成了集游、住、娱和民俗观光体验、风景游赏等为一体的旅游村。旅游带动效应凸显，具体表现在：一是旅游综合收入有了明显提高。全村80%的农户都参与了旅游接待。2012年全村的旅游综合收入为320万元，人均纯收入0.8万元，比泸沽湖景区未参加旅游接待的增收4520元。二是旅游基础设施建设有了明显改善。在逐步完善泸沽湖景区旅游基础设施建设的同时，加大对落水村村内交通的改造，完成落水村沿湖步行路的改造建设、村内的车行道修建，改善全村的通达条件。三是旅游接待水平有了明显提高。全村旅游接待设施都按摩梭古老的房屋结构修建。截至2013年，接待床位达2800床，其中标准间1300床，普通间1500床，全村已有二星级酒店2家，三星级酒店2家，日接待游客能力接近3000人次，改变了游客进入泸沽湖景区无地方居住的历史。四是旅游服务项目日趋丰富。经开发建设，现已基本形成了沿湖景观带、民居村落、农家旅游接待等三个层次和功能区。五是加大了对摩梭文化的保护。对落水村单体建筑的层高、建筑材料、建筑外立面等进行了严格规定，并对摩梭古老民居实行民居星级评定，加强对古民居的保护力度。鼓励村中的男女青年"走婚"，延续摩梭人和谐的"母系大家庭"，浓郁的男不娶、女不嫁，暮合晨离的走婚习俗。六是加大了对村容村貌的整治和环境保护。

落水村在先后被列入云南省旅游特色村及全国旅游观光村后，现又被云南省人民政府列为云南省民族特色旅游村寨建设名单。

请问,旅游发展给泸沽湖落水村带来了哪些影响?

任务执行

一、旅游的经济影响

(一)积极影响

1. 有助于增加外汇收入,平衡国际收支

增加外汇收入,平衡国际收支作用主要体现在国际旅游方面。一个国家获得外汇收入的途径有贸易收入、非贸易收入和资本往来收入。旅游外汇收入是非贸易收入的重要组成部分。在非贸易创汇中,旅游业较之其他产业具有明显的优势。

首先,旅游换汇的成本低。其次,旅游创汇具有方便的优势。对大多数发展中国家来说,经济发展比较落后,物质商品出口量有限,但为了发展本国经济,又必须进口外国的先进技术和设备,这往往形成国际收支的逆差。因此,通过发展旅游创汇可以平衡国际收支,并增加外汇储备,以弥补贸易逆差。旅游出口(旅游入境旅游)是我国获取外汇的重要途径之一。以下是2012年我国各地区旅游外汇收入情况统计(表1-1):

表1-1 2012年我国各地区旅游外汇收入统计表

地 区	旅游外汇收入(万美元)	比上年增长(%)	地 区	旅游外汇收入(万美元)	比上年增长(%)
北京	514900	−4.9	天津	222641	26.8
河北	54494	21.7	山西	72024	27.0
内蒙古	77196	15.1	辽宁	326369	20.3
吉林	49477	28.4	黑龙江	83548	−9.0
上海	549323	−4.5	江苏	629972	11.4
浙江	515174	13.4	安徽	156267	32.5
福建	422567	16.3	江西	48473	16.8
山东	292365	14.6	河南	61141	11.4
湖北	120297	28.0	湖南	92836	−8.5
广东	1561067	12.3	广西	127887	21.6
海南	34802	−7.5	重庆	116832	20.7
四川	79815	26.5	贵州	16894	25.1
云南	194708	21.0	西藏	10570	−18.5
陕西	159747	23.4	甘肃	2235	28.5
青海	2432	−8.5	宁夏	545	−12.0
新疆	55057	18.4			

资料来源:国家旅游局官网 http://www.cnta.gov.cn/html/2013-2/2013-2-26-11-20-32215.html

2. 有助于加快货币回笼

扩大内需，加快货币回笼的作用是对国内旅游而言的。商品回笼、货币回笼、财政回笼和信用回笼构成国家货币回笼的主要渠道。旅游业通过提供各类服务，满足人们的需要，而获取货币收入，就属于服务回笼的一种。在物质商品投放能力有限，难以及时扩大市场所需商品投入量的情况下，转移人们的购买趋向，鼓励人们多消费服务产品，则成为必要的货币回笼手段。从这个意义上说，发展国内旅游起着回笼货币，加快资金周转，均衡国内财政收支的作用。发展国内旅游可以拓宽消费领域，吸纳剩余购买力，起到缓解市场压力的作用。

3. 有助于调整地区产业结构，带动相关行业的发展

旅游业具有综合性、关联性的特点。旅游涉及吃、住、行、游、购、娱六大要素。旅游业不仅直接给航空、交通、饭店、餐饮服务、景区等带来客源和市场，而且间接地带动和影响了农村和城市建设。旅游业是一个综合性产业，一方面对其他行业有很强的依托性，另一方面又有十分突出的关联带动作用，在国民经济和第三产业中处于一个产业群的核心地位，发挥着带动其他产业发展的核心作用。

4. 增加就业机会

旅游业作为第三产业的重要组成部分，在提供就业机会方面发挥着重要作用。与其他产业相比，旅游业在提供就业机会方面的优势在于：

（1）旅游业是劳动密集型产业

旅游业是劳动密集型产业，创造就业机会的成本比其他行业低。在旅游接待工作中，许多工作都需要员工面对面给客人提供服务，因而需要大量的劳动力。

（2）旅游就业岗位层次丰富

旅游业中岗位层次多样化，对不同层次的劳动力都有需求，既需要简单技能的普通劳动力，还需要一些高学历、高知识人才，所以旅游业能够有效提供多样化的就业机会，包容性较强。

5. 有助于旅游扶贫致富，缩小地区差异

旅游的发展有助于平衡国内地区经济发展，缩小地区差异。国际旅游可将客源国的物质财富转移到接待国，国内旅游则可把国内财富从一个地区转移到另一个地区，起到将国内财富地区间再分配的作用。特别是在我国大部分贫困地区，受物质条件及交通条件的限制，丰富的旅游资源得以完好地保存下来，为旅游开发及旅游业的发展提供了重要基础。

知识拓展

乡村旅游扶贫的“贵州模式”

新世纪以来，国家旅游局局长邵琪伟在接受记者采访时说，日前，由于推动扶贫攻坚、农村就业和生态保护的有机结合，代表我国乡村旅游发展趋势之一的“贵州模式”得到了世界旅游组织的高度认可，贵州乡村旅游成为世界旅

游组织重要观测点。

国家旅游局局长邵琪伟曾在接受采访时说，日前，由于推动扶贫攻坚、农村就业和生态保护的有机结合，代表我国乡村旅游发展趋势之一的"贵州模式"得到了世界旅游组织的高度认可，贵州乡村旅游成为世界旅游组织重要观测点。

● "一天就赚了近6000元"

去年夏天，42岁的贵州遵义市汇川区板桥镇娄山关村民杨志波刚刚接待了重庆来的80名游客，不一会儿，十几个组团来的游客走上门来，由于旅馆已满，他介绍这些游客到另外的村民家去。因为板桥镇开展乡村旅游以来，这里成立了乡村旅游合作社，合作社承担着培训农户，推介本地旅游的功能，同时，合作社的会员相互协作，只要一家的客房住满了，就介绍到另外一家，达到资源共享。包括住宿和餐饮，杨志波一天就赚了近6000元。他说："夏天是旅游旺季，重庆来这里避暑的人比较多，生意自然火爆，一天能赚好几千呢！"在娄山关村，100多户村民和杨志波一样开乡村旅馆赚了钱。娄山关人知道，是乡村旅游让大家有了更多赚钱的渠道。

● 发挥乘数效应

旅游扶贫是开发式扶贫的一种创新方式。贵州省扶贫办主任叶韬说："旅游业是市场化程度很高的产业，每实现1人直接就业，可以带动5人间接就业；每增加1元收入，可以带动相关产业7至10元的收入。在贫困地区发展旅游业，农民可以通过劳务投入、旅游服务和直接就业增加收入。"

地处雷公山区的雷山县，是苗族的故乡。这里生态优美，民族风情多姿多彩，多少年来人们却过着贫困的生活。位于该县境内的西江苗寨，一直以来传承着日出而作、日落而归的生活，每年种的稻谷和玉米勉强能糊口。

近年来，雷山县立足自身资源，按照"中国苗族文化中心"目标全力打造乡村旅游大县，在注重保护原生态文化前提下，大力发展乡村旅游，"吃农家饭、干农家活、赏农家景、住农家院"的田园式、体验型乡村旅游度假活动，越来越受到四方游客的喜爱。

邵琪伟这样总结"贵州模式"："贵州模式"就是坚持"保护一方山水、传承一方文化、促进一方经济、造福一方百姓、推动一方发展"的理念，以自然生态、特色农业、民族村寨、文化遗产等资源为依托，把乡村旅游与观光旅游、休闲旅游、民俗旅游、度假旅游有机结合起来，强化乡村旅游标准体系建设，推出一批以田园风光为主的乡村观光型产品、以农事体验为主的乡村体验型产品、以体验度假为主的休闲型产品、以民俗活动为主的乡村风情型产品。

资料来源：《民生周刊》，2012年第19期，整理

（二）消极影响

"旅游是一把双刃剑"，旅游业的发展对国民经济有很大的促进作用，但是旅游对经济的消极影响也应引起人们的重视。

1. 引起物价上涨

在旅游活动中，旅游者的消费能力高于旅游目的地的居民，在经常有大量游客来访

的情况下，则难免引起旅游目的地的物价上涨，同时随着旅游业的发展，土地价值也会迅速上升，房价上涨也会影响当地居民的正常生活。

2. 过分依赖旅游业会影响国民经济的稳定

旅游业在国民经济各行业中不是关系国计民生的行业。一个国家或地区不宜过分依赖旅游业来发展自己的经济。这是因为：

（1）旅游具有较强的季节性特征。在旅游淡季，旅游季节性较强的国家和地区的设施设备和劳动力出于闲置状态，造成资源浪费的同时，还会出现严重的季节性失业现象。

（2）某些农业资源占优势的国家和地区，从事旅游服务的工资所得远远高于务农收入，大量劳动人员弃农而从事旅游业，致使当地农业劳动力不足，大片土地荒芜，导致产业结构变化，进而影响经济和社会的安定。

（3）旅游业具有极强的敏感性。旅游业是一个集合性的产业，也是依托性很强的产业，它是需要各项服务组合而成的综合体。而这个综合体，注定要和“脆弱”并行。因为旅游业很容易受到外力的影响，比如社会安定状况、气候状况、经济因素等。

二、旅游的社会文化影响

（一）积极影响

1. 促进对外文化交流

旅游是文化交流的载体。旅游者的自发融合促进了国家之间、地区之间、城市之间的文化交流。在外来文化与本土文化的相互碰撞、渗透中，各种文化得以扬长避短。接待地通过发展旅游，一方面可以了解别人，促进人类整体和世界大同观念的形成；另一方面又可以宣传自己，树立自己对外的真正形象。

2. 促进民族文化的保护与发展

民族文化是一个国家或地区的重要旅游资源。随着旅游业的发展和接待外来旅游者的需要，当地一些原先几乎被人们遗忘了的传统习俗又得到开发和恢复；传统手工艺品市场因市场需求的增加又得到发展；传统的音乐、舞蹈、戏剧等又受到重视和挖掘；一些被毁坏的历史建筑又得到恢复或维护等等。这些原先几乎被抛弃的文化遗产不仅随着旅游的开发而获得了新生，而且成为其他旅游接待国或地区所特有的文化资源。它们不仅受到旅游者的欢迎，而且使当地人民对自己的文化增添了自豪感。旅游促进了民族文化的保护和发展。

3. 推动科学技术的交流和发展

旅游是进行科学研究和技术传播的重要手段之一。以科学考察和商务为主要目的的旅游活动，促进国家间及地区间的科学技术的交流。科学考察和商务以外的旅游活动在客观上也发挥了交流知识、推进科学技术合作的重要作用。科学技术的发展是旅游活动产生和发展的前提条件。而旅游发展反过来又不断对旅游接待的科学技术提出新的要求，从而刺激科学技术的迅速发展。

4. 增强民族自信心和自豪感

在旅游的过程中，由于交流频繁往往会使人们对自己的国家、民族身份产生强烈的关注。所以，在旅游活动过程中每个民族通过积极展示自己、张扬自己，产生强烈的民族认同，进而激发自己内心深处的民族自豪感。

（二）消极影响

1. 文化传统被同化，以致消失

一般而言，来自文化强势地区的旅游者对相对处于文化弱势地区的接待地居民会起到一种示范效应，当地居民会争先学习、效仿其所带来的思想文化，接待地的传统文化由此而逐渐被外来的强势文化及现代文明所渗透和影响，进而被同化，甚至消失。

2. 干扰目的地居民的正常生活

为了适应开展旅游活动的需要，旅游接待地区的设施在数量和质量上会有所改善，方便了当地居民的生活，但是，旅游旺季的时候，游客往往和当地居民争夺这些设施的使用。特别是在接待地综合接待能力有限的情况下，外来游客的大量到来使当地居民的生活空间变得相对狭小，当地有限资源的供应也变得很紧张，这些都会给当地居民带来诸多不便，干扰当地居民的正常生活。

3. 加剧接待地的社会问题

旅游作为一种文化传播手段，其传播的信息很广泛。旅游者在旅游过程中，不仅会把民族中的积极因素带入接待地，还会把消极文化因素传播到旅游接待地区。受西方社会生活方式和思想意识的影响，会使当地的传统道德观念发生裂变和扭曲。由于旅游者在旅游接待地往往是出手阔绰，形成主客之间生活水平悬殊差异，在这样的刺激和诱惑下，民族和地区自卑感和媚外思想会逐渐加重，接待地的部分居民极易失去纯朴的美德。另外，受到一些旅游者不健康的生活观念、方式的影响，旅游接待地的社会风气容易恶化，甚至会出现严重的社会问题，如色情、赌博等。

4. 旅游目的地文化商品化问题严重

旅游产业的发展，既可使传统文化得到保护和发展，又能使传统文化受到歪曲和冲击。特别是在外来异质文化的冲击下，一些国家或地区的民族文化变味，甚至逐渐消失。比如，传统的民间习俗和庆典活动都是在特定的传统时间、地点，按照传统规定的内容、程序和方式举行的。但是很多这种活动随着旅游业的开展逐渐被商品化，它们不再按照传统规定的时间和地点举行，为了接待旅游者，随时都会被搬上“舞台”，为了迎合旅游者的观看兴趣，活动的内容往往被修改。因此，这些活动虽然被保留下来，但在很大程度上已经失去了其传统的文化意义和应用价值。

知识拓展

泸沽湖旅游开发带来压力　摩梭文化遭冲击

当市场经济的潮水在泸沽湖边荡起波浪的时候，许多生长在这片世外桃源中的摩梭人感受到一种从未有过的机会，也经受着从未有过的困惑与压力：开放与封闭，现代与传统，个人与群体等诸多交织———

摩梭文化面临冲击

在论及云南宁蒗县落水镇泸沽湖旅游开发的繁荣时，四川盐源县泸沽湖镇的摩梭村民们总忘不了加上这样一句话：但是他们已经变了，变得冷漠只认钱。和摩梭村民一样，当地各级政府和旅游部门对于湖对岸的这种变化密切关注的同时感到了责任，于是便对文化采取措施保护。草海附近的博树村是规划中的一类保护区，也是2004年新的保护措施的试点村。

保护的重点是防止摩梭大家庭的分裂和夫妻结婚情况的出现。而分裂的征兆的确曾经产生过。以往四川泸沽湖景区的划船、骑马项目由村民集体进行，收入集体分配，但是划船、骑马的次数是按家庭轮流分配。十四五个人的大家庭一年分配到的划船、骑马的次数和四五人的小家庭分配到的次数一样多。因为这样的分配方式，个别家庭为获得更多的利益而分成了两个小家庭，同时为获得更多利益而分家的想法也在村民中蔓延。

在开放中承受压力

卓玛（化名）从公共舞场跳完舞回家，在路上就被几个在边上烧烤棚喝酒的男游客叫住了，一看是先前一起跳舞的人。卓玛于是和他们一起喝酒吃东西，忽然有一位男游客借着酒醉把卓玛紧紧抱住，还嚷着“要走婚”，卓玛奋力挣脱后逃走。

游客或者是外来人员的到来给这个原本平静的摩梭村庄带来了无形的压力。有的游客不厌其烦地向摩梭姑娘询问走婚的习俗，甚至不礼貌地提问：“你是否有几个爸爸？”“你是否有很多情人？”“我和你走婚好吗？”有的人对于这种问话有时不予理睬，有时则一味地说“是”。

对摩梭村民来说，外地人介入本地旅游业经营的趋势也造成了竞争的压力。喇明强家2000年就修建了一个旅游接待房，他的老婆和两个侄女是他家的全部服务人员，每天都忙得手忙脚乱。到后来他才把门面租给了两户来自云南大理的商人卖旅游商品。最近他又常不满地说：草海边卖旅游商品的商人大部分都是外地人，外地人把本地人的钱赚走了。不仅仅是旅游商品，外地人甚至涉足了旅游接待房的生意。由于担心经营上的风险，一家名叫天然居的旅游接待房被当地摩梭人以3.5万元的年租金租给了西昌市的航天旅行社，而拥有房屋所有权的摩梭家庭的成员又重新来为旅行社当服务员打工。

资料来源：http://news.sina.com.cn/c/2004-10-10/04134525852.shtml

三、旅游的环境影响

（一）积极影响

1. 旅游地自然环境是旅游业开展的基础

旅游地的自然环境往往是美学价值很高的旅游资源，具有一定的稀缺性和独特性，对人的吸引力巨大。在旅游业开始之初，人们也是出于欣赏这样美丽的自然风光而慕名前来的。旅游自然环境是旅游业发展的基础，同时旅游业的发展也为自然环境的保护提供了动力。

2. 旅游促进环境的保护和改善

旅游有利于促进旅游目的地经济建设的发展和人们生活水平的提高，这个已经取得人们的共识，而良好的自然环境又是旅游业赖以生存和发展的基础和保障，所以人们认识到良好环境对当地发展及个人生活的重要意义，进而增强自身保护自然环境的意识和观念,并约束了损害环境的行为。

(二)消极影响

1. 污染自然环境,破坏生态环境协调

随着旅游业的开发和旅游者的来访,固体垃圾、废气、废水等被直接排放在自然环境中,旅游目的地不可避免会发生恶性变化。

(1) 大气污染。随着旅游者进入旅游区,旅游交通运输量增大,机动车等交通工具废气排放量增多,以及旅游区内的宾馆、饭店等生活锅炉排放的废气,加上众多游客呼出的二氧化碳,都会对旅游区的大气环境造成污染。

(2) 水体污染。主要来自旅游区的生活污水、固体垃圾和旅游船舶的废弃油污的排放。由于旅游者的大量涌入,旅游区的餐厅、宾馆等生活接待设施的生活污水排放量增加,固体垃圾增多。如果不经过净化处理,就会成为水体的直接污染源。

(3) 噪声污染。随着旅游者的大量涌入,旅游景区景点人满为患,旅游者的嘈杂声、商家的叫卖声、交通工具的鸣笛声都会加重当地的噪声污染。

(4) 干扰和破坏动植物的生存,破坏生态环境协调。

2. 危机历史古迹,破坏原始风貌

长期大量接待来访旅游者,会使当地历史古迹的原始风貌甚至其存在寿命受到威胁。这不仅仅与旅游者的触摸攀爬及乱刻乱画等不当行为有关,而且旅游者接待量的增大本身就会影响历史古迹的存在寿命。

3. 盲目开发和过度开发造成对景观环境的破坏

在旅游资源开发利用过程中,旅游设施建设项目的规划不当或开发过度,会使当地原有的景观环境遭到破坏,影响旅游景观的旅游价值。这种"开发污染",主要表现为有关设施建设与周围景观环境整体不协调,如古迹复原处理不当,新设项目改变或破坏了旅游区应有的民族风格和历史、文化氛围等等。

效果评价

知识评价

1. 请用具体例子阐述旅游的经济影响。
2. 请用具体例子解释旅游发展在社会文化方面的消极影响。
3. 请用具体例子说明旅游的环境影响。

能力评价

以某一旅游区为例,分析其旅游和旅游业的发展将对旅游目的地的经济、社会文化和环境产生的一系列影响,通过小组形式展开讨论,最终形成案例调研报告。

通过本模块的学习，你能够

- 理解什么是旅游业
- 掌握旅行社业务以及导游服务
- 了解现代旅游交通运输工具
- 了解旅游饭店的发展历史，掌握旅游饭店的类型
- 了解旅游商品分类、特点及作用

本模块重点内容网络图

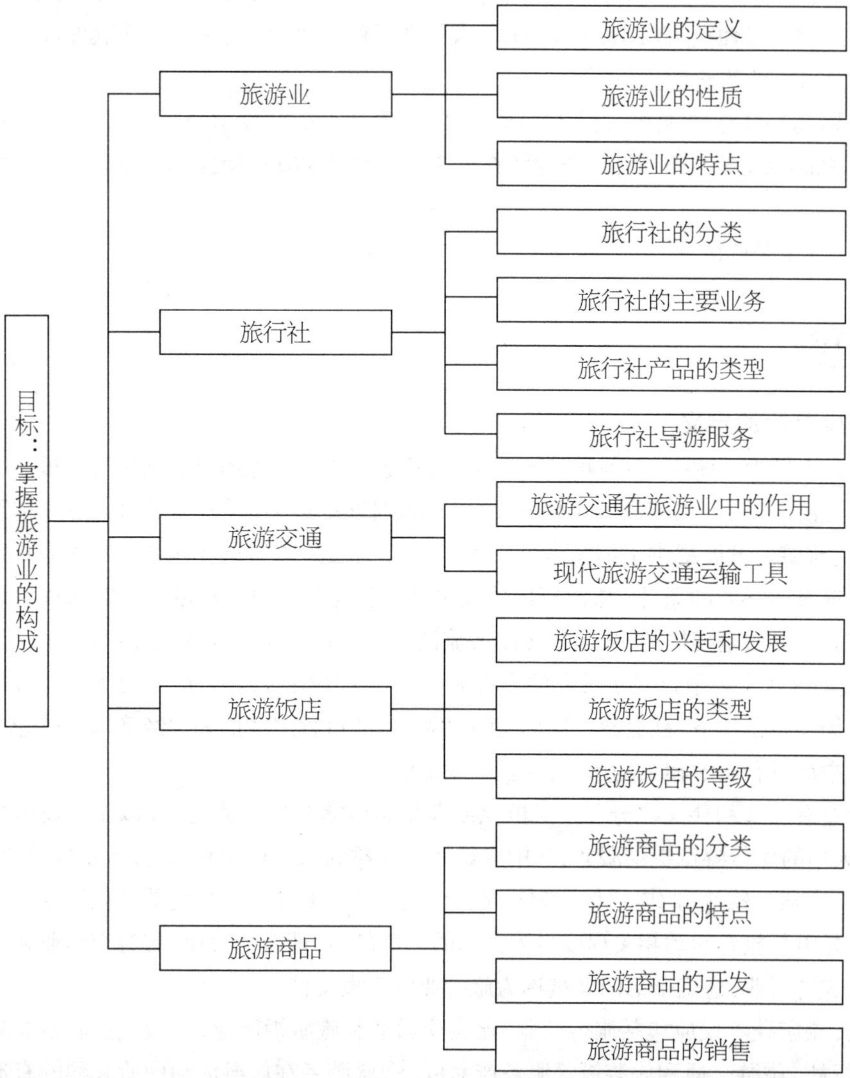

关键词

旅游业　旅行社　导游　旅游交通　旅游饭店　旅游商品

任务一 旅 游 业

任务引入

2013年世界旅行和旅游理事会(WTTC)国际峰会4月9日在阿联酋首都阿布扎比开幕,这届峰会的主题是"领导的时刻"。

世界旅行和旅游理事会首席执行官大卫·斯克斯尔在演讲中指出,虽然2012年世界经济出现了很多问题,增长速度不断减慢,世界旅游业却有较大的发展,增速明显大于制造业、零售业和金融服务业。在2012年旅游业为世界经济贡献了6.6万亿美元,占全球GDP的9%。旅游业在2012年为2.6亿人创造了就业机会,现在每11个就业岗位中就有一个是旅游业的职位。

预计到2023年旅游业将占世界GDP的10%,并且创造世界十分之一的就业岗位。世界旅行和旅游理事会还预计旅游业将在未来十年创造1700万就业岗位,其中三分之二在亚洲。

请问:什么是旅游业?

任务执行

一、旅游业的定义

旅游是人们为了休闲、商务和其他目的,离开他们的常住地出行别处进行的短期活动。社会经济的发展,人们收入水平的提高,闲暇时间的增多,精神需要对人越来越重要,这些为旅游的发展提供了内在需求;第三产业的崛起、旅游服务体系的建立为旅游业的发展提供了必要的条件;旅游资源的大力开发和建设为满足旅游者的需求提供了可能。旅游的形式是多样的,但是归根结底旅游活动需要六个方面的服务:食、宿、行、游、购、娱。这六个环节涉及了社会的方方面面,许多相关的经济部门都要为旅游者服务。在市场经济条件下,社会分工明确,为旅游者旅游过程服务的相关经济部门就会在国民经济中形成和旅游相关的产业,这就是旅游业。

旅游业有广义和狭义之分。广义的旅游业是指以旅游资源为凭借,以旅游设施为条件,为人们的旅行游览提供服务,从中取得经济收益的所有行业和部门,包括旅馆业、旅行社业、交通运输业、邮电通信、餐饮、银行、轻工业和商业等。传统的观点认为狭义的旅游业是由与旅游活动相关程度最为密切的三个部门,即旅行社业、旅游交通业和饭店业所组成的行业,这三个部门又被称为旅游业的三大支柱。

其实,旅游业不仅应包括旅行社业、旅游交通业和旅游饭店业,还应包括旅游商品(指除旅行社、旅游交通和旅游饭等服务产品以外,旅游者在旅游活动中所采购的有形的实物产品,其中包括,但不仅仅指旅游纪念品)的生产和销售行业,因为旅游购物是旅游者旅游活动的重要内容之一,在旅游活动的六大要素——食、宿、行、游、购、娱中,购物是一个重要的环节。不仅如此,购物还是诱发很多旅游者外出旅游的动机之一,是其旅游的直接目的。而且，购物在其旅游支出中占相当大的比例，旅游购物也是旅游业收入的重要组成部分。

综上所述，旅游业就是以旅游资源为凭借，以旅游设施为条件，以旅游者为对象，为旅游者的旅游活动、旅游消费创造便利条件并提供其所需商品和服务的综合性产业。对旅游业而言，旅游资源、旅游设施是基础，并在此基础上为旅游消费者提供服务。这样，旅游资源、旅游设施和旅游服务构成了旅游业经营管理的三大要素。与之相应，旅行社业、旅游交通业、旅游饭店业和旅游商品业构成了旅游业的四大支柱。

二、旅游业的性质

（一）旅游业的经济性

旅游业具有多种功能，但其本质属性是经济产业。旅游业是一项高度分散的行业，主要由旅行社业、旅游交通业、旅游饭店业和旅游商品业等企业构成。在社会主义市场经济条件下，企业是以盈利为目的并进行独立核算的经济组织，追求的是利润的最大化。旅游资源的开发和旅游设施的建设需要投资，投资者要收回成本，需要考虑投入与产出。旅游业主要由各种企业所构成，理所当然的是一种经济产业，具有经济性。因此，我们可以把旅游业看作是具有经济性质的服务行业。经济性是旅游业的根本性质。

（二）旅游业的文化性

文化是人类在社会发展过程中所创造的全部物质财富和精神财富的总和。旅游业赖以存在和发展的旅游资源，如自然景点、历史古迹、现代设施等都具有丰富的文化内涵。在旅游活动中，旅游者通过对包含有丰富文化内涵的人文旅游景点和自然旅游景点的游览，可以丰富文化知识、增加见识、陶冶情操。旅游消费是旅游者为满足自己精神、文化需要而进行的消费活动，本质上是一种文化消费。因此，旅游业又可以被看作具有文化性质的服务行业。旅游业的文化性质表现在以下三个方面：

第一，旅游资源的文化性。旅游资源是能够吸引旅游者的一切自然和社会因素，是旅游活动的对象，是旅游业赖以存在的基础。旅游资源包括自然旅游资源和人文旅游资源两个方面，就自然旅游资源而言，大都有文化的因素隐含在内。

第二，旅游设施的文化性。不同国家或地区的旅游设施代表了不同的文化。从旅游交通方面来说，有的是飞机（这当然反映了现代文明），有的则是马车；有的是汽车，有的则乘坐人力轿子；有的坐火车，而有的则骑牲畜。旅游饭店更能说明问题，有的是蒙古包式的，有的是西洋式的；有的是哥特式建筑，有的则体现着伊斯兰文化；有的是摩天大厦，有的则是小巧竹楼。至于饭店内部更是如此，从墙壁的粉刷到室内的装饰，从服务内容到服务方式，从服务员的衣着到他们的举止，从餐食到饮料，这些无一不体现某种文化。

第三，旅游者的文化性。旅游是一种高层次消费，旅游活动是一种精神享受，像欣赏音乐一样，旅游者应该能从旅游活动中获得美的享受和精神的满足。对于一些人文旅游资源来说更是如此，它需要旅游者掌握一定的知识，因此，我们说旅游需求的产生需要一定的文化背景，那么旅游者就是有一定文化素养的人。

旅游业具有经济属性和文化属性两种性质，但在经济条件下，其经济属性是第一位的，是一项具有丰富文化内涵的经济产业。凡为旅游者提供服务的企业或个人，都是旅游商品的生产者和经营者。

三、旅游业的特点

旅游业作为一个新兴的产业，具有许多不同于其他产业的特点。

（一）旅游业的社会性

在当今社会，旅游已不再是少数有钱人从事的活动，而是具有广泛群众基础的社会活动；不仅是一种社会时尚，而且像吃饭、穿衣一样，已经成为很多人必不可少的生活方式。越来越多的人从事旅游活动，越来越多的人开始加入旅游服务行业。人们通过旅游得到休息和放松；通过旅游结交朋友；通过旅游增长见识；通过旅游释放自我；通过旅游恢复活力和健康……因此，旅游已经成为一种社会现象，旅游业具有社会性的特点。

（二）旅游业的综合性

旅游业的综合性是由旅游活动的综合性所决定的，旅游者的旅游活动包括食、住、行、游、购、娱等几个环节，因此，旅游业不仅包含旅馆、交通和旅行社几个方面，而且涉及为旅游者的旅游活动提供服务的建筑业、银行业、邮电业、商业、农业以及文物、卫生、教育、轻工、纺织等行业和部门。它的发展需要得到这些行业的协作、配合与支持。总之，旅游业的综合性这一特点对旅游业乃至整个国民经济的发展具有重要意义。

（三）旅游业具有劳动密集型和资金密集型双重特点

对于旅游业到底是劳动密集型产业还是资金密集型产业，理论界有不同的看法。我们认为，回答这一问题，首先必须确定旅游业这一概念的外延。对于广义的旅游业来说，它涉及第一、第二和第三产业中的很多行业，从而为旅游接待国或地区的居民提供了广泛的就业机会。

根据国际旅游业发展的现状，旅游部门每增加一名服务人员，社会上就要增加五名间接服务人员相配套。尤其是在当今生产力高度发达的社会，旅游已成为一种生活方式而遍及世界各地，从而需要越来越多的人从事旅游服务工作。从这个意义上讲，旅游业属于劳动密集型产业。但是，如果把旅游业仅仅看作是以旅游资源为基础，由旅行社、旅游交通和旅游饭店这三个行业组成，那么，旅游业就属于资金密集型行业。因为旅游资源的开发、饭店的建设、修筑公路、购买汽车、飞机等交通工具，无一不需要大量的资金，相对而言，这几个部门为人们提供的就业机会是有限的。也就是说，人均资本占有量相当高。因此，旅游业具有资金密集型的特点。以饭店为例，假定一座投资5000万美元的中档饭店，共有客房600间，雇用员工900人（客房数与员工人数之比为1:1.5)，则人均占有资本5.56万美元，可见，这一比例是相当高的。

（四）旅游业的开放性

依赖与吸引异地客流是旅游业产生和存在的前提条件和基本特征。旅游业自始至终具有对外开放性特点。

（五）旅游业的季节性

由于气候、旅游资源的特点以及节假日等的影响，使得旅游业具有很强的季节性。

不同地区旅游淡旺季到来的时间有所不同。在赤热的夏日，地处海滨的旅游地可能对蜂拥而至的旅游者应接不暇，旅馆爆满，交通堵塞……而在严冬时节，那些最寒冷的地方可能最具有魅力，哈尔滨的冰灯、阿尔卑斯山上的滑雪正像磁石一样吸引着各地旅游者。

旅游业的季节性为旅游企业的经营带来了困难，使得他们在旺季的接待能力不足，而在淡季却大量闲置，从而可能蒙受经济损失。为了解决这一问题，许多国家一方面利用旅游差价（即在淡旺季采取不同的旅游价格，淡季给予优惠）以期在淡季多招徕旅游者，提高设施利用率。此外，在劳动力方面也采取了相应的措施，在旺季到来长时，多雇临时工（包括饭店服务人员以及旅行社的导游员等），而在淡季来临时，又将他们辞退，以便减少开支，增加利润，避免亏损。

（六）旅游业的脆弱性

旅游业的脆弱性是指旅游业的生产和发展对各种自然、政治、经济等因素的变化反应明显，各种因素的微小变化都可能引起旅游业的波动。例如，哪一地区如果发生洪水、地震、气候异常等自然灾害，来这里旅游的人数必然减少。一个国家或地区的政局不稳定或者社会治安混乱，也会使到这里旅游的人数减少。例如，菲律宾的恐怖和绑架活动时有发生，使菲律宾的旅游业受到了很大的影响。"9.11"事件后，全世界民航机票预订率平均下跌了12%—15%，使美国多家航空公司大幅度裁员。北美洲、加勒比、南美洲、中东和北非等地区的航空业、旅馆业和旅游业受到沉重打击。受此影响，游客流向也发生了很大变化：美国来华入境旅游人数大幅度下降，而日本等客源市场原本打算赴美国的旅游客流由于受阻而转向中国。世界经济形势及外汇市场汇率的变化也会对旅游业产生影响。世界经济增长较快时期，国际旅游的游客就会增加。这些都说明旅游业对自然、政治、经济等各种因素反应敏感。

（七）旅游业的高度弹性和抗危机性

旅游业虽具有脆弱性，易受打击，但在一定的条件下，也易于建立、恢复和发展，具有"高度弹性和抗危机性"。例如，特大自然灾害、时局动荡之后受打击最直接的是旅游业，而经过短暂时期后，率先恢复并进一步发展的也是旅游业。"非典"过后的2004年，我国接待的入境过夜旅者人数和所取得的旅游外汇收入则分别跃升至4176万人次和257. 4亿美元，比2003年分别猛升了26.7%和48%。因此，旅游业是既易受波动，又具有较强生长力的行业。

知识拓展

中国旅游业十年迈出六大步

1979年，邓小平以75岁的高龄，一步一步登上了黄山，并提出：旅游事业大有文章可做，要突出地搞、加快地搞。从此，开启了中国旅游业发展的大幕。近十年来，中国旅游发生了根本性变化，从旅游资源大国成长为世界旅游大国。

第一，旅游已成为人民生活的要素。

以前在日常生活中，我们会听到这样的话：干一辈子，退休了，该出去旅游旅游了。1995年，成都郊区农民描述小康生活的话：吃有肉，住有楼，还有余钱去旅游。这些话都已经过时了。现在旅游活动普遍化，2011年国内旅游人数26.4亿人次，增长13.2%，人均出游2.1次，人均花费730元。

第二，旅游市场三足鼎立的格局形成。

改革开放伊始，中国旅游从入境旅游切入，20世纪90年代国内旅游兴起，近十年来出境旅游喷发，形成了国内旅游为主体，入境和出境为两翼的"三足鼎立"格局。2011年，全国旅游总收入2.25万亿元，增长20.8%。旅游入境人数1.35亿人次，比上年增长1%；旅游外汇收入470亿美元，增长2.5%。出境旅游人数6900万人次，增长20%，花费700多亿美元。这一格局的形成，极大提升了中国旅游的国际地位。以入境旅游指标判断，中国旅游在世界上的位次1979年为第41位，1990年上升到第31位，2000年上升到第5位，现在已经居于第3位。如果以三大市场综合判断，中国已经是世界第1位的旅游体。未来5年，中国将从世界旅游大国提升为世界旅游强国，在国内经济体系中，也将成长为战略性支柱产业。

第三，随着假日结构的优化，假日制度发生根本性变化。

2000年，实行黄金周制度，旅游井喷现象产生。

2008年，又一次调整假日制度，形成了两个黄金周、三个小长假和大周末配套的体系，而且明确提出实行带薪休假制度。在国际上比较，这个假日体系处于中等偏上的格局。

第四，在市场的刺激之下，旅游产业持续发展。

传统产业稳步增长，三类旅游企业到2009年已达49720家，在10年间增长了1倍。其中，旅行社增长了126.83%，星级饭店增长了35.84%，旅游景区（点）的数量增长了185.22%。旅行社、酒店、旅游景区点都达到了两万家。

第五，新型旅游企业不断成长。

其中，以携程网为代表的旅游电子商务增长迅速，全国已达到上千家，在旅游代理服务业务中占据了半壁江山。经济型酒店迅猛发展，现在全国已有200多家经济型酒店集团，拥有3000多家酒店，如家、7天、锦江之星、城市客栈等已经成为城市的一道风景。文化娱乐产品集中涌现，以"印象"系列为代表，形成社会关注点。现在，华侨城集团每天有12台演艺节目在各地上演，也成为全世界集中规模最大的文艺现象。

第六，旅游投资项目完成了三级跳，从亿元级到十亿元级直到百亿元级。

据《中国旅游投资报告》披露，"十五"期间，全国旅游投资总额6194亿元；"十一五"期间，达到17836亿元。这些投资，增加了旅游业的长期发展后劲；完善了旅游业的产品结构和产业结构，增强了国际竞争力；能够更大程度地满足各种新兴需求，尤其是年轻人的需求。

从投资主体来看，已由单一的政府或国有企业转换为多元化的投资，尤其是房地产企业和矿业企业进入旅游业，项目规模较大，商业模式变化，如万达集团联合6个房地产集团，投资270亿元开发长白山国际旅游度假区。西安曲江文旅集团连续开发曲江、大明宫、楼观台，总投资400多亿元，取得了良好的经济、社会、环境、文化效益。这又构造了产业融合的新格局，以旅游市场为平台，覆盖三次产业，拉动三次产业全面发展。

扩大规模，优化结构，提高水平，是旅游发展的三个阶段，现在，扩大规模的任务基本完成；调整结构开始进行，目标是达到结构的优化，这是一个长期的任务；提高水平则是一个永恒的主题。

展望未来的中国旅游服务，将出现五个趋势：一是“高服务”的品牌集中；二是“文服务”的经典创造，服务更关注文化和情感；三是“精服务”的理念推广，服务要精准，服务要精致，服务要精确，国际优势显现；四是“泛服务”的链条形成，集群优势显现。客人的需求是系列的，集群会形成服务链，在过程中都可以得到满足；五是“云服务”的体系完善，网络优势显现。

现在幸福成为主旋律，旅游是追求幸福的渠道，实现幸福的领域，感受幸福的过程，所以未来的旅游产业必然成为幸福产业。

资料来源：http://www.cnta.gov.cn/html/2012-10/2012-10-25-13-24-64565.html

效果评价

知识评价

1. 旅游业的性质？
2. 旅游业的特点？

能力评价

1. 请结合身边的例子，来说明旅游业的某一个特点。
2. 旅游景区的门票都很贵，旅游景区的收入也是旅游业的组成部分，那么旅游景区能不能算是旅游业的支柱？

任务二 旅行社

任务引入

王先生是某保险公司的客户，临近岁末，该保险公司为回馈老顾客，赠送王先生一张“4天3夜港澳游”旅游券。该旅游券上赫然写着“持本券自行到达深圳跟团每人收220元（导游小费和口岸费），全程再无任何费用”。王先生一边感谢保险公司送了这么丰厚的礼物，一边感叹馅饼真的砸到了自己的头上。到达深圳后，王先生发现同团的20多人全是持券旅游的，有亲戚朋友送的，有买珠宝、家电送的，还有的是从购物网站花几块钱买的。王先生隐约感觉自己上当了，但已到深圳，只好硬着头皮跟着走。在皇岗口岸，导游要求每个游客签购物协议，“不签就不能去香港！”到达香港后，导游没有按旅游券上约定的行程游览，而是带游客进了一家珠宝店，随后将店门锁死，只能进不能出。店里的珠宝价格比内地贵很多，做工粗糙像是假货，王先生不想买，但迫于压力还是买了300元的饰品，导游立即火冒三丈："这是纪念品，不算购买，你的指标一定要在2000元以上！"王先生说："不是自愿购物吗？"导游破口大骂："没钱来香港干什么？你去死吧！"就这样，游客被关了3个小时，每人平均购物3000元以上。随后，导游带游客去了手表店、巧克力店、百货免税店，同样是强迫消费。行程结束后，王先生向旅游质监执法机构投诉。经调查，该旅游券的发行方根本不具备旅游经营资质，其无偿向保险公司提供旅游券，保险公司以此为噱头作为礼品赠送给消费者，是一起无资质经营且严重扰乱市场秩序的违法行为。

请问：面对旅行社和导游，游客在外出旅游的过程中如何才能保护个人权益？

任务执行

本任务主要介绍旅行社的分类、旅行社的主要业务、旅游产品的类型及旅行社导游服务。

一、旅行社

自从1845年英国人托马斯·库克创建全球第一家正式旅行社以来，经过一个半世纪的发展，旅行社已经成为旅游业的支柱，也是旅游业的组成部分中唯一一个以经营旅游业务为主的行业。

旅行社是指从事招徕、组织、接待旅游者等活动，为旅游者提供旅游咨询、导游等相关旅游服务的旅游企业，是旅游业的重要组成部分。旅游者外出旅游首先要接触到的旅游企业可能就是旅行社：他要从旅行社那里了解旅游产品；请旅行社帮助其设计旅游线路，并最终从旅行社预订和购买旅游产品。

旅行社从旅游饭店、航空公司等旅游供应商那里购买旅游服务，直接或间接地（通过将其加工组合成最终旅游产品）出售给旅游者，以满足旅游者的旅游需求，因而扮演着旅游中间商的角色。

旅行社作为旅游中间商联系着旅游交易双方，掌握着旅游市场的供求变化情况，因此，可以向旅游交易双方传递各种有效信息。一方面，可以引导旅游生产者按市场需求生产和提供旅游产品；另一方面，又可以引导旅游消费者对自己的购买行为做出正确的选择，为旅游设计出最为理想的旅游线路，安排最为恰当的旅游活动。此外，作为中间商旅行社还可以使旅游者节省旅游费用，这是因为旅行社从旅游供应商处大批量采购，可以获得非常优惠的价格，并将这些优惠部分地转让给旅游者。

二、旅行社的分类

（一）国外旅行社的分类

国外的旅行社按其经营业务的不同，划分为旅游批发经营商和旅游零售商两大类。

1. 旅游批发经营商

是指从事生产和批发业务的旅游公司。他们通过大量购买运输公司、旅馆、观光景点等旅游企业的产品，然后将这些单项产品按日程编排为包价旅游路线或包价度假集合产品,并通过各种零售渠道出售给旅游大众。

根据销售渠道的差别,人们把旅游批发经营商又划分为旅游批发商和旅游经营商两个亚类。两者的区别在于:经营商除了通过各种零售网络出售自己组织的包价旅游商品外,还通过自己的零售网点直接向广大公众出售:而批发商则没有自己的零售网点,从不直接向广大公众出售产品。旅游经营商的规模一般都比较大,主要是依靠航空客运(旅游包机)和银行金融(旅行支票和旅行保险)经营业务。

2. 旅游零售商

指主要经营旅游零售业务的旅行社。旅行代理商(或旅游代理商)是最典型的旅游零售商,当然也包括其他代理预订机构。旅游代理商代表顾客向旅游批发商及有关食、宿、行、游、购、娱等方面的旅游企业购买其产品,是连接旅游批发经营商和旅游者的桥梁。旅行代理商一般规模较小,他们提供的服务不向顾客收费,其收入主要来自被代理企业支付的佣金。英国著名的托马斯·库克公司既是本国最大的旅游经营商之一,也是最大的代理商之一。

旅行代理商的具体业务包括:为潜在旅游者提供有关旅游点、客运班次、旅游公司产品及旅游目的地情况的咨询服务;代客预订交通、食宿及游览和娱乐门票等;售发旅行票据;陈列并散发有关旅游企业的旅游宣传品;向有关旅游企业反映顾客意见。

(二)我国旅行社的分类

我国旅行社的分类方法不同于欧美国家,并非按照消费流程进行自然分工,而是出于国家对旅游业实行宏观管理、确保旅游接待质量而做出的划分,属于按经营范围而进行的水平划分。

在1996年前我国曾将旅行社分为三类社:一类社招徕、接待海外旅游者;二类社接待海外旅游者;三类社只能经营国内旅游业务。

随着1996年我国《旅行社管理条例》的颁布,旅行社被分为国际旅行社(又可分为有权出境和无权出境两种)和国内旅行社。前者经营范围包括入境旅游业务、出境旅游业务和国内旅游业务,后者经营范围仅限于国内旅游业务。

2009年最新的《旅行社条例》取消了沿用22年之久的旅行社分类,统一了从事国内旅游业务和入境旅游业务的准入条件,规定取得旅行社业务经营许可证后,既可以经营国内旅游业务也可以经营入境旅游业务。同时,《旅行社条例》还将经营入境旅游业务所需的注册资本最低限额由150万元降到了30万元,大大降低了入境旅游市场的准入门槛。按照《旅行社条例》,旅行社实际上有两种不同的种类:经营国内旅游业务和入境旅游业务的旅行社、经营出境旅游业务的旅行社。《旅行社条例》规定,旅行社取得经营许可满两年,且未因侵害旅游者合法权益受到行政机关罚款以上处罚的,可以申请经营出境旅游业务。

《旅行社条例》还规定,外商投资旅行社不得经营中国内地居民出国旅游以及赴香港特别行政区、澳门特别行政区和台湾地区的业务(但国务院决定或我国签署的自由贸易协定和内地与香港、澳门关于建立更紧密经贸关系的安排另有规定的除外)。

(三)"传统旅行社"与"在线旅行社"

按照经营方式划分,旅行社还可以划分为"传统旅行社"和"在线旅行社"。传统旅行社（也称为“线下旅行社”）是指有固定的经营场所，面对面为旅游者提供服务的旅行社。而在线旅行社则是指没有门店、通过互联网等方式提供预订服务的旅行社。

网络消费习惯的形成，服务商在产品和服务上进行创新，是在线旅游服务取得市场认可的直接原因。在线旅行社还可以整合线上线下资源，形成网络平台与旅行社服务相互融合为一体的新模式，从而获得更大的竞争优势。从旅游行业发展趋势看，互联网和信息技术会改变消费方式、经营者的经营方式，进而改变产业形态。

据统计，在欧美国家，大约60%的休闲旅游和40%的商务旅游都是线上预订，在我国这个比例只有5%到10%，还有很大的提升空间。国家旅游局最近已经提出，要争取用10年左右的时间显著提高信息技术在旅游业应用的广度和深度，使旅游企业的经营活动全面信息化。

表2-1

2012年度全国百强旅行社前20名

位次	旅行社名称
1	上海春秋国际旅行社有限公司
2	中青旅控股股份有限公司
3	广东省中国旅行社股份有限公司
4	北京众信国际旅行社股份有限公司
5	广州广之旅国际旅行社股份有限公司
6	中国国际旅行社总社有限公司
7	浙旅控股股份有限公司
8	湖南省亲和力旅游国际旅行社有限公司
9	湖北新航线国际旅行社有限责任公司
10	重庆海外旅业（旅行社）集团有限公司
11	中青旅（北京）国际会议展览有限公司
12	湖南华天国际旅行社有限公司
13	上海携程国际旅行社有限公司
14	长江轮船海外旅游总公司
15	福建省中国旅行社
16	北京携程国际旅行社有限公司
17	浙江中旅旅业集团有限公司
18	广东南湖国际旅行社有限责任公司
19	北京凯撒国际旅行社有限责任公司
20	深圳中国国际旅行社有限公司

资料来源：http://www.cnta.gov.cn/html/2013-7/2013-7-5-16-3-20291.html

知识拓展

2013年在线旅游与传统旅行社将双向融合

我国迅速兴起的在线旅游企业成为旅行社行业的重要成员。中国旅游研究院近日发布的《中国旅行社产业发展报告(2012)》显示,以携程等为代表的在线旅游服务商成为我国旅行社业务的重要经营者。从最新出炉的2012年度“中国旅游集团二十强”榜单来看,旅游电子商务企业已经占据排行榜五分之一席位。最新预测和研究显示,2012年中国在线旅游市场交易规模约占旅游业总收入的10%。

报告认为,在线与传统旅行社双向融合,是我国旅行社产业的一大发展趋势。业内资深专家认为,2013年旅游业线上、线下互动的特征会更为显著,将进入新的双向融合阶段。

《中国旅行社产业发展报告(2012)》认为,目前我国旅行社产业主体主要有“四大阵营”:由中国国际旅行社总社、中国旅行社总社、香港中国旅行社、中国青年旅行社等传统旅行社经由市场化改革而来的旅游企业;众信、凯撒、春秋、南湖等服务于国民旅游市场的民营旅行社;携程、艺龙、芒果、同程等基于互联网和移动通讯技术的线上旅行商(OTA);少量独资、合资或者以办事处名义开展业务的跨国旅行社分支机构。

报告认为,就行业发展态势来看,一方面,传统旅行社产业不断加强信息化建设,积极发展旅游电子商务;另一方面,新型的旅游电子商务公司开始成为旅行社业务的重要经营者,从市场主体发育来看,以携程等为代表的在线旅游运营商迅速壮大崛起,2012年携程旅游集团已迅速赶超传统大型旅游企业位列中国旅游集团第二位。而同程网、艺龙、驴妈妈、途牛等在线旅游运营商发展迅猛,百度、淘宝、腾讯,乃至Expedia等国内外企业也都通过各种途径进军国内在线旅游市场。

依托信息技术手段的在线旅游企业越来越受到认可和重视。从国家旅游局的旅行社统计排序看,四家携程系公司在全国“百强旅行社”排名中位居前列,上海携程国旅进入中国出境游旅行社“前三甲”。今年携程旅游还获得全球旅游市场瞩目,赢得2012年度世界旅游交易会全球奖,这是入选全球旅游贡献最高奖的唯一中国企业。

“十年前,国内还刚出现在线旅行社这种事物;几年前,还有人质疑旅游网站不应该像旅行社一样参与旅游服务;不久前,网上预订还是以机票、酒店为主;但是现在,我们这样‘没有一家门店的旅行社’,已经成为国内旅行社行业的重要成员,甚至是‘行业的领先者和发展方向的代表’。”携程旅行网副总裁郭东杰表示。

2012年12月在杭州召开的第四届中国旅游发展论坛上,中国旅游研究院和中国旅游协会正式发布2012年度“中国旅游集团二十强”名单。从这一榜单来看,旅游电子商务企业的发展势头不容小觑,旅游电商占据排行榜五分之一席位。除了排序第二的携程之外,还有去哪儿网、景域集团、同程网等三家公司;此外港中旅拥有芒果网、青芒果,锦江国际有开发自建的电商平台,中青旅下辖有遨游网。

目前在线旅游在我国旅游产业中的比例有多大?中国旅游研究院预测,

2012年预计全年旅游业总收入将达到2.59万亿元。中国旅游研究院武汉分院最近发布的《2012中国旅游业发展报告》显示，2012年中国在线旅游市场交易规模将达2530亿元。以此推算在线旅游的份额约10%，还有巨大的发展空间。

技术与资本成为驱动旅游电商高速发展的双重引擎。在第三次信息化浪潮的大背景下，互联网已势不可挡，深刻影响着人们的旅游消费方式，孕育了丰富的旅游新业态，重新构建了旅游业的产业链条。

从目前的统计数据来看，全国旅行社的总数为23690家。从旅行社业务的经营主体的角度来估测，报告认为目前全国实际的旅行社业务经营主体超过7万家。据统计，2011年度全国旅行社营业收入2871.77亿元，同比增长8.41%，营业利润22.11亿元，同比下降31.63%。旅游业务毛利率5.05%，同比下降0.27%。报告认为，我国的大多数旅行社还没有形成经营网络，真正以资产纽带紧密联系的全国性旅行社网络或集团还很少。

相比而言，在线旅游服务公司发展迅猛。记者了解到，携程旅游目前开始进入"集团化"的新阶段。已经初步形成覆盖境内和港澳台的全国性旅行社集团，在境内成立14家全资旅行社公司，旅游服务网络已经扩展到全国60多个城市，全球数百个旅游目的地。还通过收购香港领先的旅行社机构永安旅游、战略投资台湾地区最大的在线旅行社易游网，全面布局大中华区域、在两岸三地都拥有领先企业。

此前，线上旅行社的产品大多以标准化的、无需人员现场提供服务的机票产品和酒店产品为主。现在，自由行、团队游、当地游，都已经成为主流产品，吃住行游购娱等各种旅游需求都有对应产品和服务。携程旅游的业务比重中，团队游已经接近一半。并且自我采购资源、研发产品、提供服务，它的导游、领队、目的地服务机构、供应商联盟组织，随时面对面地融入到旅游者的旅游活动中，提供一站式服务并保障服务质量。

最新数据显示，2012年，携程酒店预订与机票预订服务累计超越五千万人次，旅游度假月人次创新高。如果从服务覆盖与服务人次来看，携程集团在大中华地区是当之无愧的市场领先者。

报告认为，我国旅行社产业有五大发展趋势：一是国民旅游成为旅游消费重心和旅行社首要任务；二是散客自由行趋势日趋明显，成为旅游活动的主要形式；三是在线与传统旅行社双向融合；四是代理制助推垂直分工体系形成；五是产业融合与集团化成为潮流。

"更新的商业模式在创新和回归进程中衍生。比如携程旅游除了继续沿着移动互联的方向创新，又选择与传统旅行服务机构的组织模式主动结合，一方面实现了技术理性带来的效率化和标准化服务，也融合了面对面服务的人情体验，成为现代旅行服务业态普遍的趋向。"报告表示。

资料来源：http://www.ctcnn.com/html/2013-01-10/342514008_1.htm

三、旅行社的主要业务

（一）组合产品，设计线路

组合旅游产品、设计旅游线路是旅行社的基本业务。旅行社的旅游产品，指的是各类单项旅游产品经旅行社组合在一起形成的整体旅游产品，一般是指旅游项目和旅游路线，主要表现形式有单项服务、团体包价旅游、散客包价旅游、半包价旅游、小包价旅游、零包价旅游和组合旅游等。旅行社把参观娱乐、食宿、交通等所有活动从时间与空间上合理地组合在一起，为旅游者节省时间精力，使他们能够在有限时间内获得最大的旅游活动而受益。

（二）销售产品，招徕客源

销售旅游产品是旅行社的主要业务之一。所有旅行社组合旅游产品的目的都是为了销售，而且也都在从事销售工作。旅游产品销售包括：制定产品销售战略，选择产品销售渠道，制定产品销售价格和开展各种形式的旅游促销活动。销售旅游产品的一个重要途径是招徕客源，有了稳定的客源，旅游产品才能销售出去，旅行社才有经营收入。

（三）组织协调，安排客源

旅行社为了设计、组合旅游产品，必须向有关旅游企业或部门（如饭店、交通、餐饮、旅游景点、娱乐和保险公司等）购买各种旅游服务项目和产品，另外，组团旅行社还需要向旅游路线沿途的各地接待旅行社采购接待服务，以及根据旅游者的委托，为其办理与旅行活动有关的各种手续，如办理护照及签证、代办旅行保险、委托搬运及代管行李物品等，这些业务都需要旅行社与相关部门做好组织协调工作，合情合理地安排好客源。

（四）实地接待，提供服务

旅行社的组织接待服务主要包括两个方面：一是旅行社在旅游者到达目的地时的接待工作；二是旅行社在旅游者进行旅游活动过程中的陪同工作。旅行社组合旅游产品的目的是为了把它销售给旅游者，而由于旅游活动具有异地消费的特点，以及旅游产品具有生产和消费的同时性特点，所以旅游者只有到达旅游目的地并进行消费后，旅游产品的价值才能最终实现，所以组织接待旅游者也是旅行社的一项重要业务内容。旅行社需要根据旅游者购买的包价旅游线路来组织人员进行接待，帮助安排交通、食宿、参观游览及其他各种事项。

四、旅行社的组织架构

旅行社主要由以下几个部门组成：

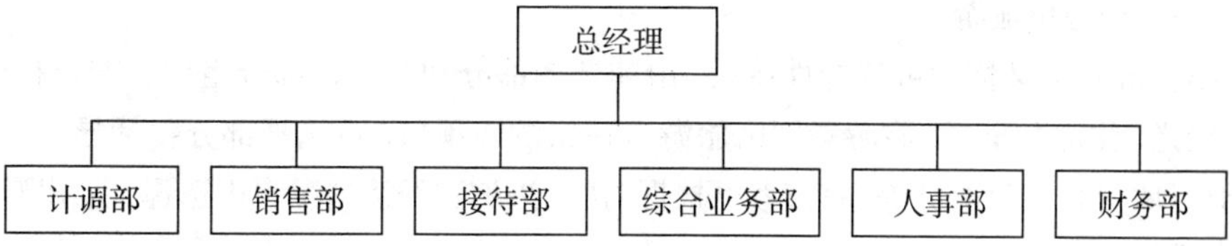

（一）销售部

销售部又叫“外联部”、“市场部”或“市场营销部”，其主要业务是销售旅行社产品。

（二）计调部

计调部全称为计划调度部，是旅行社产品的设计部门和接待业务的调度中心，主要负责接待服务的计划工作和一切关系的调度工作。由于旅行社提供的是综合性的服务，各方面、各环节之间的协调与配合就显得尤为重要了。计调工作是旅行社接待工作的保障。

（三）接待部

接待部由不同语种的导游人员为主体组成，主要负责具体接待计划的制订与落实，为旅游者（团）提供导游和陪同服务。

（四）综合业务部

综合业务部是旅行社多功能的、带有拓展业务性质的综合部门，它同时具有某些职能部门的特征。

五、旅行社产品的类型

按照包价项目的多少划分，旅行社产品可分为以下几种类型：

（一）全包价旅游

全包价旅游多为10人以上的旅游团所采用。即参加旅游团的旅游者采取一次性预付旅游费用的方式将各种相关旅游服务全部委托一家旅行社办理。包价的项目通常包括：

① 来往旅游目的地的长途交通费用；

② 依照规定等级提供饭店客房；

③ 游客一日三餐的餐费及饮料费；

④ 市内游览用车费；

⑤ 翻译导游服务费；

⑥ 交通集散地的接送服务；

⑦ 行李服务费；

⑧ 游览场所门票和文娱活动入场券。

（二）半包价旅游

半包价旅游指在全包价旅游的基础上，扣除中、晚餐费用的一种包价形式，其目的在于降低产品的直观价格，提高产品的竞争能力，同时也是为了更好地满足旅游者在用餐方面的不同要求。

（三）小包价旅游

小包价旅游又称为可选择性旅游，由非选择部分和可选择部分组成。非选择部分包括接送、住房和早餐，旅游费用由旅游者在旅游前预付；可选择部分包括导游、风味餐、节目欣赏和参观游览等，旅游者可根据时间、兴趣和经济情况自由选择，费用既可预付，也可现付。

（四）零包价旅游

零包价旅游是一种独特的产品形态。参加这种旅游的游客必须随团前往和离开旅游目的地，但在旅游目的地的活动是完全自由的，形同散客。旅游者参加零包价旅游的好处在于可以获得团体机票价格的优惠，并可由旅行社统一代办旅游签证。

（五）单项服务委托

单项服务委托又称委托代办业务，它是旅行社根据旅游者的具体要求而提供的各种有偿服务，旅游者需求的多样性决定了旅行社单项服务内容的广泛性，但其中常规性的服务项目主要包括：

① 导游服务；

② 交通集散地的接送服务；

③ 代办交通票据和文娱票据；

④ 代订酒店客房；

⑤ 代客联系参观游览项目；

⑥ 代办护照、签证等旅行证件；

⑦ 代办旅游保险。

六、旅行社导游服务

导游服务是指取得导游证的导游人员代表被委派的旅行社，按照组团合同或约定的内容和标准为旅游者提供向导、讲解及相关的旅游服务。

导游服务是旅行社业务的主要组成部分：旅游者初到异地，语言不通，交通不明，对当地的风土人情、旅游资源等不甚了解，因此，需要有人为他们做向导，给他们讲解，以增加他们的游乐兴趣，帮助他们完成旅游活动。从事这种活动的人就是导游人员，而这种活动本身就叫导游活动。

（一）导游人员的分类

按照分工范围的不同，我国对导游人员有下列不同的称谓：

① 导游，是担任导游工作者的总称，包括国际导游（必须懂外语）和国内导游（不必懂外语）。

② 翻译导游，是接待外国旅游者的导游人员。他们必须至少懂得一门外语。

③ 全程陪同，是组团社派出的，负责整个旅行团旅游活动的陪同。他从旅行团抵达开始，到结束旅行，自始至终陪伴着旅行团，为他们当翻译导游，联系旅馆、交通、安排旅游项目，处理旅途可能发生的各种问题以及账目的结算等。总之，他为整个旅行团的旅游活动负责。

④ 地方陪同，简称地陪，是负责旅行团在本地区旅行活动的工作人员，留在本地工作，不随团到其他地方。

⑤ 讲解员，指具有某一方面的专业知识，固定地在某一旅游景点对旅游者进行讲解和导游的人员。

（二）导游人员的服务范围

1. 讲解服务

它包括口译服务和导游服务。口译服务包括现场参观访问和座谈、会见、交流、咨询等。导游服务包括物化导游（图文、声像）和口语导游（娱乐活动导游、流动游览讲解、沿途导游、现场导游）。

2. 市内交通服务

是指导游人员同时兼任驾驶员，为旅游者在市内和市郊旅行游览时提供交通、讲解服务，这是现代旅游的一种发展趋势。

3. 生活服务

它包括全程生活服务和地方生活服务。其中，全程生活服务包括入出境迎送和生活（购物服务、安全服务、生活照料、上下站联络、委托服务），地方生活服务则包括迎送和生活（生活照料、安全服务、票证服务、行李服务、委托服务、购物服务、其他服务）。

知识拓展

英雄导游谢廷骏

谢廷骏，男，香港康泰旅行团的领队，8·23菲律宾劫持香港游客事件遇难者之一。

2010年8月23日上午9时左右，一辆装载25人（包括22名香港乘客）的旅游车在菲律宾马尼拉市中心基里偌大看台附近被菲律宾前警察门多萨劫持。危急时刻，带团领队谢廷骏冒死悄悄致电回港，向旅行社报告，旅行社随即联络旅游业议会和保安局，要求菲律宾警方拯救人质。后来谢廷骏被凶徒铐在车门当人质，在双方的交火中坚守全团直到中枪身亡，英勇行为广受民众称赞，被赞赏是"香港骄傲"。

康泰旅行社2010年9月2日在葵青剧院为谢廷骏举办"我们永远怀念您——谢廷骏追思会"。追思会分为两部分，先接待800名谢家家属、好友、旅行社员工；之后开放予1000名冒雨出席的公众人士。香港署理行政长官黄仁龙、劳工及福利局局长张建宗等多名官员出席向谢廷骏致意。

为表敬意，剧院内的红色椅子铺上白布，礼台摆放谢廷骏生前一张展露灿烂笑容的照片，旁边竖立一个鲜花砌成的心形花牌，台前则摆放香槟色玫瑰花束。追思会开始后，先为谢廷骏默哀1分钟，寂静的空气和悄悄爬到各人脸上的泪珠，犹如寄托无限绵长的哀思，向另一国度的谢廷骏致敬。其后，大会播放谢廷骏生前的照片，衬以他生前最爱的歌曲《海阔天空》作背景音乐，谢廷骏部分好友、同事及瑜伽教练随后轮流上台，忆着跟谢廷骏相处的点滴，泪水再度洒下……

与谢廷骏相识多年的同事Alan在分享前，先深呼吸压抑情绪。他说，印象中的谢廷骏性格爽朗、乐天，富正义感，喜欢抱打不平，且主意多多，工作既投入又认真，绝对做足100分。他记得最后一次与谢廷骏相遇是于香港国际机场，两人都准备出团，Alan得知谢廷骏学瑜伽，便叫他示范动作，谢廷骏笑言："将只脚放在你头都得。"这是幽默的谢廷骏。由于时间太仓促，两人相约返港后再聚，临别前，只轻轻一抱，讵料已成永别。

Alan说，谢廷骏性格乐天，相信他不想各人为他不开心，好好生活、工作，就是对他最好的怀念。旅游事务专员容伟雄、康泰董事长黄士心及旅游业议会总干事董耀中致悼词。黄士心赞扬谢廷骏勇敢机警，是一名优秀领队，康泰为他设立的基金现已筹得约270万元捐款。

前康泰旅行社总经理刘美诗表示，旅游业以谢廷骏为荣，希望领队可以学习他"站到最前、撑到最后"的态度。

瑜伽导师称，最庆幸能认识谢廷骏，他们首次相遇，导师二话不说决定收他为徒，但谢廷骏说："我一字马都做不到，如何教导别人？"导师却说："一字马可以练，但心灵教养却是从小累积起来的。”他说，看到事发时的电视片段及报章相片，但见平静的谢廷骏，“这就是人的典范，坚守岗位至生命最后一刻。谢廷骏，这个示范你做得好！”

接近追思会尾声，在场人士逐一上台献花，康泰管理层带领在场人士唱出激昂的《壮志骄阳》，主持道出谢廷骏生前座右铭为追思会作结：“什么都可以输，斗志不可输；什么都可以无，信心不可无；什么都可以老，心境不可老。”

资料来源：http://www.chinanews.com/ga/2010/09-03/2510082.shtml

（三）对导游人员的管理

导游人员是旅行社的灵魂人物，导游服务则是旅游服务的重要组成部分。实践证明，游客对旅行社的投诉在很大程度上都集中在导游身上，如反映导游人员服务态度不好、导游知识欠缺以及私自增加旅游团购物次数以收取回扣等。对于导游人员，无论是专职还是兼职的，都要加强管理，以提高旅游服务质量。

对于导游人员的管理，可由旅行社和国家旅游行政主管部门共同进行。其中，颁发导游证是重要的管理手段。从2002年4月1日起，我国国家旅游局决定启用新版IC卡导游证，并实行导游计分制管理。导游证内储存了导游的姓名、性别、民族、学历、语种、出生年月、家庭住址、身份证号码、导游证编号、导游资格证号等基本情况和违规计分情况，可凭借手持读卡机等电子设备读取其内容。

依据《导游人员管理实施办法》的规定，导游人员计分办法实行年度管理10分制，导游人员扣分的违规行为归纳为27种，导游人员10分分值被扣完后，暂停从事导游业务，须接受旅游行政管理部门的培训，培训考核合格后，方能继续从事导游业务。

此外，国家对导游人员实行年度审核制度，导游人员必须参加年审。年审以考评为主，考评的内容应包括：当年从事导游业务情况、扣分情况、接受行政处罚情况、游客反映情况等。考评等级为通过年审、暂缓通过年审和不予通过年审三种。一次扣分达到10分，不予通过年审；累计扣分达到10分的，暂缓通过年审；一次被扣8分的，全行业通报；一次被扣6分的，警告批评。暂缓通过年审的，通过培训和整改后，方可重新上岗。

知识拓展

导游人员违规行为及扣分标准

扣 分	违 规 行 为
扣除10分的行为	有损害国家利益和民族尊严的言行的； 诱导或安排旅游者参加黄、赌、毒活动项目的； 有殴打或谩骂旅游者行为的； 欺骗、胁迫旅游者消费的； 未通过年审继续从事导游业务的； 因自身原因造成旅游团重大危害和损失的。

（续表）

扣　分	违　规　行　为
扣除8分的行为	拒绝、逃避检查，或者欺骗检查人员的； 擅自增加或者减少旅游项目的； 擅自终止导游活动的； 讲解中掺杂庸俗、下流、迷信内容的； 未经旅行社委派私自承揽或者以其他任何方式直接承揽导游业务的。
扣除6分的行为	向旅游者兜售物品或购买旅游者物品的； 以明示或者暗示的方式向旅游者索要小费的； 因自身原因漏接漏送或误接误送旅游团的； 讲解质量差或不讲解的； 私自转借导游证供他人使用的； 发生重大安全事故不积极配合有关部门救助的。
扣除4分的行为	私自带人随团游览的； 无故不随团活动的； 在导游活动中未佩带导游证或未携带计分卡； 不尊重旅游者宗教信仰和民族风俗。
扣除2分的行为	未按规定时间到岗的； 10人以上团队未打接待社社旗的； 未携带正规接待计划； 接站未出示旅行社标识的； 仪表、着装不整洁的； 讲解中吸烟、吃东西的。

资料来源：《导游人员管理实施办法》

效果评价

知识评价

1. 旅行社的分类。
2. 导游人员的素质要求。
3. 导游人员违规行为及扣分标准。

能力评价

1. 请调研一家旅行社，并具体了解该旅行社的业务内容。

2. 试着在旅游电子商务网站上查找旅行线路信息，并对来自不同网站的信息进行比较，查找它们之间的共同点和区别。

任务三 旅游交通

任务引入

在旅游中,交通始终是游客面临的第一道问题。

由于人们越来越重视时间,因此出门希望尽可能在路上少花时间已成为不少人选择交通工具的第一原则。春节期间百万人出游,航空公司成为旅游市场的最大赢家,机票紧张程度竟然到了只要有机票就有团队的地步。这显然是最好的证明。目前长线旅游选择乘飞机的已经占到了相当大的比例,一般情况下已很少有人会选择轮船作为旅游的交通工具,选择乘火车的旅客也有减少的趋势,在中线旅游中,几乎是飞机与火车唱对台戏,至于轮船,只占了不大的比例。比如上海至烟台等一些原先有轮船班线的,现在也因乘客人数的大幅下降而停航。只有在短线上,轮船还占据较重要的位置,当然火车也是短线游客喜欢选择的交通工具,同时,高速公路也开始分流一部分游客。但总体上还是火车与轮船为主,飞机在短线上似乎受到极大的限制。预计在旅游市场中,长线选择飞机的还将持续增长,中短线以火车轮船为主的格局还将维持下去。

由于经济条件变好,舒适程度也开始影响到对交通工具的选择。因此,长线游客愿意乘飞机,又如同样是火车,较舒适的旅游列车受到旅游者欢迎。而在某些线路上,人们宁愿坐船而不是更快些的火车,恰是考虑到是否舒服的角度。而在沪宁线上,许多游客更倾向坐火车而不是虽称豪华却并不怎么舒服的大巴。

而价格问题对交通工具的选择恐怕还是至关重要的。可以看到不少游客选择乘火车仅仅是因为其费用较乘飞机低得多,价格因素制约了乘飞机游客人次的猛升。毕竟经济还是大多数人必须考虑和面对的问题。有关方面如何去找到交通与旅游的契合点也将直接对游客产生影响。比如铁路方面就是从市民双休日出游这个角度考虑,推出的"假日列车",在最近的开行中连连爆满,便是一个成功的典型。这方面,水陆方面应该可以借鉴,长江客轮公司也曾推出过假日专船,尽管未出现像"假日列车"这样爆满的场面,但也吸引了不少游客。看来在新形势如何瞄准游客的需求是成功的关键。

外出旅游,你选择何种交通工具?

任务执行

一、旅游交通

旅游交通是指旅游者利用某种手段和途径,实现从一个地点到达另一个地点的空间转移过程,主要有空运、陆运和水运等三种形式。旅游交通的状况是一个国家或地区旅游业发展的重要标志之一,它与旅游饭店、旅行社、旅游商品一起并称为旅游业的四大支柱。在旅游业中占有重要的地位。

旅游是身赴异地的旅行,因而交通运输必然成为任何一种旅游的重要组成部分。但是为旅游业服务的交通运输业,也为其他货运和月票持有者等提供客运市场服务,交通运输业在很多情况下既为旅游者提供专门服务，也满足其他不同类型交通运输经营的需要，依靠其他市场招徕生意。在许多国家，代办邮电业务的运输业已经作为加速发展航空运输业的显著补充。运输系统具有极大的生产能力和巨大的经济规模。旅游交通的发展也经历了一个不断演化的过程，从徒步到马匹、木筏、汽车、轮船到飞机，都见证并推动了旅游业的发展。

二、旅游交通在旅游业中的作用

旅游交通的发展是旅游业发展的前提和基础。旅游交通的发展主要表现为交通工具的不断更新和现代化，这是现代大众旅游能够兴起的重要条件之一。它解决了人们外出的时空矛盾，使人们开展长距离旅行成为可能。因此，旅游交通对旅游业的发展起着重要作用。

（一）旅游交通是旅游者进行旅游活动不可缺少的因素

自古至今，无论国内国外，人类的旅行活动都离不开交通工具。它不仅承担着旅游客源地与旅游目的地之间的运输任务，而且还承担着旅游目的地范围内旅游点、交通站、饭店、景区、购物中心、娱乐场所之间的运送任务，只有交通顺畅，才能使旅游者“进得来，散得开，出得去”，才能使旅游活动得以顺利完成，才能使旅游设施、旅游资源的作用得到充分发挥，实现其价值。

（二）旅游交通是旅游业产生和发展的前提条件

从旅游的发展史来看，旅游业的产生是以交通客运业的发展为前提的。早期人类的旅游活动是伴随着马、牛、驴、畜力车和独木舟等古代交通工具的出现而产生的。18世纪中叶以后，工业革命导致轮船、火车、汽车和飞机等现代交通方式的出现，从而为近代旅游活动的开展和近代旅游业于19世纪中叶的产生创造了必要的条件。第二次世界大战以后，比较完善的现代交通运输业在世界范围内形成，尤其是公路和航空运输的普及化，促成了现代旅游业的诞生。特别是20世纪60年代末70年代初，速度快、载客量大、价格便宜的宽体喷气式客机的问世，开辟了大规模国际旅游的新纪元。另一方面，正因为交通客运解决了旅游地进入性问题，为旅游地输送了客源，旅游业才得以发展。否则，就会产生旅游交通的“瓶颈效应”，旅游设施、旅游服务和资源就会出现闲置和浪费，从而严重制约旅游业的发展。

（三）旅游交通是旅游区兴起和发展的前提条件

首先，一个国家和地区常常拥有许多游览点，只有通过旅游交通使旅游者到达游览点，旅游资源的价值才能实现，旅游业的种种设施和服务才能真正发挥作用。其次，旅游交通对于旅游点的开发起着不可替代的作用，例如，我国的千岛湖旅游区，多年前因交通落后，交通安全和旅游者到此所花费在途中的时间占整个旅游时间的比重过大，影响了旅游者的游览决策。而在改善了交通条件之后，千岛湖旅游区的接客能力得到充分的发挥，游客逐年增长。因此发展各类交通运输，将会有力地促进新的旅游网点的开辟和兴起。

（四）旅游交通是旅游业创收的重要组成部门

人们外出旅游，必然要支付一定的交通费用。旅游者的交通运输费在旅游总消费额中占有很大比例，尤其是远程旅游，诸如洲际旅游和环球旅游等。在旅游者的全部开支中，交通运输支出所占比例一般在30%—40%，交通客运业中来自游客的收入占一个国家或战地区旅游收入的1/3左右，在其旅游收入中起着举足轻重的作用。

三、现代旅游交通运输工具

（一）飞机

旅游航空交通方式以民用客机为主要运输工具，以航空交通线为路线，以机场为始终停靠站，主要承担中远程旅客运输。约有36%的旅游者使用这种交通方式。航空旅行的主要优点是快速高效、安全舒适、能跨越地面各种障碍（如海岛等）、事故率低；其缺点是只能完成点到点之间的旅行，噪声污染严重。

图 2-1

交通工具：飞机（图片来源：http://so.360.cn/index.htm）

（二）火车

在现代交通运输体系中，铁路交通是发展较早的一种交通运输，至今已有近200年的历史（1825年9月27日，世界上第一辆机车首次运行于英国的史达克顿和达灵顿之间）。它在历史上对经济、社会的发展，曾经发挥过辉煌的作用，并且是古代旅行演进到近代旅游的关键性因素之一。

火车的特点是运载量大，如果需要，一列火车可以挂十几节甚至二十几节车厢，载客可达2000多人。同时，铁路部门可根据旅客的流量、流向的变化和需要，增减列车次数。另外，火车车厢较为宽大，乘客活动的空间比较大，对长距离旅行的旅客，还能解决食宿问题，因此，乘坐火车还是比较舒适和方便的。

由于价格便宜、运载量大等特点，火车在我国旅游交通中一直占有重要地位：2006年7月1日，引起全世界关注，具有重大现实意义和深远历史的“青藏铁路”正式开通。这条划时代铁路的开通不仅对西藏的旅游业，而且对西藏的经济、文化已经产生极其重大的影响。整个青藏铁路沿线，可以说是一条神秘而丰富多彩的顶级旅游风景线。从青海西宁至西藏拉萨近2000千米的旅途中，翻越青藏高原昆仑山、唐古拉山，途经柴达木盆地、可可西里无人区、藏北高原和藏南谷地等高原地域及格尔木、那曲等高原城镇。铁路将青藏高原一望无际的戈壁滩、白雪皑皑的雪山、辽阔无边的草原等景观连在一起。在这条旅游线上运行的高原旅游列车的观景窗比一般列车更宽敞明亮。这种列车的车体采用双层密闭增压技术，以保持车内空气密度，让乘客如同身处平地，不会因高原反应而产生不舒适感觉。新风道内安装的滤沙尘装置，将时常在高原上肆虐的狂风暴雪彻底“屏蔽”。窗户采用装有紫外线防护膜的夹层玻璃，游客既能纵情欣赏美景，又可免受高原强烈阳光对人体的伤害。

图2-2

交通工具：火车（图片来源：http://so.360.cn/index.htm）

近年来，为了提高竞争力，我国铁路部门根据市场需要，不断提高列车运行速度，调整列车运行时间，增设了许多朝发夕至或夕发朝至的列车，并不断提高服务质量，促进了我国国内旅游业的发展。2006年，我国铁路第六次大提速，行时速达200千米以上。而运行于北京——上海之间的京沪高铁，其最高时可达487.335千米／小时，尽管这条高速铁路运营初期，出现了重大的安全事故，但并不能因此而否定高铁的发展前景。不可否认，京沪高铁的开通，必将对我国旅游业，特别是从北京到上海沿线各地旅游业的发展起到极大的促进作用。

（三）汽车

1. 旅游大巴

旅游大巴是公路旅游交通的主要形式之一，适合中短途旅游：其特点是较为机动、灵活，运输量较大，通常为旅行社组织的团队旅游所采用；旅行社组织的中远途旅游者乘坐飞机、火车、轮船等到达旅游目的地后，通常改乘旅游大巴参观游览。

2. 私家小汽车

小汽车是家庭中、短途旅游理想的交通工具。20世纪60年代以前，小汽车还是少数有钱人的奢侈品，人们出外旅游多乘坐大型客车。但是，60年代以后，汽车逐渐进入了更多人的家庭，而成为人们的主要交通工具。在美国、西欧和日本，80％以上的假日旅游者是乘坐家用小汽车的。

3. 旅游房车

在欧美国家，很多家庭假日出游时，在小汽车后面挂上拖车，到达宿营地后，拖车既可作“餐车”，又可作“卧室”使用（内部不仅有卧室，还有厨房、卫生间、电视等），这就是旅游“房车”。

房车，英文全称Recreational Vehi-cle，简称RV，其雏形源于吉卜赛人的大篷车，有拖挂式和自行式两种类型，兼“房”与“车”两大功能，是一种可移动、有居家必备设施

图 2-3

交通工具：房车
（图片来源：
http://so.360.cn/
index.htm）

的车种，其特点是机动灵活、方便、实用。

近年来，旅游房车已经进入我国旅游市场，受到旅游消费者的青睐。知名房车制造厂商和开展房车租赁业务的公司也逐渐增多。

（四）轮船

1. 邮轮

邮轮是邮政部门专用的运输邮件的交通工具之一，并且同样运送旅客，但一般的邮轮均带有游览性质。由于在邮递服务的初期，洲际的邮递服务，都是依靠邮务轮船将信件和包裹由此岸送到彼岸，这些英国轮船往往需要悬挂英国皇家邮政的信号旗。在1850年以后，英国皇家邮政允许私营船务公司以合约形式，帮助他们运载信件和包裹。这个转变，令一些原本只是载客船务公司旗下的载客远洋轮船，摇身一变成为悬挂信号旗的载客远洋邮务轮船。"远洋邮轮"一词，便因此诞生。

但由于后来喷气式民航客机的出现，远洋邮轮渐渐丧失它的载客、载货功能和竞争力；远洋邮轮的角色，亦由邮轮演变为只供游乐的游轮。所以严格上来说，现在一些旅程或长或短的玩乐式邮轮，由于丧失了运载信件和包裹的功能，只能称之为游轮，而不是邮轮。

现代邮轮是旅游性质的，就像是流动型的大酒店。船上娱乐设施应有尽有，它既是一种豪华旅游交通工具，也是一种具有娱乐功能的豪华旅游住宿设施，同时，本身也是一种对游客具有强吸引力的旅游景观。另外，参加邮轮旅游的游客不仅可以享用邮轮上豪华的游乐设施，还可以在邮轮旅游沿途停靠港下船在邮轮所经国家沿海城市观光、购物，从而丰富游客的旅游生活。邮轮旅游作为一种豪华的休闲度假旅游形式，以其豪华性、娱乐性、休闲性和新颖性，受到世界各国高端旅游消费者的青睐。

邮轮的游客输送量巨大，每艘邮轮每次可以运载相当于6架波音747飞机总容客量的旅客（皇家加勒比公司的海上绿洲号豪华邮轮甚至可载客5400名，有20层楼高，大

图2-4

交通工具：轮船（图片来源：http://so.360.cn/index.htm）

小如4个足球场）。发展邮轮经济无疑对于促进一个地区（城市）旅游业的发展和转型升级具有重要意义，21世纪，邮轮经济将得到蓬勃发展。我国很多省、市充分认识到邮轮经济的重要作用，纷纷投巨资修建国际邮轮码头和邮轮。目前国内已建和在建的邮轮码头（城）包括上海邮轮码头（母港）、厦门国际邮轮城、香港启德邮轮码头、深圳太子港邮轮码头以及天津、青岛、海口、大连、宁波等邮轮码头。据中国交通运输协会邮轮游艇分会的专题调查，在中国邮轮市场中，未来几年内最主要的消费群体，一是中青年人，这个年龄层的人在经济上完全独立自主或趋向于独立自主，在生活上追求更高的品质；二是企业的大型商务活动、员工奖励、客户联谊活动正在选择邮轮旅游作为新的活动方式；三是大型社团，其传统的大型会议、大型活动正在失去吸引力，正在选择新的方式。这三部分将是中国邮轮客源中坚力量。

2. 游艇

除了邮轮以外，为了适应旅游者在江海湖泊游览的需要，各类游艇也可航行在世界著名的海滨城市之间和大江大湖之中。悉尼港每逢周末，游船载客出，在蔚蓝色大海之中抛锚飘浮，客人可以晒太阳、垂钓、跳舞、唱歌、打网球等，各择所好，尽欢尽乐。

知识拓展

一队乳白色的特型房车浩浩荡荡行驶在昆明至丽江的公路上，吸引了路人们的关注。这是由北京中天行房车俱乐部组织的假日“房车旅游”活动——“到丽江过大年”。作为一项时尚的新型旅游产品，“房车旅游”正逐年升温：据统计，北京四家房车俱乐部近年组织了多次“房车旅游”，会员发展超过5000人。

近年，我国房车产业得到了跨越式的发展。坐落在天津武清的房车专业化生产基地——中天行高科特种车辆有限公司引进美国全套房车生产技术和设备，通过对中国市场多年的调研摸索，已生产出一系列适合我国国情和市场需求的旅行房车。公司还在云南、新疆、杭州、上海、广西等地建立了十大区域运营中心，与加盟分部组成了全国性的房车租赁网络，在新疆、河北、云南等地为旅游者设立了多处房车宿营地，为旅游者全面解决营地、停车、使用率、维护保养、牌照、使用成本等方面的障碍，创造"超值低价享受十年"，"一卡在手、全国漫游"，"C本驾车、自由驰骋"这些全新的旅行消费模式。

据了解，目前，北京有四家"房车旅游"俱乐部，大都实行会员式经营。旅游者在缴纳不同档次的会费，成为该俱乐部会员后，便可以享受"房车旅游"的服务。开始，俱乐部房车是专门从国外引进的，每辆车大约在几十万到上百万元之间。因此，最便宜的租金价格每天也要1300元，最贵达到2800元。

近几年，随着我国房车生产的逐步国产化，"房车旅游"的租赁价格也已大幅降低。如对俱乐部会员，房车的租赁价格一般在680元到1500元之间。旅游者在经过培训后可自驾旅游，也可由俱乐部派司机帮助游客驾驶房车旅游。每到节假日，该公司50辆房车会早早被预订一空。

"房车旅游"作为一个新的旅游产品，以富有个性、便捷、亲近自然，得到了我国追求时尚旅游者们的热情追捧，但在加速升温中，暴露出来的一些亟待解决的矛盾，也让部分游客望而却步。

有记者曾作为游客，到一处"房车游"营地实地进行了采访。

"这里30几台乳白色的房车在滩上像一栋栋海边别墅，为夏季的海边旅游构筑了一道时尚风景线。房车大都类似宾馆的标间，内设两个床位配有卫生间、电视、空调、饮水等设施。营地面向大海，距海面不到百米，位置优越。游客观海、戏海、开展沙滩运动都极为方便。可是，宾馆式的房车，没有宾馆规范化的服务。营地保障系统以及服务上也存在很多问题。例如由于电力不够，房车空调基本不制冷，不少游客只能把被褥拿到露台，在外宿营；车内饮水机、电视因没有电源天线，形同虚设。住宿游客要喝一口淡水，也要跑到较远的营地服务台去打。营地沙滩缺少养护，海水冲上来的石、贝壳扎脚，根本无法开展沙滩运动。"

另外，目前我国房车产业发展在法律法规、设施配套、服务质量以及政府引导方面还存在许多空白。虽然我国交法已是规定执C本可驾驶一体性房车，允许小型车拖挂房车，但其养路费、高速公路费如何缴纳、可以行驶哪些道路以及能否上车牌，都还没有明确的规定，国家在房车制造、营地建设、服务规范等方面也没有统一的质量标准。这些都给购买房车旅游带来种种新的困惑，从而也影响了"房车旅游"的大众化普及。

资料来源：http://www.crvc.com/show.aspx?id=155&cid=35

知识拓展

中国迎来定制游艇的春天？

2011年4月14日至17日在上海国际展览中心举行的2011中国（上海）国际游艇展刚刚结束。记者采访了上海国际游艇展创办人，上海博华国际展览公司执行董事王明亮先生，今年统计的结果让这位船艇展的创始人也颇为意外。他说："据不完全统计，4天展会仅船艇类展商就促成了过10亿元的交易额，设计、码头俱乐部、生活方式及设备配件类展商也斩获颇丰，但相关数额还未统计完毕。"

和他一样喜出望外的，还有来自国内外的游艇展商。这份新鲜出炉的销售记录再次刷新了国际游艇品牌对中国市场的认知。和往年不同，在游艇展会现场，定制游艇以此前从未有过的规模集群亮相。展会结束后，定制游艇又在那份沉甸甸的销售记录中，史无前例地占据了一个重要比重。

"圣汐（Sunseeker）直接在会场上接到总金额高达1亿元的5份定制游艇的意向订单；买家来自华东地区；意大利的阿兹姆特顺利售出价值7800万的105尺定制游艇一艘；而法国游艇品牌亚诺售出一艘价值1650万的60尺豪华游艇。而菲尔兰（Fairline）则借着游艇展的势头，发布了他们的定制船系列Squadron 78，并收获两份意向订单，分别价值1500万和3600万。"王明亮表示。

而来自意大利的豪华游艇集团法拉帝（Ferretti）在开展首日售出的一艘价值2900万、长62尺的游艇并非定制级，但他们的中国区负责人之一陈钢先生却对本报记者表示，他们从去年9月至今，已经在中国售出10艘游艇，其中最重要的一艘则是价值为1.3亿元的定制游艇。

法拉帝的陈钢认为，令定制游艇的中国市场崛起的，首当其冲的是中国高端人群的消费力。而杨新发则表示，中国正在快速增长的游艇俱乐部等机构和组织，也是将定制游艇推向中国游艇市场的风口浪尖的另一个主要原因。

在今年的游艇会上，很多大品牌都开辟出了定制船的展区。知名游艇品牌圣汐（Sunseeker）的中国首席运营官刘欢说："中国的游艇市场在前几年的增长呈现出一个非常平缓的上升趋势，但是从去年开始，整个市场就像是井喷一样地开始活跃起来。"

"虽说游艇市场在中国才刚刚起步，100尺以上的定制市场更是凤毛麟角，但是发展势头确是不容小觑。"他认为，"据摩根士丹利预测，在未来的5到10年内，中国的中等收入家庭将达1亿个，户均拥有资产62万元人民币，这1亿中产阶层家庭就是潜力巨大的游艇消费市场。"无独有偶，2010年胡润财富报告显示：中国内地千万富豪人数达87.5万人，亿万富豪达5.5万，其中就有一半的富豪有购买游艇的意愿。而对于中国船舶工业行业协会船艇分会理事长、上海船舶工业行业协会秘书长杨新发来说，中国正在快速增长的游艇俱乐部等机构和组织，也是将定制游艇推向中国游艇市场的风口浪尖的一个主要原因。去年中国内地仅7个省市就建成游艇俱乐部80多个，到今年年底三亚的泊位又将增至上千个。这些如雨后春笋般出现的游艇俱乐部和各种游艇相关产业机构，也正将眼光投向"可以彰显品位和身份"的高端游艇，尤其是定制级游艇。

"现在，定制游艇在中国发展的时机到了。经过过去几年对游艇知识的积累，从去年开始就有一些老顾客陆陆续续对我们提出要求，希望购买定制的、更大尺寸的船。"对于今年猛增的定制船游艇进入中国市场，陈钢告诉记者，"之前这个硬件软件都还没有达到，客人对定制游艇采取了观望态度。近几年，中国内地和沿海地区的新游艇码头相继落成。同时，有些地区还发布了一些新的便利政策来扶持游艇产业的发展。自2009年，为了迎合市场发展的需求，国家的相关部门相继出台了《游艇安全管理规定》、《游艇法定检验暂行规定》和《游艇安全管理条例》等一系列政策，这些政策使得玩家购买和使用游艇更加便利。目前，100尺到120尺之间的游艇——这样的一些入门级别的定制游艇已经成为很多游艇买家的下一步购买目标。”

和杨新发一样，菲尔兰(Fairline)的总裁Bryan Jones表示他们从很多年前就一直关注着中国的市场，激增的中国游艇泊位和俱乐部，成为他看好中国定制游艇市场的信号，同时也促使他决定今年在中国推出定制游艇。

尽管许多国际品牌看好定制游艇在中国日后的发展，仍有不少人对此采取保守的看法。

法国游艇品牌亚诺(Jeanneau)的亚太区销售总监Paul Blanc诚恳地说道：“如今中国游艇市场上主打的产品还是在15米、20米，或者25米的游艇。但是有些已经拥有了20米游艇的顾客，未来可能想买更大、更高端、更独特的船。这些购买动力，才能促使定制游艇市场的产生。”他认为不能将定制游艇独立于整个游艇市场来看待，“其实定制游艇在整个游艇市场中所占的比例还是很小的。通常来说，真正意义上的定制船从提出订单，到完成交货要花去两三年的时间。而中国的顾客通常不会愿意等那么久，所以他们也许会去买已经被定制好的二手船。但在我的定义中，那并不是严格意义上的定制游艇。”

对于大部分的中国人来说，定制船还是一个全新的概念。尽管游艇的码头和泊位的数目在飞速地增长，但记者得到的数据表明，国内有大约70%的泊位被空置，只有30%的位置被预订。而在这些被预订的泊位中，有些游艇更是罕有出海的机会。“他们的主人常常在游艇上进行商务宴请等活动，他们只需要‘秀’游艇，并没有真的打算享受将游艇驾驶出海的体验。”一位接受采访的游艇俱乐部主管胡继南认为。

中国目前有很多的游艇码头被作为一些亲水楼盘的配套设施而被开发。Paul Blanc说：“像这些小码头由于缺乏政府或者地方政府的支持，设施并不完善，像一些老一点的游艇根本不能进入，很不方便。”而Bryan则提出，虽然大的游艇可以促进硬件设施发展，但目前为止，中国很多码头都不太适合大船，这就给游艇出航带来了困扰，最终大型游艇只能成为浮动的房子。他预测，在未来的五到十年内，中国的消费者才会真正地体会到游艇的乐趣所在。

税收，是定制游艇市场在中国面临的另一个问题。高达43%的税收不仅导致部分买家外流，同时也限制了游艇二手交易市场的发展，而在Paul Blanc看来，这可能是日后定制游艇在中国流通的一种主要模式。

同其他行业的起步相同，游艇业作为一个新兴的市场，专业人才的匮乏，在国内游艇业一直是个普遍存在的问题。有些生产商会选择全部引进“外援”人才，而大多数的品牌则更加的倾向于培养本土船员。陈钢表示，相较于欧美的船员，国内的船员虽然经验缺乏，但是对当地水域比较了解，比较容易沟通，不足之处在于对高科技仪器的掌握。

“由于受政策法规制定滞后，水文化不发达，基础设施落后，游艇产业链互动不足，设计制造人才匮乏，无序竞争严重，行业指导、协调乏力，社会贫富差距拉大等因素影响，我国游艇业发展并非一帆风顺。”杨新发认为，“不过，历经20多年的发展，目前中国游艇产业链所有环节都在启动，整个产业呈现出相对健康的发展态势。”

资料来源：http://www.21cbh.com/HTML/2011-5-9/wNMDAwMDIzNzEwNg.html

效果评价

知识评价

1. 旅游交通在旅游业中的作用？
2. 试比较不同交通工具在外出旅游过程中的优劣？

能力评价

访问哥斯达邮轮官方网站，对哥斯达邮轮的主要航行线路及服务项目进行了解。

任务四 旅游饭店

任务引入

顾客心目中的好饭店

好的饭店不仅是身体的休憩驿站，也是心灵的隐秘堡垒。好的饭店应该服务于人内在的尊严与外在的自由。什么是好饭店？标准何在？常言道：金杯银杯，不如客人的口碑。的确如此，好的饭店必须为客人带来美好的消费体验，一间连客人都不能认可的饭店，怎么能称得上是一间真正的好饭店呢？今天，就请于丹谈谈自己心目中的好饭店。

我选择饭店和选择服装是一样的，如果它契合我的生活，能提升我，跟我也默契，就觉得它是好的。我对美观能够做出的牺牲是有限的，对我来讲，自由、舒服跟美观是一个均衡。饭店也是这样，我永远不会因为那种过分的奢华、排场就喜欢这家饭店。我特别想传递这个理念：服务业是服务于人的自由与尊严。人内在的尊严与外在的自由，永远是服务的最高宗旨。

我心目中的好饭店，我会把舒适便捷排在第一条。我去过一些五星级和超五星级豪华饭店，装修得极其奢华，但却让我穿着高跟鞋找不到拖鞋。打电话让服务生过来，服务生彬彬有礼地说：“在墙后头隐蔽式的壁橱里。”我认为这不是好饭店。一个好饭店，首先是一个让人找得到拖鞋的地方，让人关灯的时候能关得上，开灯的时候能找得着,进门就能够穿得上拖鞋。

第二,我认为服务的人性化分两方面:一个是需要服务时不要让人找不着;二是不需要服务时不要出现。有些饭店属于过度服务,一会儿敲门送水果,一会儿问要洗衣服吗。还有,即使看到门口的“请勿打扰”,他也会不停给你打电话。

第三条标准,我提倡饭店追求实用格局,不要过分地为铺张而铺张。在香港、欧洲都很少有超大间量的饭店,都非常小。但是特别好用,什么东西一应俱全。我现在去的地方多了,发现一个现象,越是地级市饭店房间越大,省会城市还没那么大,越往下走越大。大到我从卧室穿过书房再穿过客厅走到洗手间,差不多半里地。但是那些最豪华的饭店、最豪华的套间用起来不如香港的一个小房间让人觉得实用。

第四条就是饭店的低碳环保概念,比如说洗手液、沐浴露、洗发水最好都用大包装,可以循环使用。包括浴巾这些东西。实际上现在饭店的环保意识还是不够。

第五条,我觉得,一家好饭店应该在机场、火车站有更多的班车接送,包括行李寄存,出行服务。

总体来讲,我对好饭店的标准,这五条会归纳成一点,就是现代的、时尚的人性化服务,不是排场,更不是一种复杂,最现代的理念是简约,但是贴近于人的需求。

那么对于你而言,什么样的饭店才是最好的饭店呢?

任务执行

一、旅游饭店的兴起和发展

旅游饭店是依托服务设施向旅游者提供住宿、餐饮、购物、娱乐等项服务的企业,其提供服务的过程也是其旅游产品生产和销售的过程。旅游饭店作为旅游业的重要组成部分,是和人们的旅行及旅游活动同步发展起来的行业,其规模、设施和功能也随着旅游业的发展而扩大和丰富。概括起来,旅游饭店的发展大致经历了以下历程:

在19世纪中叶之前,就世界范围而言,人们的出行主要是进行商务活动,出行的方式以徒步和乘马车为主。为了适应人们的这种需要,在一些大道沿线和主要城镇中出现了客栈或者客店。当时的社会经济水平、市场规模和需求层次决定了这是一些设施简陋、功能单一、仅供人们投宿的食宿场所。

从19世纪中叶到第二次世界大战之前,铁路、轮船等运量比较大,速度比较快的交通运输工具得到了发展,成为人们的主要交通工具。经济发展使公务外出和上层贵族旅游度假的人数大量增加。在这样的背景下,铁路沿线和港口附近兴起了许多大型饭店。这时的饭店不仅数量增加,规模程度也得以扩大,设施豪华,有了一定的接待仪式和一定规格的礼貌礼节,服务趋于规范。

第二次世界大战之后,世界科技和社会经济发展迅速。快捷、舒适、安全的飞机、汽车和高速公路成为人们远程出行的主要交通方式。人们出行不仅为了公务,旅游度假也不再是社会上层和贵族的专利,社会普通阶层也有时间和能力外出旅游度假,做短暂的休息、调整，缓解工作的压力。为了适应人们多样化的消费需求，新型的旅游饭店也得以兴起。旅游饭店一般位于城市的中心、机场附近、高速公路边沿、旅游胜地等处。它们的规模更大，服务有行业标准规范，类型多样，如商务饭店、会议饭店、度假饭店、汽车饭店等。饭店的功能和服务项目综合化，这里除可以提供住宿和饮食服务外，还可以提供会议、展览、购物、商务、康乐等多种项目的服务。

表2-2

国内酒店集团2011年排名前10名

名次	酒店名字
1	Shanghai Jin Jiang international Hotel Group Co. Ltd. 上海锦江国际酒店管理集团
2	HK CtS Hotels Co. Ltd, Beijing, China 北京港中旅酒店有限公司
3	Jinling Hotels & Resorts Corp, Nanjing, China 南京金陵饭店集团
4	BtG–Jianguo Hotels & Resorts, Beijing, China 北京首旅建国集团
5	Hna Hotels & Resorts, Beijing, China 北京海航集团
6	Narada Hotel Group, Hangzhou, China 杭州君澜酒店集团
7	New Century Hotels Group, Hangzhou, China 杭州开元酒店集团
8	Tianlun international Hotel management Co. Ltd. 北京天伦国际酒店管理集团
9	Century Golden Resources Group 北京世纪金源集团
10	OCT International Hotel Management Co. Ltd. 深圳华侨城国际酒店管理有限公司

表2-3

国际酒店集团2011年排名前10名

排名	集团名称	饭店数	客房数
1	洲际酒店集团 IHG（Inter Continental Hotels Group）	4437	647161
2	万豪国际集团 Marriott International Inc.	3545	618104
3	温德姆酒店集团 Wyndham Hotel Group	7207	612735
4	希尔顿酒店集团 Hilton Worldwide	3671	604781
5	雅高集团 Accor Hospitality	4229	507306
6	精品国际酒店集团 Choice Hotels International Inc.	6142	495145
7	喜达屋国际酒店与度假村集团 Starwood Hotels & Resort Worldwide Inc.	1041	308736
8	贝斯特韦斯特国际集团 Best Western International	4038	308692
9	卡尔森国际酒店集团 Carlson Hotels Worldwide	1064	162143
10	凯悦酒店集团 Hyatt Hotel Corp.	453	127507

资料来源：根据2011年9月份《HOTELS》杂志排名整理

二、旅游饭店的类型

由于旅游者的旅行目的和动机不一，其旅游需求也各不相同。为了满足各类旅游者的需要，出现了不同类别、不同等级的饭店。对饭店进行分类的目的一是有利于推销，二是便于与同类型饭店进行比较，以检验饭店的经营效果。如等级划分，饭店有一级、二级、三级和四级或一星、二星、三星、四星、五星或高档、中档、低档；按饭店的地理位置可以分城市饭店、乡村旅馆、机场饭店；按饭店的主要接待对象可分为会议旅馆、度假饭店、青年旅舍；按饭店设施的优良程度和服务项目的多少可分为豪华饭店、简易旅馆；按饭店的不同特色有竹楼旅馆、蒙古包旅馆、窑洞旅馆、树上旅馆；按所有制形式的不同可分为国有酒店、民营酒店、合资饭店；按饭店的规模划分为大型饭店、中型饭店和小型饭店等。

下面介绍几种较为常见的饭店类型：

（一）汽车旅馆（Motel）

"Motel"一词是由美国加利福尼州圣路易斯奥比斯波的一位老板于1925年创造的。随着交通业的发展，小汽车在一些发达的资本主义国家已非常普遍，如美国，平均1—2人就拥有一辆小汽车。这些人常常自己驾车外出旅游。他们对旅馆的要求不高，只需具备基本的食宿条件和停车场就行。这样，大量的汽车旅馆便应运而生。它们主要分布在公路沿线、汽车出租率较高的地方或交通中心，其设计多采用规范标准。汽车旅馆除接待汽车游客以外，还接待大量的货运卡车司机和消费水平较低的普通旅游者。

（二）度假饭店（Resort Hotel）

此类饭店多位于海滨、观光地和温泉附近，为度假客人提供住宿、饮食、娱乐和各种交际活动的场所。其中最突出、最主要的服务项目是它的康乐中心。如今将度假型和商务型饭店相结合经营的饭店市场前景较好。

（三）商务酒店（Business Hotel）

商务酒店是以商务客人而非旅游度假客人为主的酒店，一般认为商务客人的比例

图 2–5

度假饭店
（图片来源：http://so.360.cn/index.htm）

应该不低于70%。与度假客人相比，商务客人对于酒店的选择更挑剔，同时也愿意为服务支付高价格。度假客人希望的是在酒店找到家的感觉，追求的是"宾至如归"，而对于日理万机的商务客人来说，酒店还要有宴会厅、会议室和商务中心。

（四）青年旅舍（Youth Hotel/Backpackers）

一种设备简单，收费低廉，服务自助，旅游信息丰富，以青年学生为主要接待对象（但不排除其他客人），适合青年旅游者住宿和交友的小型旅馆。1912年世界上第一个青年旅舍在德国南部阿尔特那的一个废弃的古堡中诞生。1932年，国际青年旅舍联盟在阿姆斯特丹成立。目前，在英国设有国际青年旅舍联合会，只要成为其会员，就有资格享受该协会遍布全球5000多家青年旅舍的服务与设施，并可享受在各国机场换汇免手续费及购买折扣车票等多种优惠。国际青年旅舍联盟是联合国教科文组织成员，也是世界旅游组织成员。

图2–6

青年旅舍logo（图片来源：http://so.360.cn/index.htm）

许多青年旅舍协会在其所属国均有一定的社会地位，诸如英国女皇及皇夫、荷兰女皇、日本皇叔及德国总理等都是青年旅舍协会的赞助人。

青年旅舍的蓝三角标志是一枚国际性的注册商标，三角内的冷杉和小屋是1961年联合国欧洲经济公署道路工作委员会制定的青年旅舍专用标志。

青年旅舍的特点是"安全、经济、卫生、隐私、环保"。由于收费低廉、方便，极受青年学生及"背包客"的欢迎，一般也位于交通便利的风景旅游城市。我国首批青年旅舍兴建于广东省的广州、珠海和肇庆市，并于1998年投入运营，很受旅游者的欢迎。其中，位于广东清新温矿泉度假村内的广东国际体育青年旅舍是世界上最大的青年旅舍。2006年，在瑞士达沃斯举行的第46届青年旅舍大会上，中国被接受为该组织正式会员。中国国际青年旅舍总部设在广州，目前在全国已有近200家会员青年旅舍。

2010年5月24至27日，第48届国际青年旅舍联盟大会在深圳举行，这是这个具有百年历史的全球最大青年旅游组织第一次在中国召开大会。

知识拓展

青年旅舍与饭店的不同

	国际青年旅舍	商务宾馆/酒店/招待所
经营理念	通过旅舍服务，鼓励世界各国青少年，尤其是那些条件有限的青年人，认识及关心大自然，发掘和欣赏世界各地的城市与乡村的文化价值，并提倡在不分种族、国籍、肤色、宗教、性别、阶级和政见的旅舍活动中促进世界青年间的相互了解。	"顾客就是上帝"，或无明确理念。
经营目标	1. 推广"读万卷书，行万里路"的教育理念，寓教于游，寓教于乐，以轻松的形式	

（续表）

	国际青年旅舍	商务宾馆/酒店/招待所
经营目标	将文化与传统的精华通过潜移默化，引导青年自助及助人； 2. 培育青年的社会意识、个人意识、文化意识、对多元文化的包容意识、环保意识； 3. 获取相对较低的合理利润。	获得最大利润。
网络及品牌	1. 网络覆盖100多个国家和地区； 2. 品牌有近百年历史，已在70多个国家注册，并适用于加入马德里条约的所有国家； 3. 其品牌在世界特别是在青年人中享有极高声誉。	1. 各自为政，或网络松散，或覆盖面小； 2. 高档品牌网络范围窄，使用者数量少；中低档品牌目前大多为地区性品牌。
目标市场	1. 青年人，特别是青年学生（包括团体）； 2. 背包旅游者； 3. 家庭。	商务客、度假客，或无明确目标市场。
提供服务	1. 服务对象主要以会员为主。 2. 除提供住宿及餐饮服务外，还组织丰富多彩的会员活动及文化交流活动； 3. 配合教育部门、青年组织、旅游部门以及有关户外、环保等俱乐部开展活动； 4. 提供自助游咨询服务； 5. 其国际订位系统（Hihostel.com）为会员提供世界各主要城市的旅舍预订服务； 6. 代售国际青年旅舍会员卡。	1. 主要以提供住宿、餐饮及商务配套服务； 2. 无统一会员体系及定位网络。
质量监控	1. IYHF（国际青年旅舍联盟）及各国家（地方）协会制定关于旅舍硬件及服务的统一标准； 2. IYHF及地方协会定期进行年审、暗访及抽样检查； 3. IYHF通过各加盟旅舍派发国际免邮资意见卡； 4. IYHF定期进行国际会员意见调查，并向协会和旅舍反馈。	星级酒店由国家和地方旅游部门进行年审；其他酒店或招待所无系统和统一的质量监控体系。
宣传促销	1. 通过覆盖全球的IYHF网络，并用英、德、法、西四国文字进行宣传； 2. 会员国间的网页及会员刊物的相互介绍；通过会员口碑进行宣传。	1. 有的无覆盖全球的宣传促销网络； 2. 促销手段一般通过旅游广告、宣传手册、旅游交易会等促销活动进行宣传促销。
价　　格	便易实惠，对会员价格较稳定并更优惠。	价格较高，价格随行就市波动大。

资料来源：http://www.yhachina.com/topic.php?channelID=1&topicID

（五）会议旅馆（Convention Hotel）

会议旅馆是以接待各种国际、国内会议为主的旅馆，设有会议厅、宴会大厅，备有同声翻译装置等会议所需的各种设备。近年来，这种形式发展很快。这有两方面的原因，一是随着各国社会经济的发展，各种会议层出不穷，因而对会议旅馆的需求不断增加；二是从旅游供给一方讲，由于会议旅游者消费水平高，停留时间长，而且常常带有家属，接待此类旅游者能够取得较多的收入。因此，旅游经营者一般都很重视对这一市场的开发。

（六）主题酒店

以文化的多样性、独特性和差异性为基本依托，围绕地域、历史、民族、传统和现代文明等方面的文化元素进行提炼与建构，通过饭店产品设计、生产、销售、服务等环节充分展现，形成有形和无形的文化特色，为顾客提供文化享受和特殊消费体验。

知识拓展

特色文化主题饭店潮起浙江

随着人们消费水平的提高，如今的宾馆饭店，仅仅满足游客的吃住需求是远远不够的，还要满足游客的文化需求，让入住游客得到愉悦的精神享受。两年前，浙江省旅游局率先提出的建设特色文化主题饭店，得到全省各地的积极响应。如今，一批特色文化主题饭店脱颖而出，引领了酒店业发展的新潮，让游客耳目一新。

文化酒店贵在特色。坐落于千岛湖畔的70公社知青饭店，一听名字就令人觉得很有特色。一走进饭店，那个年代的气息扑面而来。不仅饭店外观保留了当年知青宿舍的建筑风貌，而且饭店内的知青文物陈列室、老电影放映厅等，都保持着原汁原味。门口悬挂的一串串玉米、大蒜、红辣椒，可以让你体验到知识青年上山下乡、战天斗地的那段特殊经历。但是饭店内部的现代化设计却迎合了当今游客的品质生活需求，营造了别有风情的住宿休闲环境。70公社知青饭店开业后，得到了许多有知青情结的游客的青睐。

紧挨着鲁迅故里景区的咸亨酒店，是一座以鲁迅文化为特色的主题酒店。酒店前厅入口处设计成乌篷船的效果，营造出鲁迅作品《故乡》中游子返乡、下船上岸的意境；大堂水院取意《社戏》中的场景，坐乌篷、听社戏；“清福”茶吧起名于鲁迅作品《喝茶》，里面采用现代的视听设备演绎鲁迅作品的人和事。咸亨酒店从外表设计到内部摆设，从包厢命名到庭院布局，都深深地打上了鲁迅文化的烙印。

特色文化主题饭店与当前都市一般酒店的最大区别是，提供了一种独特的历史文化内涵，带给游客别样的文化享受。“浙江建设特色文化主题饭店是建设旅游和文化强省的客观需求，也是旅游饭店业转型升级，转变发展方式的必然选择，更是增强浙江饭店业竞争力的需求。”

特色文化主题饭店除了具有鲜明的文化特色外，它在视觉上，在体验上都有自己的特点。能让游客通过参与活动、观赏娱乐、体验服务，达到赏心悦目、心灵舒畅的快感，因而受到游客交口赞誉。

走进翠竹簇拥的余杭陆羽山庄，右边是一片青翠欲滴的茶园，在通向望羽亭的鹅卵石小道上，镶嵌着名家书写的75个正草篆隶行的“茶”字。春夏季节，住店游客可以到茶园采摘茶叶，体验采摘、炒茶的乐趣。游客还可以选择以各地名茶命名的包厢，听着悠扬的“采茶舞曲”，品尝精心烹制的茶宴。

咸亨酒店完全再现了鲁迅作品中的场景，“三间门面，当中曲尺大柜台”。柜端置有直书的“太白遗风”的青龙牌，下放青瓷酒坛、蓝边酒碗。游客打一碗绍兴黄酒，要一包茴香豆，慢慢饮着，当酒气上头有几分醉意时，会情不自禁地喊出：“多乎哉，不多也”的感叹。许多游客就是冲着体验一回当年孔乙己喝酒卖斯文的情景而来的。

特色文化主题饭店以文化为灵魂，能让游客在入住时就感受到强烈的新鲜感，又能满足个性化的文化需求。大禹开元青山相拥，碧水环绕，一幢幢古民居式的客房临河而立。在这里，游客可以坐乌篷船进入客房，也可以站在古戏台上一展歌喉，为自己的文化需求得到满足而陶醉。

“特色文化主题饭店不仅能满足游客的吃住需求，具有一个普通饭店的功能；它又是一个景点，能满足游客的游览需求。因此，许多游客就是冲着这样的饭店来旅游的，他们把特色文化主题饭店已经当成了旅游目的地。”

如今，特色文化主题饭店越来越受游客追捧。作为省级“文物饭店”的杭州新新饭店，在改建装修中，将百年历史文化与现代人所需的舒适度相结合，在配置与细节注重历史文化的还原。重新复原的胡适下榻过的房间和秋水山庄史量才夫妇的房间，自推出后备受客人欢迎。胡适的多位台湾学生来杭州旅游交流时，指定要入住先生曾下榻过的房间。张艺谋、濮存昕、葛优等影视名人都曾下榻史量才夫妇的房间。

大禹开元自前年5月底投入营业后，生意红火。房间均价在1500元以上，五星饭店也难以与之匹配。凡是住过该酒店的游客都有这样的感受：这家酒店于平和之间透露出高贵，于雅致之中蕴含着文化。

特色文化主题饭店通过环境营造、景观布局、装饰艺术等，将无形氛围有形化，为客人营造成出静谧安逸、自在逍遥的居停空间，向客人传递骨子里的“文化精髓”。咸亨酒店正是向客人传递了这种“文化精髓”，中外客人慕名而至。去年全店营业额达1.76亿元，位居绍兴酒店前茅。

寻求文化享受，已成为当前旅游者的一种风尚。特色文化主题饭店正是迎合了旅游者的这种需求。它让人身置其间就会有融入某种文化的感觉，使人享受美味和起居时又能体验一种文化情调。

资料来源：http://www.cnta.gov.cn/html/2011-8/2011-8-21-22-44-76082.html

（七）精品酒店（Boutique Hotel）

“精品酒店”是20世纪末在美国等西方国家出现的一种专业酒店类型，其主要特征是，酒店规模不大，功能不一定很完备，但档次很高，很有特色，服务非常到位。

如果将鳞次栉比的隶属于饭店集团的饭店比作百货商店的话，那么精品饭店就是专门出售某类精品的小型专业商店。精品酒店的经营理念是为客人营造一种家的感觉，吸引那些追求高品位和文化享受的休闲或商务客人。

精品酒店的规模往往较小，客房数量有限，但装饰却极其豪华，服务堪称一流。精品酒店在服务理念上要为客人提供全方位、全过程服务，起源于英国皇室的“管家式服务”是目前精品酒店通常使用的一种服务方式。专职管家能最大程度地满足客人个性化的需求，亲切、殷勤、真诚、专属的服务让客人流连忘返、再次下榻，成为酒店的忠诚宾客。

图 2–7

精品酒店（图片来源：http://so.360.cn/index.htm）

知识拓展

关于国际精品酒店集团

国际精品酒店集团（EPOQUE HOTELS）致力于建立起国际知名的奢华精品酒店的联盟，该集团集合了来自全球超过100个城市的时尚前卫、概念潮流、古典奢华的精品酒店，拥有350家会员酒店，分为两个系列：时尚前卫系列和创新古典系列，并迅速在行业内确立了其领先地位。

国际精品酒店集团总部设在迈阿密，公司也在意大利、英国、中国和马来西亚设置了办事处。2002年由David Maranzana和Juan Palmada创建，国际精品酒店集团把它的成长和发展归功于合作伙伴在市场营销、物业管理、国际代理、酒店业技能方面广泛的经验。

每间EPOQUE HOTELS的酒店都通过了对其个性、魅力值、品质和中心地理位置的测评，是所在城市原汁原味的代表，要么是高级酒店，要么是精品酒店。

“确实，我们在世界的酒店业中具有极大的影响力，而这些数字就能证明这一点。”Juan Palmada，公司的副总裁说：“我们不能居功自傲，而是要进一步努力，加强EPOQUE HOTELS在顾客们心中的良好印象。我们将竭力发展公司的业务，不断创新。同时，我们在拓宽种种尺度的同时坚持我们的标准。”

资料来源：http://baike.baidu.com/link?url=ECxVouHujB6oVUPnxv5JLS1Wo59N9M0keRQ20R5f7sZrVQwcf_koi0mx5x_ealjQkiIc2ImNaZeijMR_JuYfgK

（八）特色旅馆（Specialty Hotel）

它包括有各种地方和民俗特色的旅馆，如肯尼亚的树上旅馆、我国黄土高原的窑洞旅馆以及广东清远（英德天门沟）九州驿站度假村的“树屋”等。

图 2–8

特色旅馆（图片来源：http://so.360.cn/index.htm）

三、旅游饭店的等级

（一）饭店等级概述

世界上的饭店相当繁多，为了向外推销和方便旅客选择饭店，各国政府或旅游业的团体机构，根据饭店的设施等条件，将饭店划分为不同的等级。饭店等级的确定，主要是依据饭店的位置（即环境的优雅程度）、设施的齐备情况、服务水准的高低来划分的。目前国际上对划分饭店等级还没有正式的规定，但有些标准是众所公认的，如清洁、设施水平、家具品质及维修保养，服务与豪华的程度。各国和地区在划分饭店等级时都有自己的标准，例如，法国和瑞士的饭店分为“1—5”五星级，意大利的饭店采用“豪华/1—4级”制，奥地利饭店使用“A1、A、B、C、D”级，而有的国家和地区则采用“豪华、舒适、现代”或“乡村、城镇、山区、观光”等，等分制可谓形形色色。但在美国，由于其高度发达的市场经济及其成熟的饭店业，至今尚未有统一的被普遍接受的饭店等级标准，较有影响的则是美国汽车协会及美国汽车石油公司分别制定并使用的“五花”和“五星”等级制。

为了提高我国涉外饭店的经营管理水平和服务水平，保护旅游者的合法权益，适应国际旅游业发展的需要，我国国家旅游局于20世纪80年代后半期已着手饭店星级评定的准备工作。先后邀请了一些著名国际旅游专家对我国旅游饭店进行了实地考察，提出了不少建设性意见和建议。1988年，有关部门正式颁发了《中华人民共和国旅游涉外饭店星级标准》，它从饭店的环境、设施设备、维修保养、清洁卫生、服务质量及宾客的满意程度等几个方面对不同星级的饭店做出了不同的规定。这一标准自颁布以来，对于指导与规范旅游饭店的建设与管理，促进我国旅游饭店业与国际接轨，发挥了巨大的作用。但是，随着我国旅游饭店业的发展，也出现了一些值得注意的新情况，如不同饭店已形成了不同的客源对象和消费层次，社会提供的可替代项目不断增加，这就要求旅游涉外饭店应当根据自身客源需求和功能类别，更加自主地选择服务项目。为了避免旅游饭店企业的资源闲置和浪费以及促进我国旅游饭店建设和经营的健康发展，需要此标准随之作相应修订。在这一原则指导下，国家旅游局于1993年、1998年、2003年和2010年，先后四次对旅游饭店星级的划分及评定标准进行了修订，使其更加符合饭店经营管理以及旅游业发展的实际需要。

按照2003版星级标准，2007年，我国评出首批3家白金五星级饭店，分别是北京中国大饭店、上海波特曼丽嘉酒店、广州花园酒店。目前，以“白金五星”为最高级别的饭店。

鉴于白金五星级饭店的评价方法和体系还需进一步完善，因此，2010版标准中只保留了白金五星级的概念，其具体标准与评定办法将另行制订。目前，全国星评委暂不受理评定白金五星级饭店的申请。

表2-4 2011年度全国星级饭店数量（家）

	星级饭店					绿色旅游饭店	
	五星	四星	三星	二星	一星	金叶级	银叶级
北京	64	139	262	237	27	140	126
天津市	12	34	49	14	1	17	29
河北省	16	117	219	108	5	6	
山西省	18	64	153	134	1	6	15
内蒙古	7	20	89	146	11	5	30
辽宁省	19	75	257	142	10	4	65
吉林省	6	43	77	91			5
黑龙江	4	45	167	41	6		4
上海市	53	62	114	64	2	42	142
江苏省	65	195	405	252		46	135
浙江省	52	163	376	396	38	16	79
安徽省	17	104	187	149	1	61	102
福建省	27	111	203	76	1	37	25
江西省	8	78	226	114	2	3	39
山东省	29	149	489	242	1	127	308
河南省	11	70	253	157	4	31	46
湖北省		79	248	253	22	7	95
湖南省	17	58	259	222	12	6	17
广东省	100	197	643	183	8	929	
广西	13	57	243	120	4	17	58
海南省	22	54	103	24	6	40	22
重庆市	19	61	132	69	1	32	21
四川省	22	92	212	191	15	33	51
贵州省	3	43	138	135	18	2	4

续 表

	星级饭店					绿色旅游饭店	
	五星	四星	三星	二星	一星	金叶级	银叶级
云南省	15	64	210	438	43	3	49
西藏	2	18	70	70	14	1	
陕西省	8	42	219	101		33	40
甘肃省	3	38	140	132	13	1	37
青海省	2	13	52	51	6		2
宁夏	1	14	44	8			17
新疆区	15	61	222	116	12	11	
兵团		6	29	18	1	4	
合计	650	2366	6490	4494	285	1660	1563

资料来源：http://www.cnta.gov.cn/html/2013-7/2013-7-4-16-28-32664.html

表 2-5

三星级至五星级必备项目总体要求差异表

序号	项目内容	三星	四星	五星
1	建筑物结构	较高标准	外观和建筑结构有特色	具有鲜明的豪华饭店的品质
2	内外装修	良好、美观，采用较高档材料	高档材料，环保，工艺精致，整体氛围协调	高档材料，工艺精致、环保、氛围协调、风格突出
3	指示、服务文字	规范的中英文同时标注；导向标志清晰、实用、美观，符合国家相应标准	规范的中英文同时标注；导向标志清晰、实用、美观，符合国家相应标准	规范的中英文同时标注；导向标志清晰、实用、美观，符合国家相应标准
4	温度、通风	应有空调设施，各区域通风良好，温、湿度适应	中央空调（别墅式度假饭店除外），各区域空气质量良好	中央空调（别墅式度假饭店除外），各区域空气质量良好
5	管理系统、网络支持	有计算机管理系统	有效的计算机管理系统。主要营业区域均有终端，有效提供服务	联网的计算机管理系统；独立的官方网站或者互联网主页，并能够提供网络预订服务
6	公共音响转播系统	/	应有公共音响转播系统，背景音乐曲目、音量适宜，音质良好	应有公共音响转播系统，背景音乐曲目、音量与所在区域和时间段相适应，音质良好
7	设施设备维护保养	定期维护保养，保持安全、整洁、卫生和有效	设施设备应维护保养良好，无噪声，安全完好、整洁、卫生和有效	设施设备应维护保养良好，无噪声，安全完好、整洁、卫生和有效

续 表

序号	项目内容	三星	四星	五星
8	管理规范、标准	/	应具备健全的管理规范、服务规范与操作标准	应具备健全的管理规范、服务规范与操作标准
9	工装	员工应着工装	员工应着工装，体现岗位特色	员工应着工装，工装专业设计、材质良好、做工精致
10	语言	用普通话提供服务。前台员工具备基本外语会话能力	员工训练有素，能用普通话和英语提供服务，必要时可用第二种外国语提供	员工训练有素，能用普通话和英语提供服务，必要时可用第二种外国语提供
11	应急预案	应有突发事件（突发事件应包括火灾、自然灾害、饭店建筑物和设备设施事故、公共卫生和伤亡事件、社会治安事件等）处置的应急预案，有年度实施计划，并定期演练	应有突发事件（突发事件应包括火灾、自然灾害、饭店建筑物和设备设施事故、公共卫生和伤亡事件、社会治安事件等）处置的应急预案，有年度实施计划，并定期演练	应有突发事件（突发事件应包括火灾、自然灾害、饭店建筑物和设备设施事故、公共卫生和伤亡事件、社会治安事件等）处置的应急预案，有年度实施计划，并定期演练
12	节能减排	应有与本得级相适应的节能减排方案并付诸实施，内容符合LB/T007的相关要求	应有与本得级相适应的节能减排方案并付诸实施，内容符合LB/T007的相关要求	应有与本得级相适应的节能减排方案并付诸实施，内容符合LB/T007的相关要求
13	员工培训	应定期开展员工培训	应有系统的员工培训规划和制度，有员工培训设施	应有系统的员工培训规划和制度，应有专门的教材、专职培训师及专用员工培训教室

资料来源：http://www.cnta.gov.cn/html/2010-10/2010-10-19-13-34-92031.html

（二）经济型酒店

经济型酒店（Budget Hotel/Economy Hotel）作为一种新型的酒店业态产生于二战后的美国，并在20世纪80年代以后得到快速发展。经济型酒店的主要特点是功能简化，它把服务功能集中在住宿上，力求在核心服务上精益求精，而把餐饮、购物、娱乐功能大大压缩、简化甚至不设，投入的运营成本大幅降低。

我国经济型酒店最初的发展始于1996年，上海锦江集团旗下的“锦江之星”作为中国第一个经济型酒店品牌问世。进入21世纪，经济型酒店作为一种新的酒店业态，在我国得到了飞速发展，它以干净、廉价、简洁、有限服务和规范化管理迅速赢得了市场的青睐，特别是白领阶层的欢迎。除规模最大、历史最久的锦江之星外，首旅酒店集团和携程网于2002年共同投资设立的如家快捷也得到了迅速的成长，并于2006年赴纳斯达克上市，成为中国酒店业海外上市第一股。除此之外，2005年成立的7天连锁酒店和汉庭酒店也分别于2009年和2011年赴海外上市。进入21世纪，目前，我国知名品牌的经济型酒店包括锦江之星（Jinjiang Inns）、如家（Home Inn）、莫泰168（Motel 168）、7天连锁（Sevendays Inn）、格林豪泰（Greentree Inn）等100多个。

表2-6 2012年全国经济型酒店品牌排行榜前十名

排　名	品牌名称	分店数量（家）	客房数（间）	门市价（元）
1	如家快捷酒店	1428	158876	183
2	7天快捷酒店	1345	133497	167
3	汉庭快捷酒店	908	96893	205
4	锦江之星快捷酒店	602	76519	192
5	格林豪泰快捷酒店	599	55507	187
6	莫泰168快捷酒店	334	49745	160
7	速8快捷酒店	449	36259	220
8	宜必思快捷酒店	67	11219	207
9	尚客优快捷酒店	189	10183	160
10	城市便捷酒店	102	9690	175

资料来源：http://www.askci.com/reports/201203/2293110153478.shtml

效果评价

知识评价

1. 旅游饭店在旅游业中的作用？
2. 精品饭店的主要特点？
3. 举例说明什么是主题饭店？
4. 我国为什么要对酒店进行星级评定？
5. 经济型酒店的主要特点？

能力评价

1. 参观星级饭店及经济型饭店，试比较星级饭店和经济型饭店两者的区别。

2. 有机会去入住一次青年旅舍，并写下自己的亲身体会。

任务五 旅游商品

任务引入

中国国际旅游商品博览会带动旅游商品市场发展

2013年5月24—27日，第五届中国国际旅游商品博览会在浙江义乌国际博览中心隆重举行。

本届旅游商品博览会以“智慧旅游的潮流风向、旅游商品的贸易盛会”为办展主题，参展范围重点突出旅游装备品、户外休闲用品、酒店用品、旅游纪念品、旅游商品创意研发、进口商品等行业。第五届旅游商品博览会将更加注重专业化、市场化，招展招商的针对性和配套活动的经贸性、有效性。本届博览会共设国际标准展位2058个，共有1522家中外企业参展。

第五届中国国际旅游商品博览会共有六大亮点：

亮点一："海洋旅游"似幻境

随着汽笛一声长鸣，游艇缓缓驶离码头。远离港湾，海水变得愈加清澈，海鸥在船尾的浪花中飞舞，湿润而略带咸味的海风令人沉醉。这是第五届旅博会海洋旅游展区给人的一种感觉。

本届旅博会以“中国海洋旅游年”为契机，首次设立海洋旅游展区，突出海洋装备产品。3000多平方米的展区面积，加上各种型号的皮划艇、游艇、赛艇、摩托艇，搭配蓝色氛围的灯光，让人驻足观赏、大饱眼福，不舍离开。

亮点二："四大行业"成主打

旅游装备用品、户外休闲用品、酒店用品、旅游纪念品行业成为本届旅博会的主打产品。它们与旅游业息息相关，将被重点培育和发展。

从数据上看，今年，酒店用品的展位数将由上届的200个增加到400个，旅游装备品、户外休闲用品则从几十个增至一个专业馆，四大行业展位数较去年翻了一番。

亮点三："联袂采购"更有效

除了专业性，本届旅博会将提高采购的针对性，以及配套活动的经贸性、有效性。

在旅博会期间，“中国旅游饭店业协会采购对接会”和“中国旅游景区协会采购对接会”将同期举办。

与上届相比，本届旅博会在对接的实效性上“下功夫”，增强了现场采购、对接的高效。除了精选采购商，展会还将采购会“二合一”，即将境外采购和国内景区、饭店的采购放在同一天举行。这样既能集中采购，又给客商提供了更多的交流对接机会。

亮点四："智慧旅游"展新姿

当旅游遇上科技，智慧火花随之而生。今年的展馆，“智慧”又展新姿。

继去年“智慧旅游”首次亮相后，今年继续设立的智慧旅游展区，面积足有1200多平方米，是去年的一倍。在这个展区，看新鲜看门道皆可。

届时，参展商和观众可在现场亲自体验到游客身份识别系统、旅游在线交易、景区

3D宣传方式等智慧旅游技术的先进与便捷。

比如，用软件替代真人导游。只需在手机里安装软件，从预订机票、酒店到景点介绍、查询一条龙，智慧旅游通通搞定。

亮点五：商品大赛聚人气

树皮、鱼皮、葵花子壳做出来的山水画，一定让你感叹：这些普通的材料，竟能与唯美的山水意境契合得如此完美。具有民族特色的旅游商品，也好像在将各地的风情故事娓娓道来……

亮点六：研发成果受追捧

一款创意手绘鞋的鞋帮，绘有中国山水、金陵十二钗等中国传统图案，创意十足，给人以时尚与古典相互融合的感觉这就是研发的力量。

自2009年国家旅游局首次在义乌设立旅游商品研发中心之后，历经4年孕育，目前一大批研发成果将集体面市。旅博会期间，研发中心与义乌当地、外地的生产企业共同研发设计且生产销售的旅游商品将集中展示，共同展现全国旅游商品的发展趋势和流行风向。

对你而言，你喜欢什么样子的旅游商品？

任务执行

一、旅游商品

旅游商品也称旅游购物品，是指旅游者在旅游活动中所购买的具有纪念性、艺术性、礼品性和实用性的物质产品。它与旅游者的吃、住、行、娱、购、游等要素有着紧密联系。

旅游商品是旅游业的重要组成部分，旅游商品的开发是与旅游业的繁荣相伴而生的。旅游商品承载了满足旅游者购物需求和传播旅游地形象的双重价值。旅行社、旅游交通、旅游饭店、旅游商品被称为旅游业的四大支柱行业。

二、旅游商品的分类

（一）工艺美术品

我国工艺美术品历史悠久，技艺精湛，久负盛名，不仅是我国的大宗出口产品，也是一直受旅游者青睐的佳品。我国工艺美术品具体包括雕塑工艺品（如玉雕、石雕、木雕）、陶瓷工艺品（如宜兴紫砂陶器、景德镇瓷器）、编织工艺品（如草编、竹编、藤编、柳编）、漆器工艺品（如北京雕漆、福建脱胎漆器）、金属工艺品（如景泰蓝、芜湖铁画）、花画工艺品（如北京绢花、秦皇岛贝雕画）、玩具工艺品（如布娃娃）以及抽纱、染织、地毯、刺绣工艺品等。

图2-9

工艺美术品：云锦（图片来源：http://so.360.cn/index.htm）

图 2-10

文物及仿制品：秦兵马俑（图片来源：http://so.360.cn/index.htm）

（二）文物及仿制品

文物及仿制品主要指国家法律允许进行流通的古玩、文房四宝、仿制古字画、出土文物复制品、仿古模型等。既具有历史、艺术和科学价值，又具有教育意义和纪念意义。这类商品不多，但价格昂贵，适宜于豪华型高消费的游客，例如，湖笔、徽墨、宣纸、端砚等。但价格适宜的仿制品也受到广大旅游者的欢迎，例如，洛阳的仿唐三彩马、西安的仿制秦兵马俑等。

（三）风味土特产

风味土特产一般是指具有浓郁的地方特色和风味，唯本地出产最佳的产品。我国的风味土特产品种繁多，各具特色，如贵州茅台、金华火腿、南京板鸭、西湖龙井茶以及各种中国名茶、中成药等，都是旅游者乐于购买的。

（四）旅游纪念品

旅游纪念品一般以旅游景区景点的文化古迹或自然风光为题材，利用当地特有的原料，制造成富有纪念意义的小型纪念品，体现当地传统工艺和风格。一般说来，这部分产品具有体积小，便于携带；售价低，富有特色，便于馈赠；可经常引起旅游者的美好回忆等特点。例如：泰山、峨眉山的手杖；广州的五羊雕像等。

图 2-11

风味土特产：龙井茶（图片来源：http://so.360.cn/index.htm）

（五）旅游日用品

这是旅游者在旅行活动中经常使用的物品，如草帽、折叠伞、太阳镜、相机、旅行包、急救药品、地图指南、毛巾、香皂等。有的是旅游者在离家前准备的，有的可在旅游过程中购买。尽管这些小商品不能像工艺品、纪念品等那样有纪念意义和保存价值，但它们是旅游者的生活必需品。所以，旅游购物品经营部门也应同样重视这类购物品的品种、数量和供应，以保证满足旅游者旅游活

图 2-12

旅游纪念品：木雕（图片来源：http://so.360.cn/index.htm）

动的需要。

（六）其他旅游商品

其实，旅游商品的种类很多，凡是旅游者喜欢购买的商品，都可以成为旅游商品。经常会有一些莫名其妙的东西突然成了外国旅游团队里的香饽饽：章光101、减肥皂、防烫伤的药……日本游客对之情有独钟，而现在他们的最爱是中国的茶叶。而韩国游客现在最爱买的是中国的黑芝麻、被套。

所以，旅游商品不只包括以外国游客喜欢购买的传统手工艺品、纪念品等为代表的"小商品"，还应包括国内游客喜欢购买的，以服装、家电、鞋类、皮具、音像制品等为代表的"大商品"。总之，凡是游客在旅游途中喜欢购买的所有商品，都可以称之为"旅游商品"。

三、旅游商品的特点

旅游商品既具有一般商品的特点，又不同于一般商品，其特点主要表现在：

（一）地方与民族特色

地方特色是指旅游商品所反映的中国各地的风俗民情、文化艺术和工艺技术的特点。

1. 题材上的地方特色

中国各地的名胜古迹具有不同的地方特征，如以西湖象征杭州、秦代墓葬象征陕西、漓江象征桂林、黄山象征安徽等。反映这些旅游景观题材的旅游商品，如西湖绸伞、仿出土兵马俑等就反映了不同的地方特色。此外，由于中国历史悠久，文化古老，各地都流传着大量脍炙人口的历史故事和民间传说，如《刘三姐》、《白蛇传》、《苏三起解》、《小刀会》等，反映了这些题材的旅游商品，也就表现了各地的不同特色。

2. 商品的艺术美与技艺处理上的地方特色

由于历史、民俗、文化素质的不同，各地优秀的旅游商品都有自己独特的艺术美和独特技巧。除了各地独有的商品，如广州象牙球、浙江青田石雕、北京景泰蓝、云南斑铜、酒泉夜光杯等之外，即便是同一类商品各地也有不同特色。如中国"四大名绣"，各有图案、针法、绣工的地方风格。

3. 材料上的地方特色

由于各地出产不同，材料各异，形成了地方的独有产品。如广东肇庆端砚，浙江湖州湖笔，安徽徽墨、宣纸，辽宁抚顺煤雕，海南椰雕，兰州刻葫芦等，都反映了地方特色。

除了地方特色以外，中国各地的旅游商品同时又反映中国不同民族的文化、艺术、工艺技巧的特征。中国是个多民族国家，有56个民族。除汉族外，少数民族多分布在中国的西南、西北及东北地区，有内蒙古、广西、西藏、宁夏、新疆等少数民族自治区域。各民族的服饰、日用品、工艺品等的用料、技法、选型、色彩、纹样、装饰都有不同之处，形成了鲜明的民族风格。

（二）传统与时代特色

传统特色是指旅游商品在题材、材料、工艺技术上反映出来的中国传统特征。中国旅游商品中，有相当多的传统产品，如景泰蓝、漆器、陶瓷、地毯、刺绣、织锦等。这些产品历史久远，历经演变延续至今，有较高的艺术价值，多为享誉古今中外的名品，其题材、材料、工艺都有一定的承传性。产品的传统特色还表现为一部分古今结合的或传统改造、变异的产品。这些产品吸收了传统艺术的精华并与现代新技术、新的审美意识融为一体。比如,"银晶蓝",它改变景泰蓝的某些工艺,是采用透明新材料的工艺新品种,比景泰蓝更加鲜艳、透明和光洁。

随着社会发展,旅游商品在题材、材料、工艺技法上正在不断反映出现代科学技术和现代艺术特色。特别是轻纺产品,往往具有鲜明的当代技术特色。例如,塑料花、涤纶花、光导纤维花、夜光、荧光、留香纺织品,防雨、阻燃、免熨服装等。在保持和发扬优秀传统特色,生产传统产品的同时,发展具有现代特色的商品,是丰富中国旅游商品的一个重要方面。

(三)艺术与实用特色

在旅游商品的构成中,大部分是工艺美术品和轻纺旅游纪念品。这些商品大都带有很强的观赏性,具有一定的艺术价值。如可供陈设的玉、石雕刻工艺品、字画、壁毯,壁饰等,能够给人以艺术享受。除了纯欣赏品外,旅游商品中还有大量的实用性商品,如服装、旅游用具等。根据旅游者的需求及人们生活方式的变化,艺术性与实用性的结合越来越成为旅游商品的一个重要特色与发展方向。大批实用的艺术品不断问世,如古老的景泰蓝产品,除了传统的主要供欣赏的瓶、炉、罐、鼎外,又开发了结合实用的茶具、酒具、灯具、钟、笔等品种。又如,抽纱刺绣、编织品、工艺伞扇、漆制器皿、陶瓷制品等,都在向艺术性与实用性相结合的方向发展。

四、旅游商品的开发

开发旅游商品对于满足旅游者的需求,提高旅游业经济效益,都具有十分重要的意义。目前,我国一些地区旅游商品的开发存在一些问题,比如旅游商品缺乏特色,花色单一,品种单调,制作粗糙,缺乏精加工,跟不上旅游业发展的需要。很多人都有这样的体验:外出旅游很难买到值得给亲戚朋友带回去的旅游纪念品,不是粗制滥造,就是毫无特色,还得防着导游"下套",有资料表明:目前来华旅游的外国游客中,有30%不能在旅游过程中买到满意的商品。

在开发旅游商品的过程中,应当注意以下几点:

(一)要充分反映一个国家或地区的民族文化特色

这是旅游商品生命力之所在。旅游商品的文化特征越鲜明,文化品格越高,地域特征越明显,它的价值就越高,就越受旅游者的欢迎。

(二)要做到多元化、多品种、多规格

旅游购物品要走多元化、多品种、多规格的道路,要小巧精细,便于旅游者携带,同时要有文化内涵,以引起旅游者喜爱,要能满足各种层次旅游者的需要,切忌单一、粗糙。

(三)树立品牌

品牌效应在今天越来越明显,一个知名品牌可以带来不可估量的经济效益,所以树立品牌对旅游商品来说也是至关重要的。旅游商品既要树立自己的品牌,而且这种品牌最好和当地的风景名胜紧密相连,这样可以使旅游商品和旅游地结成一个整体,相互促进。

（四）要注意实用性

有些东西能够和实用性结合到一起，就有更好的市场前景。很多纪念品和工艺品都有很强的实用性，比如工业类的产品和农副类的产品，其实用性是第一位的。

（五）加强售后服务

旅游者都是在运动过程中，常常因为旅程遥远或者其他不便而舍弃了购买的愿望，因此商家加强售后服务就成为扩大旅游商品销售的重要内容。像牢固的包装、方便的运输，以及便捷的托运方式和较高的信誉度，使旅游者能够放心购物、轻松旅行，最后满载而归。

五、旅游商品的销售

旅游商品生产的目的是为了销售，但在销售环节，却出现了问题：世界上很多国家，特别是在发展中国家，一些商品经营者为了吸引游客，牟取暴利，给导游和司机高额回扣（有些在商品售出价格中，至少有30%—40%要给导游做回扣），而导游为了吃回扣，便不顾旅游者反对，私自增加旅游团的购物次数，强行将旅游者拉去购物点购物，而旅游商品销售者为了捞回损失，只好“宰大幅度提高旅游商品的售价（可以高于其他商店一倍，甚至数倍的价格），甚至以假冒伪劣商品坑蒙拐骗旅游消费者，结果使消费者蒙受双重损失：一方面，被压缩了在旅游景点的游览时间，甚至一些游览项目被迫取消；另一方面，购买了价高质次的旅游商品。对此，虽然很多消费者心知肚明，但敢怒而不敢言，只好忍气吞声，有些虽然掏钱买东西，仅仅是为了买导游面子。

在旅游商品经营中，损害旅游者利益的现象近年来愈演愈烈。为了吸引导游把客人引来，一些商场只要导游和司机能把旅游团队带过来，不管客人是否买东西，商店都会给导游和司机一笔不小的停车费。这种情况不仅损害了旅游者的利益，而且也损害了其他合法经营的“正规商店”的利益。旅游商品环节的这种不正之风，不仅损害了消费者和正规旅游商品经营者的利益，而且还直接影响了旅游商品的生产质量。在正常情况下，商家最具创新冲动，因为他直接面对旅游者，他们最能知道游客喜欢什么，他们会把这些信息反馈给生产厂家，促其改进。但现在的情况是，这个反馈机制已经扭曲了，商家经营得好坏并不主要取决于商品的优劣，“关系”才是最主要的。

对于这种情况，2013年10月1日开始实施的《中华人民共和国旅游法》第三十五条明确规定：“旅行社不得以不合理的低价组织旅游活动，诱骗旅游者，并通过安排购物或者另行付费旅游项目获取回扣等不正当利益。旅行社组织、接待旅游者，不得指定具体购物场所，不得安排另行付费旅游项目。但是，经双方协商一致或者旅游者要求，且不影响其他旅游者行程安排的除外。”第四十一条：“导游和领队应当严格执行旅游行程安排，不得擅自变更旅游行程或者中止服务活动，不得向旅游者索取小费，不得诱导、欺骗、强迫或者变相强迫旅游者购物或者参加另行付费旅游项目。”第五十一条：“旅游经营者销售、购买商品或者服务，不得给予或者收受贿赂。”

市场秩序失范是大众旅游阶段长期伴生的现象，《旅游法》实施后，将有助于逐步改善旅游中存在的问题，尤其是旅游商品销售中长期存在的问题，促进中国旅游业健康发展。

知识拓展

旅游法实施近50天，云南近半旅游购物店关门

当《旅游法》的阳光照进行行业现实48天后，云南旅游市场发生了怎样的变化？

因为少了团队的光顾，业绩锐减、员工被放长假、部分店面关门或寻求转型……旅游购物店正经历一场史无前例的"生死劫"。据不完全调查，昆明近五成购物店已关门歇业。

现状：市区三分之一购物店主动歇业。

《旅游法》第三十五条明确规定：旅行社不得以不合理的低价组织旅游活动，诱骗旅游者，并通过安排购物或者另行付费旅游项目获取回扣等不正当利益。正是这一条规定，让众多旅游购物店的店主"睡不着觉、急得团团转"。

在昆明市区经营一家旅游购物店的杜云（化名），入行10多年首次感到前所未有的压力和焦虑。

见到杜云是下午2点多，他还没有等记者开口就抢着说道："从9月底开始，也不知道有多少个夜晚我整夜整夜失眠。我不知道能撑多久，不知今后的路该如何走？"

13年前，杜云同朋友投资近20万元，在昆明市区开了家面积100多平方米的旅游购物店，专营普洱茶、翡翠等云南特色旅游产品。到2004年，自己一个人出来专门经营翡翠，这也是他度过的最美好的时光。"那时候，每天进店购物的少则一两百人，多的时候就像赶街，可是这样的好时光在今年十一黄金周就戛然而止了。店里没人光顾了，一些员工辞职走人了，生意一落千丈。"杜云说，来店里的顾客，以前八九成都是导游带过来的，现在市区里的一些旅游购物店，基本都是门庭冷落。

连续三天，记者分早、中、晚走访昆明市区原来游客聚居的地方，过去是大巴多得没处停，如今是没有大巴出入。

16日虽然是星期六，直到早上10点多，位于昆明国际会展中心对面的翠玺珠宝店没有一个游客光顾。"十一以后，就没有旅游团带进来过，只能一边撑一边观望，没生意的话就上半天班，看看形势会怎么样，再做打算。"店内负责人说。

这位负责人透露："为了继续撑下去，我们店目前只能给员工发放基本的生活保障。"

在同为旅游胜地的楚雄、大理、丽江、腾冲、香格里拉等，大量的市区购物店也陷入进店客流锐减的窘境，有近一半的玉器店、银器店或土特产店处于主动歇业（或停业）状态，要么缩短营业时间，要么干脆给自己放长假。

景区购物店销售额不及原来的1/3。

全国范围内的旅游购物店，普遍陷入人气锐减、业绩腰斩的局面。而在这样的局面下，有人说，开在景区内的购物店吃香了，真是这样的吗？

连续多日走访昆明、楚雄等景区内的购物店发现，相比市区的购物店，景区内的情况要稍好一些，但销售额也不及原来的1/3。

"今年十一长假的客流量比往年同期减少了很多，进店的就更少了。我们今年的销售额与往年同期相比，还不及原来的三分之一。"在楚雄彝人古镇内

一家翡翠店经理李先生说，为应对眼下旅游“寒流”的冲击，很多购物店正在谋求转型。据彝人古镇的负责人说，古镇作为4A级景区，是集商业、居住和文化旅游为一体的文化旅游项目，是可旅游、可商住、可经营项目。十一开始，来古镇的团队游客减少很多，古镇内的购物店受影响，业绩大幅下滑。

在昆明世博园内，一家较大的购物店的销售经理说，在过去，平时的团队也比今年十一黄金周多，今年暑期每天的团队都在二三十个，可到了十一，基本没有什么团队进店。“我们10月和11月份的销售额，还不及以前一个黄金周呢。”

采访中，遇到从北京跟团来昆明旅游的于先生。于先生说：“来云南就是想带点这边的特产回去，像茶叶、翡翠等，可是在旅游中多次问导游，导游都不吱声。我知道现在跟团旅游，导游不得安排购物点，但是可以多介绍一点云南的特产呀，让游客对云南多了解一些。”

于先生称，这次来云南旅游，没有一次进店，导游再也没有讲云南的玉好了，反而是游客自己更主动，有游客三五成群自己找地方购物去了。“团队不能进店，传统旅游商店应该转变观念了，可以多在配套服务上下功夫，这样才能吸引游客自己购物。就如我在看茶艺表演时，专门购买了些好茶叶回去准备送朋友。”于先生说。

也有游客谈道：台湾的购物店全部由有关部门统一管理，明码标价；韩国的购物店中商品并不便宜，但东西都是真品，去买的游客也络绎不绝。建议旅游商品由物价部门统一定价，也可以创建旅游指定购物店，把不正规的购物店正规化，让消费者买起来放心。

资料来源：http://travel.sohu.com/20131118/n390302347.shtml

效果评价

知识评价

1. 旅游商品在旅游业中的作用？
2. 旅游商品的主要特点？
3. 旅游商品开发中，应注意的要点？
4.《中华人民共和国旅游法》中对旅游购物是如何规定的？

能力评价

1. 外出旅游的时候，你有购买过旅游商品吗？如果有，你对该旅游商品如何评价？

2. 面对着旅游景区众多同质的旅游商品，你认为如何才能做好旅游商品的创新研发工作？

通过本模块的学习，你能够

- 判断旅游企业行为是否符合《旅游法》。
- 知道世界和我国主要的旅游组织及其功能。
- 判断我国旅游管理体制的模式。
- 了解中国旅游行业管理的内容和方法。
- 掌握旅游从业人员应该掌握的必要服务技能。

本模块重点内容网络图

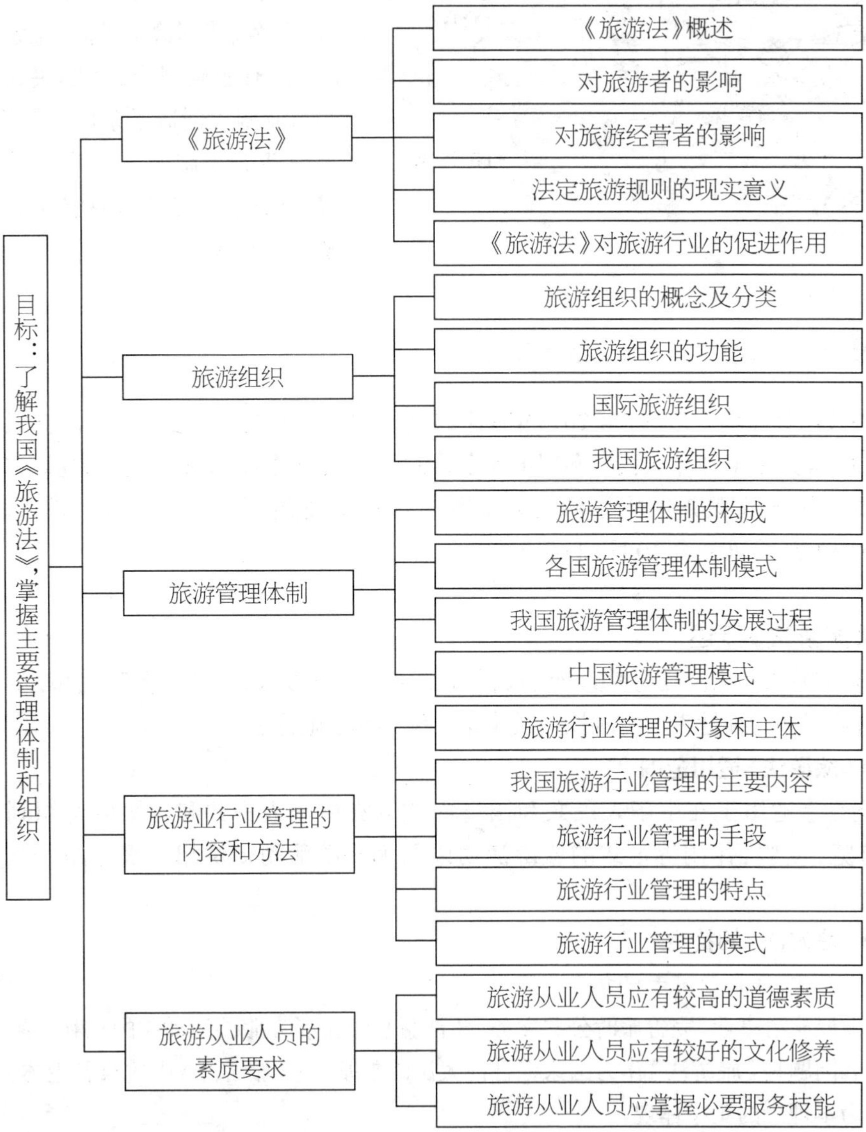

关键词

《旅游法》 旅游组织 旅游管理体制 旅游行业管理 旅游从业人员的素质

任务一 《旅游法》

任务引入

新华社供图

《旅游法》自2013年10月1日起开始实施，正赶上国庆黄金周、百姓出游的高峰。对强迫购物、强制参加自费项目、游客维权难等问题，《旅游法》都有明确规定，为解决这些行业痼疾创造了条件，受到了消费者和旅游从业者的欢迎。那么，《旅游法》保护了旅游者哪些权利呢？

任务执行

《中华人民共和国旅游法》经2013年4月25日十二届全国人大常委会第二次会议通过，2013年4月25日中华人民共和国主席令第3号公布，分总则、旅游者、旅游规划和促进、旅游经营、旅游服务合同、旅游安全、旅游监督管理、旅游纠纷处理、法律责任、附则共10章112条，自2013年10月1日起施行。

一、《旅游法》概述

为保障旅游者和旅游经营者的合法权益，规范旅游市场秩序，保护和合理利用旅游资源，促进旅游业持续健康发展，制定了《中华人民共和国旅游法》。

（一）《旅游法》适用范围

《旅游法》适用于在中华人民共和国境内的和在中华人民共和国境内组织到境外的游览、度假、休闲等形式的旅游活动以及为旅游活动提供相关服务的经营活动。

（二）《旅游法》的特点

1. 以人为本，保护旅游者权力

国家发展旅游事业，完善旅游公共服务，依法保护旅游者在旅游活动中的权利。旅游者的权利问题是《旅游法》作为国家综合性大法的根基，是《旅游法》中的权利主体，更是以人为本理念的集中体现。

2. 民事规范和行政规范并重

按照市场经济和法治政府的要求，明确并细化旅游市场主体间的权利义务关系，建立健全统一的旅游服务标准和诚信、公平、有序参与竞争的市场规则，着力解决旅游资源及其经营管理中的部门、行业和地区分割问题，力争实现政府公共服务和监管、行业组织自律以及企业依法自主经营的有机统一。

3. 符合产业特征和发展需要的综合性法律

整合了旅游产业各要素和旅游活动全链条，构建了政府统筹、部门负责、有分有合的旅游综合协调、市场监督、投诉处理等制度，涵盖了促进（经济法）、管理（行政法）和民事（合同）三方面不同性质的法律规范。

4. 依法治旅，国民旅游休闲权益得到更好保障

《旅游法》出台，中国旅游业将全面进入有法可依、依法治旅的新时代，中国国民旅游休闲的权益将得到更好保障。

（三）《旅游法》的原则

1. 无过错责任原则

旅游者要求旅行社承担违约责任时，只需要提出证据证明旅行社没有履行包价旅游合同义务或者即使履行了合同义务但不符合约定即可，而无需证明旅行社对此具有过错。

2. 替代责任原则

组团社将不仅要对自己的违约行为承担无过错责任，而且即使是地接社、酒店、餐馆、景区、大巴公司等方面的原因造成违约的，组团社也要先向旅游者承担责任，然后再向相关责任方进行追偿。组团社唯一不需要承担责任的情形是，因为民航、铁路、城市公共汽车等公共交通经营者的原因造成旅游者人身损害、财产损失的案件。

3. 惩罚性赔偿原则

旅行社具备履行条件，经旅游者要求仍拒绝履行合同，造成旅游者人身损害、滞留等严重后果的，旅游者还可以要求旅行社支付旅游费用一倍以上三倍以下的赔偿金。惩罚性赔偿并不仅仅限于甩团，而且那些为了逼迫旅游者进店购物而拒不停车、停车后不允许旅游者在车上休息、或者不开空调等情形，只要造成旅游者人身损害的，也可以适用惩罚性赔偿原则。

（四）《旅游法》的产生

早在改革开放之初的1982年，我国有关部门就着手起草《旅游法》。遗憾的是，因当年我国旅游业刚刚起步，各个方面对旅游立法涉及的一些重要问题认识不尽一致，旅游立法一直没有提上正式议程。

在旅游业蓬勃发展的今天，《旅游法》终于出台。十二届全国人大常委会第二次会议经表决，以150票赞成、5票弃权表决通过了《旅游法》。

该法采取综合立法模式，整合旅游产业各要素和旅游活动全链条，构建了政府统筹、部门负责、有分有合的旅游综合协调、市场监督、投诉处理等制度，涵盖了促进（经济法）、管理（行政法）和民事（合同）三方面不同性质的法律规范。

中国首部《旅游法》于2013年10月1日正式实施。

知识拓展

探访《旅游法》实施前夕市场新动向

备受瞩目的我国首部《旅游法》将于今年10月1日起实施。作为首部维护游客消费权益、规范旅游行业秩序、促进旅游经济健康和谐发展的法律规范,《旅游法》的即将实施也引来各方诸多期待。

然而,在《旅游法》不得安排购物、取消自费项目、不得索要小费等各种明令禁止下,民众今年的“十一”出游涨价却已成定局。为应对《旅游法》实施,原本波澜不惊的旅游市场紧抓9月份仅剩的20天时间,以民众和旅行社为主角,正上演着一出“涨价前夕赶搭低价末班车”的戏码。

为一探《旅游法》实施前夕的市场新动向,中国经济时报记者连日来走访普通民众、旅行社业内人士发现,涨价前后,热门旅游线路动辄一倍的价格差距可谓让《旅游法》实施前的旅游市场异常火爆;而应对突如其来的火爆行情,旅行社业内人士则将目光瞄准了《旅游法》实施之后,并表示,受价格上涨幅度较大影响,“未来日子未必好过”。

资料来源:《中国经济新闻报》,2013年9月11日

二、对旅游者的影响

《旅游法》对于旅游者(游客)的条款有八条,主要关于游客的权利和行为规范。游客需要自身素质提高,对旅游地需遵守社会公共秩序和社会公德,尊重当地的风俗习惯、文化传统和宗教信仰,爱护旅游资源,保护生态环境,遵守旅游文明。对游客人身安全问题,应当向旅游经营者如实告知与旅游活动相关的个人健康信息,遵守旅游活动中的安全警示规定。出现纠纷的时候,不得损害当地居民的合法权益,不得干扰他人的旅游活动,不得损害旅游经营者和旅游从业人员的合法权益。

《旅游法》充分体现了以人为本的理念,以人为本就是以保护旅游者的权益为本。《旅游法》对旅游者权益的保护体现在多个方面:

第一,《旅游法》单设“旅游者”一章,以具体权利落实对旅游者实行保护。《旅游法》第二章的名称为“旅游者”,从七个方面列举了旅游者的权利:一是自主选择权;二是拒绝强制交易权;三是知悉真情权;四是要求履约权;五是受尊重权;六是请求救助保护权;七是特殊群体获得便利优惠权。其中,有些权利是消费者权益保护法规定的消费者权利在旅游活动中的具体化,如自主选择权、知悉真情权等;有的则是本法的创新,如请求救助保护权,即旅游者在人身、财产安全遇有危险时,有请求救助和保护的权利。旅游者的请求救助保护权,不仅仅是指向旅游经营者的,更是指向旅游目的地政府及国家的。因为有些风险、灾害如地震、战争等,旅游经营者是无力、无法应对、处置的,必须依靠国家与政府。为使此项权利落到实处,《旅游法》还明确规定:“县级以上人民政府应当依法将旅游应急管理纳入政府应急管理体系,制定应急预案,建立旅游突发事件应对机制。突发事件发生后,当地人民政府及其有关部门和机构应当采取措施开展救援,并协助旅游者返回出发地或者旅游者指定的合理地点”;“中国出境旅游者在境

外陷于困境时，有权请求我国驻当地机构在其职责范围内给予协助和保护”。

第二，《旅游法》创建旅游公共服务制度，从促进旅游业健康发展的角度兑现旅游者权利的保护。《旅游法》规定国家和县级以上地方人民政府应当加强旅游基础设施建设、旅游公共服务，建立旅游公共信息和咨询平台，无偿向旅游者提供旅游景区、线路、交通、气象、住宿、安全、医疗急救等必要信息和咨询服务；设置旅游咨询中心与旅游指示标识；建立旅游客运专线或者游客中转站；建立旅游目的地安全风险提示制度等等。上述制度，都是政府为广大旅游者提供的旅游公共服务。旅游公共服务将使旅游者的出行、游览更加便捷。

第三，《旅游法》设定旅游经营行为规范，从旅游经营的角度实现对旅游者权益的保护。旅游经营者是直接服务旅游者的市场主体，只要其经营行为、服务行为符合法律、法规及国家标准、行业标准，旅游者的权利才能真正得以实现。

第四，《旅游法》创建旅游投诉统一受理机制，从救济途径方面落实对旅游者权益的保护。外出旅游，由于种种原因，旅游者难免会遇到一些不顺心的事。由于旅游业涉及面广、产业链长的特点，旅游者在遇到麻烦、纠纷时，一个常见现象是不知道向哪个机构、哪个部门进行投诉。为此，《旅游法》明确规定：“县级以上人民政府应当指定或者设立统一的旅游投诉受理机构。受理机构接到投诉，应当及时进行处理或者移交有关部门处理，并告知投诉者”；“县级以上人民政府旅游主管部门和有关部门，在履行监督检查职责中或者在处理举报、投诉时，发现违反本法规定行为的，应当依法及时作出处理；对不属于本部门职责范围的事项，应当及时书面通知并移交有关部门查处”；“县级以上地方人民政府建立旅游违法行为查处信息的共享机制，对需要跨部门、跨地区联合查处的违法行为，应当进行督办”。

知识拓展

旅游者的主要权利和义务指南

一、旅游者的主要权利

1. 知悉真情权

旅游者有权知悉其购买的旅游产品和服务的真实情况。

旅游者有权就包价旅游合同中的行程安排、成团最低人数、服务项目的具体内容和标准、自由活动时间安排、旅行社责任减免信息，以及旅游者应当注意的旅游目的地相关法律、法规和风俗习惯、宗教禁忌，依照中国法律不宜参加的活动等内容，要求旅行社作详细说明，并有权要求旅行社在旅游行程开始前提供旅游行程单。

2. 拒绝强制交易权

旅游者有权自主选择旅游产品和服务，有权拒绝旅游经营者的强制交易行为。

旅行社未与旅游者协商一致或未经旅游者要求，指定购物场所、安排旅游者参加另行付费项目，以及旅行社的导游、领队强迫或者变相强迫旅游者购物、参加另行付费项目的，旅游者有权拒绝，也可以在旅游行程结束后30日内，要求旅行社为其办理退货并先行垫付退货货款、退还另行付费项目的费用。

3. 合同转让权

除旅行社有正当的拒绝理由外，旅游者有权在旅游行程开始前，将包价旅游合同中自身的权利义务转让给第三人，因此增加的费用由旅游者和第三人承担。

4. 合同解除权

包价旅游合同订立后，因未达到约定人数不能出团时，旅游者不同意组团社委托其他旅行社履行合同的，有权解除合同，并要求退还已收取的全部费用。

旅游行程结束前，旅游者解除合同的，组团社应当在扣除必要的费用后，将余款退还旅游者。

因不可抗力或者旅行社、履行辅助人已尽合理注意义务仍不能避免的事件，导致旅游合同不能继续履行，旅行社和旅游者均可以解除合同；导致合同不能完全履行，旅游者不同意旅行社变更合同的，有权解除合同；合同解除的，旅游者有权获得扣除组团社已向地接社或者履行辅助人支付且不可退还的费用后的余款。

5. 损害赔偿请求权

旅游者有权要求旅游经营者按照约定提供产品和服务。旅游者人身、财产受到损害的，有依法获得赔偿的权利。

景区、住宿经营者将其部分经营项目或者场地交由他人从事住宿、餐饮、购物、游览、娱乐、旅游交通等经营的，旅游者有权要求景区、住宿经营者对实际经营者给旅游者造成的损害承担连带责任。

旅行社具备履行条件，经旅游者要求仍拒绝履行合同，造成旅游者人身损害、滞留等严重后果的，旅游者还可以要求旅行社支付旅游费用1倍以上3倍以下的赔偿金。

6. 受尊重权

旅游者的人格尊严、民族风俗习惯和宗教信仰应当得到尊重；旅游者有权要求旅游经营者对其在经营活动中知悉的旅游者个人信息予以保密。

残疾人、老年人、未成年人等旅游者在旅游活动中依照法律、法规和有关规定享受便利和优惠。

7. 安全保障权

旅游者有权要求旅游经营者保证其提供的商品和服务符合保障人身、财产安全的要求。

旅游者有权要求为其提供服务的旅游经营者就正确使用相关设施设备的方法、必要的安全防范和应急措施、未向旅游者开放的经营服务场所和设施设备、不适宜参加相关活动的群体等事项，以明示的方式事先向其做出说明或者警示。

8. 救助请求权

旅游者在人身、财产安全遇有危险时，有权请求旅游经营者、当地政府和相关机构进行及时救助；中国出境旅游者在境外陷于困境时，有权请求我国驻当地机构在其职责范围内给予协助和保护。

9. 协助返程请求权

包价旅游合同在旅游行程中被解除的，旅游者有权要求旅行社协助旅游者返回出发地或者旅游者指定的合理地点，由于旅行社或者履行辅助人的原因导致合同解除的，旅游者有权要求旅行社承担返程费用。

10. 投诉举报权

旅游者发现旅游经营者有违法行为的，有权向旅游、工商、价格、交通、质监、卫生等相关主管部门举报；旅游者与旅游经营者发生纠纷的，有权向相关主管部门或旅游投诉受理机构投诉、申请调解，也可以向人民法院提起诉讼。

二、旅游者的主要义务

1. 文明旅游义务

旅游者在旅游活动中应当遵守社会公共秩序和社会公德，尊重当地的风俗习惯、文化传统和宗教信仰，爱护旅游资源，保护生态环境，遵守旅游文明行为规范。

2. 不损害他人合法权益的义务

旅游者在旅游活动中或者在解决纠纷时，不得损害当地居民的合法权益，不得干扰他人的旅游活动，不得损害旅游经营者和旅游从业人员的合法权益；造成损害的，依法承担赔偿责任。

3. 个人健康信息告知义务

旅游者购买、接受旅游服务时，应当向旅游经营者如实告知与旅游活动相关的个人健康信息，审慎选择参加旅游行程或旅游项目。

4. 安全配合义务

旅游者应当遵守旅游活动中的安全警示规定，不得携带危害公共安全的物品。

旅游者对国家应对重大突发事件暂时限制旅游活动的措施以及有关部门、机构或者旅游经营者采取的安全防范和应急处置措施，应当予以配合；违反安全警示规定，或者对国家应对重大突发事件暂时限制旅游活动的措施、安全防范和应急处置措施不予配合的，依法承担相应责任；接受相关组织或者机构的救助后，应当支付应由个人承担的费用。

5. 遵守出入境管理义务

出境旅游者不得在境外非法滞留，入境旅游者不得在境内非法滞留；随团出、入境的旅游者不得擅自分团、脱团。

资料来源：国家旅游局2013年9月10日公布

三、对旅游经营者的影响

（一）对旅行社的影响

《旅游法》提及旅行社的有42个条文，96处规范，经营一章14个条文，占该章总条文数29条的50%，可见《旅游法》确立了旅行社在景区、住宿、交通等旅游经营者中的领头羊地位。从法律关系来看旅行社在与旅游者之间的旅游合同关系中，旅行社处于承担第一次责任的地位，这也是对旅行社作为旅游市场主体地位的肯定。

《旅游法》对旅行社的规定及影响，具体包括：

1. 有利于整肃市场秩序,创造公平竞争的市场环境

《旅游法》第四章第35条针对“零负团费”规定,旅行社不得以不合理低价组织旅游,诱导、欺骗旅游者,并通过安排购物或者另行付费旅游项目获取回扣等不正当利益。旅行社组织、接待旅游者,不得指定具体购物场所,不得安排另行付费旅游项目。但是,经双方协商一致或者旅游者要求,且不影响其他旅游者行程安排的除外。发生违反前两款规定情形的,旅游者有权在旅游行程结束后30日内,要求旅行社为其办理退货并先行垫付退货货款,或者退还另行付费旅游项目的费用。《旅游法》第35条针对购物和自费项目的限制条款,以及消费者购物退货的救济条款,将在一定程度上制约零负团费现象。对于当前的旅游乱象而言,《旅游法》不仅是一般意义上的“维护”市场秩序,而是有利于“整肃”市场秩序。限制不合理低价,要求旅行社以合理的计价方式定价。如果《旅游法》得以切实遵守,价格回归到合理范围,意味着旅行社将在同一合理的价格区间内竞争,经营者搏的是服务、规模和经营策略,而不用去搏良心的底线,不用在更低利润和不可思议的低价之间做取舍。

2. 有利于旅行社降低经营风险,实现长期稳定经营

(1) 景区门票价格的规定降低了旅行社经营成本

《旅游法》第43条和第44条对景区景点的分类和不同类型门票涨价程序和提前量的规定,一方面体现了对社会效益的关注和对市场规律的尊重,另一方面看也降低了旅行社的经营风险。旅行社与客户报价签约后产生的价格波动通常只能由报价的旅行社承担。这个问题在入境旅游中尤为突出,海外来华游客的计划性较强,提前量较大。关于“景区提高门票价格应当提前六个月公布”的规定在一定程度上降低了旅行社经营成本不可控的风险。

(2) 明确了旅行团在发生不可抗力以及旅游经营者已尽合理注意义务仍不能避免的事件的处理原则。

按照《旅游法》第67条的规定,旅游经营者已尽合理注意义务仍不能避免的事件,视同不可抗力来处理。该条分合同解除、紧急避险和造成滞留三种情形对费用的承担做相应的明确规定(分别为:旅游者对费用多除少补、双方分担和食宿费用旅游者自理但返程费用分担),有利于遇事快速处理,减低损失,初步建立了旅行社的过错责任或者是推定过错机制,有效限定了旅行社的责任,维护了旅游者和旅游经营者双方的合法权益。

(3) 明确了由于公共交通经营者的原因造成旅游者损害时旅行社的协助索赔义务。

第71条第二款规定,由于公共交通经营者的原因造成旅游者人身损害、财产损失的,由公共交通经营者依法承担赔偿责任,旅行社应当协助旅游者向公共交通经营者索赔,公平定位了旅行社的责任。因此发生上述情况,旅行社及其导游领队应当积极协助旅游者向公共交通经营者索赔。

(4) 明确了旅行社在旅游者自身过错下和自由活动中的人伤和财损的责任。

第70条第二款明确了因旅游者原因致使合同不能履行或造成人伤或财损的,旅行社免责;第三款规定了旅游者在自由活动中发生的人伤和财损,旅行社仅在未尽事前提示和事后救助的情形下才承担相应的责任的规定。因此,在自由活动前,安全警示要

做足，并留下证据。

3. 基本建立了旅行社过错责任归责机制，进一步明确旅行社责任

《旅游法》基本建立了旅行社的过错责任归责机制，使旅行社基本摆脱了《合同法》总则所订立的凡合同违约均须承担严格责任的籓窒，从而使旅行社在旅游纠纷中无需再承担无限责任，给旅行社营造较为宽松的经营环境，有利于旅行社的可持续发展。具体体现在：第35条第三款关于旅行社违反购物强制性规定后果承担的规定、第67条关于旅行社及其履行辅助人已尽合理注意义务仍不能避免的事件视同不可抗力处理的规定、第68条关于因旅行社或其履行辅助人的过错导致旅游合同解除需承担游客返程费用的规定、第70条关于旅行社主观性或者恶意不履行合同或旅行不符合约定的后果承担及赔偿的规定、第71条第一款关于地接社及履行辅助人的过错导致违约组团社先行赔偿的规定以及第二款中关于因公共交通的过错造成旅游者人伤财损时若旅行社不履行协助索赔义务就会面临被要求程度责任的规定、第74条关于旅行社受托代订（含自由行）业务旅行社有过错才承担责任的规定等。上述条款要求旅行社承担责任的前提均是旅行社有过错或者过失。

4. 有利于经营者对服务质量的关注和消费者对服务价值的认同

市场的现状是相当一部分消费者只关心找旅行社是否比自己预订交通工具和食宿便宜，很少考虑旅游产品设计中所包含的经验、预订服务以及售前售后服务的价值。《旅游法》指引价格回归合理区间，为价值审视提供了可能。旅游产品即服务，旅行社的产品价格其实就是服务价值的体现。在服务提供与价值认同的因果链中，经营者先提供良好服务，之后，才可能获得消费者的价值认同。然而，从行业的长远发展来看，只有旅游服务本身的价值受到市场的充分认可，消费者才能得到更为优质的服务。

（二）对导游的影响

1. 明确了导游准入条件

《旅游法》第四章第37条将导游证的申请条件界定为"参加导游资格考试成绩合格，与旅行社订立劳动合同或者在相关旅游行业组织注册的人员，可以申请取得导游证"。与目前仍在执行的《导游人员管理条例》（1999年）相对比，该条款用"相关旅游行业组织"一词替代了以往使用的"导游服务公司"。"相关旅游行业组织"与"导游服务公司"从表面上看语义相似，但其本质内涵存在明显差异。"导游服务公司"制度是20世纪末政府旅游主管部门为解决当时旅行社因微利经营纷纷裁减专职导游数量、而国内旅游因蓬勃发展急需大量新进导游这一供需矛盾所采取的一项过渡性措施。即规定已获得资格证新导游在申办执业证时，当遇到旅行社不愿聘用时，可以通过在导游服务公司登记注册的方式加以替代，这就有效扩大了新入职导游获得执业证的通道，使得我国导游数量近十多年有了加倍的增长。然而，这项措施也存在着诸多先天不足：一是各类导游服务公司从一开始就存在着自身法律地位不明、与挂靠导游无法签订劳动合同以及发生法律纠纷时无法有效承担法律责任等问题；二是在实际运行中，这些导游服务公司大多成为各级旅游行政管理部门下属的事业单位，一些导游服务公司对于所挂靠导游存在着只收费不服务、只管理不保护等现象，以至于业界对于导游服务公司的认同度每况愈下，导游服务公司的市场地位非常尴尬。因此，《旅游法》中去除"导游

服务公司”条目，不仅理顺了导游管理与《劳动法》、《劳动合同法》的法理关系，而且也为下一步发挥导游协会等社会组织作用创造了条件，并引导出下一步我国导游体制改革将逐步由行政管理主导向市场机制主导转变的新方向，因而具有深远的意义和影响。

2. 保障导游权益

从源头保证了各类导游都有固定的收入渠道，规范了导游与旅行社之间的利益分配关系。《旅游法》第38条通过区分两类导游不同收入来源的方式进一步规范了旅行社与导游之间的利益分配关系。对于由旅行社聘任的专职导游，要求旅行社必须“依法订立劳动合同，支付劳动报酬，缴纳社会保险费用”，以此维护专职导游作为企业正式员工所拥有的合法利益；而对于目前作为导游主体大量存在的、由旅行社临时聘用实现从业的各类社会导游和兼职导游，则要求“应当全额向导游支付本法第60条第三款规定的导游服务费用”（即在包价旅游合同中载明导游服务费用）。这一条款的创新意义在于通过法律形式保障了各类临时导游在提供服务时所能获得的固定的收入来源。同时也明确了旅行社的法律义务，即在临时聘用导游时，必须承担把游客在“包价旅游合同”中按照“导游服务费用”科目交纳的费用不折不扣地交给所聘任的社会导游或兼职导游，从而用制度方式从源头为社会兼职导游确立了稳定的收入渠道。此外，第38条第三款还规定，“旅行社安排导游为团队旅游提供服务的，不得要求导游垫付或者向导游收取任何费用”。这条规定也是从源头上规范了市场主体之间的利益分工，从而杜绝了导游和旅行社之间因“买团”和“卖团”行为所产生的一系列利益纠纷，并为下一步彻底杜绝“零负团费”现象，以及为我国导游人员今后走向“自由职业者”道路奠定了坚实的基础。

3. 规范导游行为

《旅游法》第41条规定，导游和领队应当严格执行旅游行程安排，不得擅自变更旅游行程或者终止服务活动，不得向旅游者索取小费，不得诱导、欺骗、强迫或者变相强迫旅游者购物或者参加另行付费旅游项目。严重违法作业，停业三年。《旅游法》第41条规定导游不得向旅游者“索取”小费，这一规定与此前行业规章中禁止“收受”小费不同，为超值服务的导游获取合法收入提供了路径。

4. 明确了导游责任

在《旅游法》第九章“法律责任”栏目中专设了5个条款（第96、100、101、102、103条），对导游人员执业过程中的业务表现以及相关利益关系规定了详细具体的处罚规定，把导游服务行为纳入法律监督之下，充分体现了法律制度赏罚分明的立法精神。值得称道的是，这些条款对导游服务行为不仅有监督约束功能，还兼具保护和保障功能。如第96条中将“未按照规定为出境或者入境团队旅游安排领队或者导游全程陪同的、安排未取得导游证或者领队证的人员提供导游或者领队服务的、未向临时聘用的导游支付导游服务费用的和要求导游垫付或者向导游收取费用的”这四种情况都列为针对旅行社违规的惩罚条款。这种做法不仅改变了以往处理纠纷时导游作为弱势群体缺乏职业保护的窘境，同时还有助于合理规范旅行社的法律责任，引导和鼓励旅行社主动加强与导游人员的业务合作，共同提高旅游服务质量，提升游客的满意度，从而通过做大旅行社包价市场蛋糕以实现市场共赢。

（三）对景区管理的影响

《中华人民共和国旅游法》的出台，为旅游行业的健康发展提供了法律保障。该法从多个方面规定了景区的开发、利用与经营活动，对景区管理的影响尤为深远。

1. 限定了景区的开放条件

当前我国景区依据国家标准，由县级以上行政主管部门批准建立。但是，之前的旅游法规并未对景区建立的条件进行硬性规定。这就导致在实际操作中景区建设往往缺乏规划，无序开发、盲目建设的现象时有发生，造成旅游资源的极大浪费，给生态环境也带来非常严重的破坏。

《旅游法》第42条对景区的开放条件做出了明确的规定，并要求其听取旅游主管部门的意见。此条规定对景区在管理中加强生态环境保护、提升服务质量、满足旅游者需求、提高可进入性等方面提出了刚性要求。旅游主管部门成为景区准入机制的裁量部门，是该法的一大亮点，这对于景区充分挖掘和提高旅游资源的利用价值大有裨益。

针对目前地方旅游项目“盲目开发、建造人工景点热”，《旅游法》在第17条至第22条中对旅游发展规划提出了明确的规定，规范了旅游景点建设行为，将全面提升景区开发、利用水平。其中，第21条规定：“对自然资源和文物等人文资源进行旅游利用，必须严格遵守有关法律、法规的规定，符合资源、生态保护和文物安全的要求，尊重和维护当地传统文化和习俗，维护资源的区域整体性、文化代表性和地域特殊性，并考虑军事设施保护的需要。有关主管部门应当加强对资源保护和旅游利用状况的监督检查。”这条规定对景区资源保护提出了更高的要求，可促进景区全面强化旅游资源与生态环境保护。

2. 要求对最大承载量进行控制

我国小长假、黄金周期间，许多景区都会呈现井喷，景区环境不堪重负。因旅游者爆满，造成人员大规模滞留，甚至发生拥挤踩踏事故，对景区旅游的管理安全与生态环境带来了极大的挑战。

《旅游法》对景区控制最大承载量进行了明确的规定，景区接待旅游者不得超过景区主管部门核定的最大承载量。这将避免高峰期景区内旅游者拥挤的现象，从而进一步提升旅游质量，保障安全的游览环境。门票预约为景区控制旅游者接待数量提供了具体的解决思路和方法，同时也促使景区进一步加强数字化建设，智慧景区的建设步伐也将加快，以合理控制客流量。然而，如何结合各景区实际情况核定最大承载量，成为景区主管部门亟须解决的问题。

3. 规定了景区门票价格及收费相关制度

在我国，景区门票价格随意上涨的现象屡见不鲜，引发了公众对旅游市场能否良性发展的担忧。各大涨价景区打着“景点扩建、提升服务、成本上升”的幌子，掀起一波又一波的“涨价潮”，“三年限涨令”并未能阻止其迈开门票涨价的步伐。

对此，《旅游法》第43条规定景区门票涨价要实行政府定价或者政府指导价，要求门票价格上涨必须听证，听证人员必须包含旅游者。同时规定，利用公共资源建设的景区，不得通过增加另行收费项目等方式变相涨价；另行收费项目已收回投资成本的，应当相应降低价格或者取消收费；公益性的城市公园、博物馆、纪念馆等，除重点文物保护单位和珍贵文物收藏单位外,应当逐步免费开放等,这些规定都可以抑制票价上涨。

《旅游法》的实施将改变过去景区门票涨价只需听取相关管理部门和价格裁量部门要求的现状,为严格控制景区门票价格上涨做了积极的努力;另一方面,这些规定将刺激景区寻找新的经济增长点,尽快跳出过度依赖"门票经济"的怪圈,拉动旅游消费、促进产业升级。

4. 明确了景区对旅游者负有安全责任

旅游安全工作一直被视为旅游管理工作的重中之重,国家旅游局在1990年便出台了《旅游安全管理暂行办法》,地方政府、旅游行政主管部门也编制了《旅游安全应急预案》等相关文件。但是,在这些规章文件中,景区对旅游者负有的安全责任并没有得到明确的规定。也就是说,在景区内发生安全事故后,景区与旅游者之间想要通过法律手段解决纠纷可能会由于缺乏法律依据而困难重重。

《旅游法》的出台无疑解决了这一困局,填补了景区管理上法律依据的空白。该法第42条规定景区应当有必要的安全设施及制度,经过安全风险评估,满足安全条件;第50条规定,应当保证其提供的商品和服务符合保障人身、财产安全的要求;第54条规定,将其部分经营项目或者场地交由他人从事经营的,应当对实际经营者的经营行为给旅游者造成的损害承担连带责任,等等。

这些规定明确了景区的安全责任,要求景区管理部门加强日常安全应急演练,对从业人员开展经常性应急救助技能培训,加大安全检验、监测和评估力度,排查并杜绝安全隐患;突发事件或者旅游安全事故发生后,立即采取必要的救助和处置措施,依法履行报告义务,并对旅游者做出妥善安排。

总之,《旅游法》的出台将会对我国当前景区经营管理模式产生非常大的冲击,继而引发深刻的变革。

四、法定旅游规划的现实意义

《旅游法》中专设"旅游规划和促进"一章,明确规定了旅游发展规划的编制主体、规划内容、规划原则、规划衔接、规划评估等方面要求,现实和历史意义重大。

(一)确立了旅游规划的法律地位

《旅游法》颁布实施后,旅游发展规划将正式成为国家法定规划,与现行其他空间规划管理体系共同承担起促进区域空间科学开发与规范建设的责任。同时,《旅游法》中明确了国务院和县级以上各级人民政府组织编制旅游发展规划的责任,要求将旅游业发展纳入国民经济和社会发展规划中,这将进一步强化旅游业在国民经济社会发展中的地位,加快旅游产业的发展。建设要有规划,必须规划先行,这是落实科学发展观的基本要求,因此,《旅游法》和其明确的法定旅游规划必将有力推动中国旅游业的持续健康发展。

(二)增强了旅游规划的法律效力

旅游发展规划综合性强,关联度高,涉及行业领域多,需要多方共同协作和落实。《旅游法》规定,旅游发展规划要与土地利用总体规划、城乡规划和环境保护规划以及其他自然资源和文物等人文资源的保护和利用规划相衔接。这就要求旅游发展规划在编制过程中要符合相关规划的规定，更重要的是旅游规划在批准实施后，政府及相关部门在组织编制和修编相关规划时，要充分考虑旅游业发展的需求，与旅游发展规划相衔接，这从法律效力上有力地促进旅游发展规划的落地实施。

（三）完善了旅游规划的执行机制

《旅游法》要求，各级人民政府应当对本级政府编制的旅游发展规划的执行情况进行评估，并向社会公布。通过对旅游规划执行情况进行评估，建立评估与社会参与机制，不仅可以考量规划实施的进度和效果，还有利于推进规划的顺利实施和规划实施水平的提高，将有力约束相关方面从重视规划编制向重视规划实施转变，纠正和减少不遵循规律、不落实规划开发的现象。

（四）对旅游行政管理部门提出了新的要求

各级旅游行政管理部门需要对《旅游法》的相关条款进行认真研读，在对照现行管理制度的基础上，分析目前旅游规划管理存在的问题，明确构建实施《旅游法》的重点任务、规章制度体系和框架结构，确保《旅游法》实施之日，基本实现与旅游规划相关的配套规章制度到位。

五、《旅游法》对旅游行业的促进作用

（一）明确了政府的公共服务职能

《旅游法》第3条规定了政府依法保护旅游者在旅游活动中的权利；第26条规定政府要建立旅游信息平台，无偿向旅游者提供旅游景区、线路、交通、气象、住宿等必要信息与服务。旅行社可以快速便捷地获取上述信息，该规定有利于打击零负团费。

（二）明确政府要推进旅游休闲体系建设

《旅游法》第23条的此项规定，使我国公民的旅游休闲度假权得到了保障，为旅行社开发策划休闲旅游度假产品和研制休闲度假线路产品标准提供的法律支撑。

（三）明确了乡村游的合法性

《旅游法》第46条规定，城镇和乡村居民利用自有住宅或者其他条件依法从事旅游经营，其管理办法由省、自治区、直辖市制定。为发展乡村旅游以及安排民宿的合法性提供了法律依据。尽管安排民宿合法了，但出于安全考虑，应当加强对其监控管理。

（四）建立了旅游纠纷诉前调解机制

《旅游法》增加了双方当事人申请“调解组织”予以调解的规定，该种调解可与新《民事诉讼法》相衔接，调解结果一经法院确认，即具法律约束力。调解组织的设定，由于其地位与性质独立于旅游行政部门和旅游经营者，使旅游者多了一个讨说法的便捷地方，有利于快速处理旅游纠纷，维护和谐稳定。

（五）有助于规范市场秩序，推动行业发展

《旅游法》实施带来旅游产品价格理性回归的同时，也让旅行社行业进入磨合期、阵痛期。旅行社行业将迎来一轮整合大潮。实力雄厚、品牌形象好的旅行社将继续推行自身扩张计划，增加网点设置；有特色、品质好的中小型旅行社也会得到良好发展；而一批效益差、经营不规范的旅行社则会在这波浪潮中消失。《旅游法》不仅着力完善了旅游市场规则，而且从强化综合协调和完善支撑体系入手，将形成综合协调发展的旅

游管理模式，进一步解放和发展旅游生产力，推进旅游业产业化、市场化、现代化的进程，提升旅游市场主体的竞争力和活力，进而提高旅游业发展效益，加快中国实现旅游强国目标的进程。

（六）有利于推进我国旅游行业的可持续发展

《旅游法》在对旅游者的规定中要求“旅游者在旅游活动中应当爱护旅游资源，保护生态环境”，在对旅游规划与促进的规定中强调“旅游发展规划应当包括旅游资源保护和利用的要求和措施”。此外，在旅游经营中提出“有必要的环境保护设施和生态保护措施”、“景区接待旅游者不得超过景区主管部门核定的最大承载量”等，足见《旅游法》对于旅游资源与生态环境保护的重视。保护生态环境就是在保护旅游生产力，最终促进旅游业的可持续发展。

《旅游法》是对我国旅游发展30多年的经验总结，是促进旅游业健康、有序、科学发展的保障，为我国实现深化旅游业改革开放，加快转变旅游发展方式提供了法律支撑，标志着我国旅游业进入全面依法治旅、依法兴旅的时期。

效果评价

知识评价

1. 请描述《旅游法》的适用范围、特点及原则。
2. 总结《旅游法》对旅游者的影响。
3. 说明《旅游法》对旅游经营者的影响。
4. 请描述《旅游法》对旅游行业的促进作用。

能力评价

请自学课后参考资料《中华人民共和国旅游法》思考以下问题：

1. 带朋友旅游，在酒店摔伤，我需要赔偿吗？

2. 与注册上海的一家旅行社签了旅游合同，去黄山旅游时照当地规定换乘黄山景区某运输公司大客车上山时发生车祸，在黄山住院治疗后遵医嘱回上海卧床休养。离黄山时，黄山景区肇事运输公司给予了交通事故赔偿（该公司在交通事故中负全部责任）。我们与上海某旅游公司签订了旅游合同，并委托该公司购买了旅游人身意外保险，现在是否还可以向该旅游公司索赔？

3. 我开了一家挂靠的旅行社，请了两名员工，没有签劳动合同，不算合同工，也没有任何手续，今年我走了一批北京的团，北京当地暗地给了我两名员工一个人2000块钱的回扣，目的是以后想让我们旅行社的北京业务都找他，后来被我知道了，他们这样算不算犯法？有没有刑事责任？算不算贪污？

4. 我的朋友在参加旅游团旅游当中，在旅游团安排游泳活动中朋友不慎溺水身亡，请问这种情况责任怎样分担？怎样投诉处理？

5. 我在旅游景点玩滑道时受伤，景区也认可，应该如何索赔？

6. 我们一家三口去北京旅游，与旅行社签了合同，交了全部费用，在出发的头一天，因孩子学校通知必须到校上课，我就又与旅行社办了退团，他们告知飞机票和高铁车费必须赔偿690元。请问这合理吗？

7. 我和3个朋友一起在旅行社报名去旅游，出发当天唐山下了一天的雪，旅行社订的是晚上12点坐汽车去北京，第二天早上坐飞机出发，旅行社的汽车没走高速，当天下雪了，道路很滑，车刚到丰润就发生了车祸，我的3个朋友有两个都受伤了，我虽然没事可当时吓坏了，发生车祸是1点多的事，旅行社说派车来接我们可都5点多了车才来，我们在外边冻了好几个小时，不仅没玩好还又受惊吓又挨冻的，我怎么维权？

任务二 旅游组织

任务引入

升钟湖是我国西南地区蓄水量最大的人工湖泊，被世界旅游组织确定为中国西部最大的人造水资源。湖区群山环抱，植被茂盛，自然风景宜人，湖水清醇可饮，山乡民俗淳朴。请问：世界旅游组织是什么组织？它有什么作用？

升钟湖图片

任务执行

旅游组织是指为了加强对旅游行业的引导和管理，适应旅游业的健康、稳定、迅速、持续发展而建立起来的具有行政管理职能或协调发展职能的专门机构。不同类型和层次的旅游组织在地方、国家乃至世界旅游业发展的进程中都起着不可忽视的推动作用。

一、旅游组织的概念及分类

（一）旅游组织的概念

旅游组织是指为了加强对旅游行业的引导和管理，适应旅游业的健康、稳定、迅速、持续发展而建立起来的具有行政管理职能或协调发展职能的专门机构。

（二）旅游组织的分类

1. 以旅游组织的职能范围为划分标准，将其分为国际性旅游组织、国家级旅游组织和地方性旅游组织

国际旅游组织的概念有狭义和广义之分。狭义的国际旅游组织指成员来自多个国家并为多国利益工作和服务的全面性国际旅游组织。广义的国际旅游组织还包括那些其工作范围部分的涉及国际旅游事务的国际组织。

国家旅游组织是指一个国家中为国家政府所承认，负责管理全国旅游事务的组织。就一般而言，一个国家的最高旅游行政管理机构通常代表这个国家的国家旅游组织。

地方旅游组织是指在一个国家内的某地区设立的负责管理国内特定地区的旅游事务，以促进地区旅游业发展的政府机构或组织，它是地方的旅游行政管理机构。根据地方旅游组织所管理的区域范围的不同，这类旅游组织又可分为不同的层次。在我国有省、自治区、直辖市一级的地方旅游组织和计划单列市、县一级的地方旅游组织。地方旅游组织主要职能是：在当地政府的支持下，通过与上级旅游组织有效协调与合作，对当地旅游事业的发展进行有效的组织、协调和管理。

2. 以旅游组织的职能性质为划分标准，将其分为旅游行政组织和旅游行业组织

旅游行政组织是指通过对旅游进行组织、领导、控制、协调和监督等一系列活动，行使旅游管理职能，实现对旅游发展进行宏观管理和调控目的的组织。旅游行政组织是非盈利性的组织。我国的旅游行政组织是政府的一个组成部分，按照管理权限可以划分为国家旅游局、省（直辖市、自治区）及省以下地方旅游行政组织三种等级。

旅游行业组织是指为加强行业间及旅游行业内部的沟通与协作，实现行业自律，保护消费者权益，同时促进旅游行业及行业内部各单位的发展而形成的各类组织。旅游行业组织通常是一种非官方组织，各成员采取自愿加入的原则，行业组织所制定的规章、制度和章程对于非会员单位不具有约束力。目前，世界性的旅游行业组织主要有以下几个：世界旅游组织（UNWTO）、世界旅行社协会（WATA）、世界旅行社协会联合会（UFTAA）和国际饭店协会（IHA）。我国的旅游行业组织有：中国旅游协会、中国旅行社协会、中国旅游饭店业协会、中国旅游车船协会和中国乡村旅游协会。

二、旅游组织的功能

在不同的国家，由于旅游业发展水平的差异，旅游行政组织和旅游行业组织在管理和协调旅游事务方面的地位和作用有差异。一般说来，处于旅游业发展起步阶段的初期，或旅游业发展水平较低的国家，作为政府部门存在的旅游行政组织对国家旅游事务的干预力度较大，对其旅游业的发展起决定性作用；而在旅游业比较发达，私人旅游企业非常活跃的国家和地区，具有独立法人地位的半自决权性质的旅游行业组织更适合于行使全国性旅游组织职能。

（一）旅游行政组织的职能

旅游行政组织的主导职能是调控与管理，具体而言，其基本职能主要应包括以下几个方面：

1. 确定旅游业在国民经济发展中的地位，制订旅游发展的战略目标与规划，对旅游业进行综合平衡和宏观调控。

2. 拟定旅游业发展的方针政策、行政法规、制度规范和行业标准并组织实施。协调各旅游发展部门的利益和关系。

3. 运用行政职权，控制旅游业的发展规模与速度，调节市场价格，控制客源流量，保持旅游服务质量。

4. 负责国内旅游市场的宏观管理和国际旅游市场的宣传促销与推广拓展。

5. 对从事旅游业务的企事业单位实施行业管理，依法进行审批和监督检查。

6. 制定与管理出入境旅游事务。

7. 调查研究和统计分析旅游业的供需状况,帮助制定营销策略。

8. 管理与指导旅游教育培训与就业。

(二)旅游行业组织的职能

旅游行业组织的主导职能是服务与促进,这些职能主要有:

1. 就旅游发展战略及方针政策等向国家旅游主管部门提供建议和咨询。

2. 作为行业代表,与政府机构或其他行业组织协商洽谈有关事宜。

3. 联系各旅游企业,研究行业经营管理,协调发展中存在的问题,以及采取相应措施加以解决。

4. 建立行业信息交流中心,鼓励采用新知识、新技术,搞好行业内旅游开发和市场营销。

5. 提供行业间的技术指导,制定成员共同遵守的经营标准、行规会约,并据此进行仲裁与调解。

6. 就行业内的数据统计、预测、开发及其他问题开展研讨。

7. 组织并进行专业研讨会、培训班和专业咨询。

8. 广泛交流信息与经验,阻止行业内部的不合理竞争等。

三、国际旅游组织

(一)世界旅游组织(World Tourism Organization)

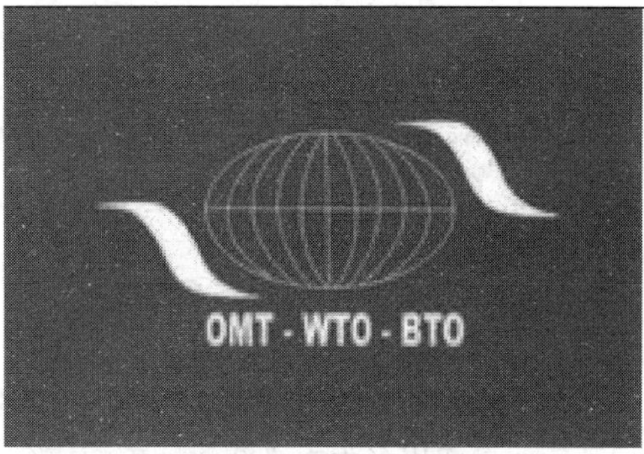

图 3-1

世界旅游组织会标

世界旅游组织的英文全称是World Tourism Organization,简称UNWTO,总部设在西班牙马德里。世界旅游组织是世界上唯一全面涉及国际间旅游事务的全球性政府间机构,同时也是当今旅游领域中最具知名度并且最具影响力的国际性组织。该组织最早可追溯到1898年设立的旅游协会的国际联盟,1919年改称国际旅游同盟,1925年5月4日至9日在荷兰海牙召开了国际官方旅游协会大会。1934年在海牙正式成立国际官方旅游宣传组织联盟。1946年10月1日至4日在伦敦召开了首届国家旅游组织国际大会。1947年10月在巴黎举行的第二届国家旅游组织国际大会上决定正式成立官方旅游组织国际联盟,成为联合国附属机构,其总部设在伦敦,1951年迁至日内瓦。1969年联合国大会批准将其改为政府间组织,1975年1月2日正式改用现名,总部设在西班牙马德里,1976年成为联合国开发计划署在旅游方面的一个执行机构。2003年11月成为联合国专门机构。

世界旅游组织的宗旨是:促进和发展旅游事业,使之有利于经济发展、国际间相互了解,以及和平与繁荣。1975年5月,世界旅游组织承认中华人民共和国为中国唯一合法代表。1983年10月5日,该组织第五届全体大会通过决议,接纳中国为正式成员国,成为它的第106个正式会员。

世界旅游组织确定每年的9月27日为世界旅游日。为不断向全世界普及旅游理念，形成良好的旅游发展环境，促进世界旅游业的不断发展，该组织每年都推出一个世界旅游日的主题口号。

知识拓展

2000年以来的世界旅游日主题

2000年：技术和自然：21世纪旅游业的双重挑战
2001年：旅游业：为和平和不同文明之间对话服务的工具
2002年：经济旅游：可持续发展的关键
2003年：旅游业：一种消除贫困、创造就业与社会和谐的驱动力
2005年：旅游和交通——从儒勒·凡尔纳的幻想到21世纪的现实（其目的是为了纪念法国科幻小说家凡尔纳去世100周年。凡尔纳的作品曾激发了世界各地读者和旅行者的想象。在凡尔纳时代，跨国旅行仍然是冒险行为，如今他的作品中大多数幻想都已经变成了现实）
2006年：旅游：让世界受益（Tourism Enriches）
2007年：旅游：为妇女敞开大门
2008年：旅游：应对气候变化挑战
2009年：庆祝多样性（2009年9月27日是第30个世界旅游日）
2010年：旅游与生物多样性
2011年：旅游——消除贫困、创造就业和社会和谐的推动力
2012年：旅游——连接不同文化的纽带
2013年：旅游与水：保护我们共同的未来

（二）亚洲太平洋旅游协会

太平洋亚洲旅游协会，英文名为Pacific Asia Travel Association（缩写PATA），成立于1951年。最初用名为太平洋地区旅游协会（Pacific Area Travel Association），1986年更名为太平洋亚洲旅游协会。是一个民间性、行业性、地区性的、非政府间的国际旅游组织，其成员有国家旅游组织也有各种旅游协会和旅游企业。

该组织的宗旨是：发展、促进和便利世界其他地区的游客前来太平洋地区各国旅游以及太平洋地区各国居民在本地区内开展国际旅游。该协会的大型活动有一年一度的协会年会，主要讨论本地区旅游发展目前的状况、需要以及存在问题。此外，与会成员还参加协会每年一度的业务会议，已更新自己的旅游业务知识。太平洋旅游博览会为买卖双方谈判业务合同提供了机会和场所。地区外分会则通过报告会或考察旅行，了解亚洲太平洋地区旅游情况。协会还有一出版社，出版发行各种旅游教科书、研究报告、宣传材料、旅游指南以及多种期刊，其中主要期刊是《太平洋旅游新闻》。

我国于1993年加入该协会。

（三）世界旅游旅行理事会（WTTC）

世界旅游旅行理事会（会标见图3-2）成立于1990年，由美国前国务卿基辛格发起，总部设在伦敦。该组织以“提升政府、公众认识旅游、旅行对经济和社会影响力”为核心任务，通过与各国政府通力合作，推动旅游资源的开发，拓展国际旅游市场。该组织是全球旅游业的商业领袖论坛组织，是当今世界最具权威性的非政府国际组织。作为全球范围内代表世界旅游业界企业们的唯一机构，对全球旅游业有着其独特的影响力和见解。其成员包括全球旅游业中近百位最著名企业的总裁，董事长和首席执行官。WTTC为保持其组织的高规格和权威性，实行定额邀请参加淘汰式会员制。会员企业包括美国运通、法国雅高、日本交通公社等，会员企业的业务范围涵盖了旅游的整个产业链。首旅集团是目前中国内地唯一的会员单位。

图 3-2

世界旅游旅行大会会标（图片来源：http://www.wttc.org/）

世界旅游旅行大会（以下简称“WTTC大会”），每年4月或5月在世界不同城市召开一次，迄今已举办9届。通过峰会、一系列专项会议和社交活动，探讨全球旅游界关注的重大问题，旨在实现旅游业内公共及私有部门决策者之间最具实效的对话。大会的主要参加者包括WTTC会员、相关国家政要、各国知名旅游企业领导、旅游学术界知名人士和世界著名媒体，规格高，影响力大，被称为旅游界的奥林匹克。第十届世界旅游旅行大会于2010年5月25日至27日在中国北京举行，第十四届世界旅游旅行大会于2014年4月在海南举行，显示了中国旅游业在国际旅游中的重要地位。

（四）世界旅行社协会联合会（United Federation of Travel Agents' Associations，UFTAA）

世界旅行社协会联合会是最大的民间性国际旅游组织。其前身是1919年在巴黎成立的欧洲旅行社和1964年在纽约成立的美洲旅行社，1966年10月由这两个组织合并组成，并于1966年11月22日在罗马正式成立，总部在比利时的布鲁塞尔。

宗旨：对国家级的旅游协会，其他旅游局、旅行社联合会或旅游联盟给予职业上的指导和技术上的援助，尽一切努力联合、巩固和发展这些组织，代表国际旅行社和旅游业的各种利益，并从这一职业在整个旅游经济结构中所起的作用出发，最大限度地维护这一职业的声誉。

世界旅行社协会联合会同其他国际组织建立联络和发展合作关系，就旅行社活动的有关问题达成协议和签订公约；就自动化、旅馆经营、航空运输、海洋运输、铁路和公路运输等问题协调工作组的活动；向联合会会员提供所有专业方面的有关信息；向已注册的个别旅行社提供服务，帮助旅行社运用法律手段解决一些重大问题；根据世界旅行社协会联合会会员的要求，提供有关旅行社支付能力的机密信息，组织学习为旅行社培训干部和积极开展旅游保险业务活动。

联合会共有近100个国家的全国行旅行社协会参加，代表1500多家旅行社和旅游企业。此外，联合会还接纳有营业执照的旅行社为“联系会员”。

联合会的组织机构包括全体大会、理事会、执行委员会和总秘书处。主要活动为每年一次的世界旅行代理商大会，并出版月刊《世界旅行社协会联合会信使报》。

资料来源：http://www.uftaa.org/

（五）国际饭店与餐馆协会（IH&RA）

国际饭店与餐馆协会是全球唯一代表饭店行业的国际商业性非营利组织。1946年在法国巴黎成立。宗旨是：成为全球范围内饭店及餐饮行业的国际性代表组织，并通过发展与其他国际官方及非官方组织的工作联系，促进该行业的福利；维护并促进饭店及餐馆的所有者和经营者的利益，提高国际饭店及餐馆行业的标准和声誉；代表该行业在国际预订及分销体系中的利益；协调旅馆业和有关行业的关系，促进饭店与餐馆业的发展。总部设在瑞士洛桑。

协会已通过联合国认证，截至2011年底拥有约30万家酒店、800万家餐馆、6000万名雇员，每年为全球经济贡献数千亿美元。协会的领导机构是董事会和执行委员会。

会员分为正式会员和联系会员。正式会员是来自全球100多个国家50多个著名的全国性饭店协会或类似组织。联系会员是各国饭店业的其他组织、旅馆院校、国际饭店集团、旅馆及个人等。我国于1994年正式加入国际饭店与餐馆协会，中国旅游饭店业协会成为该协会的国家级饭店协会会员。

该协会每月均出版《时事通讯》(*Newsletter*)。

资料来源：http://www.ih-ra.com/

（六）世界旅游专业培训协会（World Association for Training Tourism Specialists，WATTS）

世界旅游专业培训协会于1969年在意大利科莫建立。该协会是由欧洲和地中海地区国家为主要代表组织的、进行旅游培训的国际性协会。

该协会的宗旨是：确保国际旅游业中专业培训的合理化、规模化，力争五套标准化专业培训大纲。

该协会现已发展成为一个国际合作中心，会员来自各国的有关官方组织、研究中心和培训组织、贸易组织、企业以及具有专业高级文凭且有实际工作经验的旅游管理人员。

该协会在下列四个目标上力争达到国际水平：改进和发展旅游培训教材的提供、使用和编辑工作；为各种协议的签订、计划的协调和世界各国教员的培训提供方便；为旅游业方面的专家提供各种信息和交流的机会，鼓励他们传授经验和知识；为专业旅游组织提供场所，探索和研究各地区专业旅游培训的需要。

该协会的领导机构是由15名成员组成的国际理事会。

（七）世界一流酒店组织（The Leading Hotels of the World）

世界一流酒店组织是世界性的一流酒店和订房组织，1928年在瑞士成立，创办时有近50家成员。

该组织的宗旨是：将世界上最佳旅馆吸收为成员，促使世界各地一流酒店提高和保持其卓越地位、一流服务和优良传统；每年召开一次年会，交流经验，相互学习，相互促进；组织成员之间相互介绍客人。

该组织主要是欧洲国家投股，委托美国管理集团进行管理。总部设在美国纽约，并在纽约、洛杉矶、墨西哥城、伦敦、法兰克福、米兰、中国香港、东京、新加坡、悉尼、宜诺斯艾利斯、里约热内卢、圣保罗等地设有18个办事处，以方便客人预订房间。各地的办事处通过地球卫星通讯系统由计算机联结，能非常正确、及时地提供每个世界一流酒店里的客房信息，并能处理、确认宾客的预订。

要成为世界一流酒店组织的成员，必须在位置、组织、管理、服务、烹饪、装饰和环境等方面都具备最佳条件和最高标准，并具有设备先进、管理技术现代化、格调高雅、豪华、舒适的优质服务等条件，以及最高的服务水平，经过专门的严格检查和审定，包括现场考察后提交执委会讨论通过，合格者才能被接纳为该组织正式成员。

目前该组织已有200多个成员，拥有约5.4万个客房、600多个大餐厅、30多个高尔夫球场、500多个大小网球场及400多个室内、外游泳池等，它们分布在40个国家的140多个城市旅馆和80个左右的乡村旅馆或休养胜地。

该组织是一个自我管理的组织，每个酒店成员必须定期接受检查，并由该组织的执行委员会进行监督，检查不合格的将被除名，以保持酒店具有一定水平，为顾客提供最高水平的服务，从而维护会员酒店的形象和声誉。

我国广州白天鹅宾馆于1986年7月1日被接纳为该组织成员。

四、我国旅游组织

（一）中国旅游协会（China Tourism Association，CTA）

中国旅游协会是由中国旅游行业的有关社团组织和企事业单位在平等自愿基础上组成的全国综合性旅游行业协会，具有独立的社团法人资格。它是1986年1月30日经国务院批准正式宣布成立的第一个旅游全行业组织，1999年3月24日经民政部核准重新登记。协会接受国家旅游局的领导、民政部的业务指导和监督管理。

中国旅游协会代表和维护全行业的共同利益和会员的合法权益，开展活动，为会员服务，为行业服务，为政府服务，在政府和会员之间发挥桥梁纽带作用，促进我国旅游业的持续、快速、健康发展。

中国旅游协会现有理事238名，各省、自治区、直辖市和计划单列市、重点旅游城市的旅游管理部门、全国性旅游专业协会、大型旅游企业集团、旅游景区（点）、旅游院校、旅游科研与新闻出版单位以及与旅游业紧密相关的行业社团都推选了理事。协会的组成具有广泛代表性。

中国旅游协会根据工作需要设立了8个分会和专业委员会，分别进行有关的专业活动。即：旅游城市分会、旅游教育分会、妇女旅游委员会、温泉分会、休闲农业与乡村旅游分会、民航旅游专业委员会、休闲度假分会和旅游商品与装备分会。

（二）中国旅行社协会（China Association of Travel Services，CATS）

中国旅行社协会成立于1997年10月，是由中国境内的旅行社、各地区性旅行社协会等单位，按照平等自愿的原则结成的全国旅行社行业的专业性协会，具有独立的社团法人资格。协会接受国家旅游局的领导、民政部的监督管理和中国旅游协会的业务指导。协会会址设在中国首都北京。

协会主要任务是：

宣传贯彻国家旅游业的发展方针和旅行社行业的政策法规；

总结交流旅行社的工作经验，开展与旅行社行业相关的调研，为旅行社行业的发展提出积极并切实可行的建议；

向主管单位及有关单位反映会员的愿望和要求，为会员提供法律咨询服务，保护会员的共同利益，维护会员的合法权益；

制订行规行约，发挥行业自律作用，督促会员单位提高经营管理水平和接待服务质量，维护旅游行业的市场经营秩序；

加强会员之间的交流与合作，组织开展各项培训、学习、研讨、交流和考察等活动；

加强与行业内外的有关组织、社团的联系、协调与合作；

开展与海外旅行社协会及相关行业组织之间的交流与合作；

编印会刊和信息资料，为会员提供信息服务。

（三）中国旅游饭店业协会（China Tourist Hotels Association，CTHA）

中国旅游饭店业协会成立于1986年2月25日，其主管单位为中华人民共和国国家旅游局。它的原则是：中国旅游饭店业协会是中国境内的饭店和地方饭店协会、饭店管理公司、饭店用品供应厂商等相关单位，按照平等自愿的原则结成的全国性的行业协会。

协会的业务范围有：

（1）宣传、贯彻国家有关旅游业的发展方针和旅游饭店行业的政策、法规；向业务主管单位反映会员的愿望和要求；

（2）组织会员订立行规行约并监督遵守，维护旅游行业的市场秩序；

（3）进行饭店业的调查研究，向政府有关部门提供会员单位经营管理的成功经验，协助饭店业务主管单位搞好行业管理；

（4）总结、交流旅游饭店的工作经验，收集国内外饭店业的信息；

（5）组织开展饭店的培训、研讨、考察工作；

（6）领导下设的专业委员会开展业务活动；

（7）开展与海外饭店餐馆协会等相关行业组织之间的交流与合作；

（8）编辑会刊和信息资料，为会员单位提供信息服务；

（9）承办业务主管单位委托的其他工作。

（四）中国旅游车船协会（China Tourism Automobile and Cruise Association）

中国旅游车船协会，是由中国境内的旅游汽车、游船企业和旅游客车及配件生产企业、汽车租赁、汽车救援等单位，在平等自愿基础上组成的全国性的行业专业协会，是非营利性的社会组织，具有独立的社团法人资格。该协会前身是"中国旅游汽车理论研讨会"，成立于1988年1月，1989年1月召开第二届研讨会时，更名为"中国旅游汽车联合会"，1990年3月，召开了第一届会员大会，通过了新的协会章程和领导机构，正式定名为"中国旅游车船协会"，会址设在北京，现有会员200余家。

效果评价

知识评价

1. 旅游组织有哪些常见的类型。
2. 请描述旅游组织的功能。
3. 请总结主要的国际旅游组织。
4. 请总结我国主要旅游组织。

能力评价

通过收集资料等方式对我国的主要旅游组织分类，并撰写一份完整的调研分析报告。

任务三 旅游管理体制

任务引入

中国共产党第十七届中央委员会第五次全体会议通过了《中共中央关于制定国民经济和社会发展第十二个五年规划的建议》(以下简称《建议》)，对“两大战略基点”和“两大战略重点”作出了系统部署，并明确提出“积极发展旅游业”。两大战略基点是科学发展和转变经济发展方式，两大战略重点是把扩大消费需求作为扩大内需的战略重点，把推动服务业大发展作为产业结构优化升级的战略重点。《建议》和《国务院关于加快发展旅游业的意见》，是指导我们深刻认识并准确把握国内外形势新变化、新特点，科学制定旅游业“十二五”规划的战略依据。

请问，我国有什么样的旅游管理体制，十二五规划编制属于对旅游业的什么管理？

任务执行

一、旅游管理体制的构成

(一) 管理主体

管理主体一般包含两个方面：政府部门和行业组织。

政府部门主要包括中央旅游管理部门和地方旅游管理部门。中央旅游管理部门是国家旅游局，其主要职能是运用法律、经济和行政手段，对旅游经济活动及其组织者进行控制、指挥、监督和管理，保证国家关于旅游业发展的方针、政策、战略及规划能够实现。地方旅游管理部门是各省、自治区、地、市、县的旅游局或旅游业主管机构，其主要职能是运用法律、经济和行政手段，对本地区旅游经济活动及其组织者进行控制、指挥、监督和管理，保证本地区旅游业的健康发展。

旅游行业组织是政府和企业之间的市场中介组织，是旅游行业利益的代表。例如全国旅游协会、全国旅游饭店协会、全国旅行社协会等，其主要职能是协助政府管理旅游市场，保护旅游业的合法权益，推动旅游行业自律机制的形成。

（二）管理对象和管理内容

旅游管理体制的管理对象是旅游市场。具体而言，就是培育市场机制，建立市场规则，维护市场秩序，规范市场行为，为企业的发展创造良好的外部环境。

旅游管理体制的管理内容主要是：通过长远规划和短期计划引导旅游业的投资和经营方向；通过产业政策和经济手段调节市场规则；建立执法队伍进行市场监督；开展行业性服务，培育和完善市场组织；优化配置重大的经济技术项目；组织全行业的市场促销，提高旅游业的整体形象；协调行业、部门之间的关系，形成有利于行业发展的市场体系；开展行业性的国际交流，建立旅游业国际合作体系。

（三）管理手段

行政、经济及法律是旅游管理体制的基本手段。具体可以概括为政策与法规手段、金融与财税手段、计划与审批手段、监理与检查手段、考核与评比手段、奖励与奖罚手段和舆论与宣传手段等。

二、各国旅游管理体制模式

各国的自然条件和社会条件不同，政治和经济制度各异，旅游业的发展道路也不一样，由此，世界各国的旅游管理体制呈现出多样性的特征。世界上许多国家都有专门的机构负责制定和实施旅游政策，这个机构被称为国家旅游组织（National Tourism Organization）。就国家级旅游管理机构的设置而言，通常有以下几种模式：

（一）单设国家旅游部（局）的模式

旅游局模式的特点是单一行使旅游管理职能，只直属于内阁或国务院，规格低于"部级"。如我国国家旅游局和泰国国家旅游局。旅游部的模式管理职能单一，机构为部级规格。全世界有包括菲律宾共和国、墨西哥、希腊共和国、捷克共和国等20多个国家设立了旅游部。

（二）混合职能模式

这一模式是指旅游部门并非单独设立，而是与一个或几个部门合在一起发挥职能，或者被设立在相关部门之下。

1. 旅游部与交通部相结合的模式

比如尼泊尔王国旅游和民航部、马尔代夫共和国旅游和民航部、斐济群岛共和国设有旅游和运输部、希腊共和国旅游与航空部等。

2. 旅游部与商业部相结合的模式

比如西班牙王国工业、商业和旅游部，罗马尼亚共和国中小企业、贸易、旅游与自由职业部，塞浦路斯共和国工商旅游部，圣马力诺共和国旅游、体育、通信及经济合作部等。

3. 旅游部与文化部相结合的模式

比如意大利共和国文化遗产与旅游部、马耳他共和国旅游与文化部、马来西亚文化、艺术和旅游部、印度共和国文化与旅游部等。

4. 旅游与环境资源部门相结合的模式

比如刚果共和国旅游和环境部、肯尼亚共和国旅游和野生动物部，下设肯尼亚旅游局、马拉维共和国旅游与野生生物部、斯威士兰王国旅游、环境和通讯部、赞比亚共和国旅游、环境和自然资源部等。

5. 旅游局下设在其他部门管理模式

比如美国商务部下设旅游局、新加坡共和国旅游促进局归贸易和工业部管辖等。

（三）旅游委员会模式

这种模式的规格等同于一个部或比部高出半级，主要是适应旅游业综合性的特点，对旅游业的发展起到协调作用。因此在很多国家属于协调部门，而非权力机构。例如墨西哥成立部际旅游执行委员会，各州成立旅游促进委员会。哥伦比亚的《旅游法》规定成立旅游高级委员会，由经济发展部部长领导，旅游局、外交部、外经贸部、交通部、环境部、国家计划部部长组成。厄瓜多尔的《旅游法》规定，由总统代表、工业/贸易/一体化/渔业部、外交部、财政/公共信贷部部长和全国发展委员会规划秘书长等组成旅游业最高决策协调机构。马来西亚政府设立旅游委员会，由一位副总理任该委员会主席，由文化旅游部、财政部、旅行商、饭店和航空界等代表参加，协调旅游工作。

（四）企业管理模式

由国家旅游公司管理的国家，如巴基斯坦伊斯兰共和国旅游开发公司（PTDC）是巴政府发展旅游的龙头企业，成立于1970年，政府有96%的股份，在全国有20个旅游咨询中心、4家大型连锁酒店及18家汽车旅馆。巴基斯坦旅游有限公司是其下属的子公司，负责招徕海外团体及散客旅游。

（五）其他模式

一些国家和地区没有设立独立的旅游行政管理机构，而是通过旅游行业协会来指导、协调和管理旅游业。

在一些发达国家，还存在大量的行业组织，这些行业组织除了维护本行业利益、交流有关信息外，也具有一定的管理协调职能。

在旅游业的发展过程中，国家旅游主管部门的作用可以概括为：(1) 开拓者。在旅游业发展初期，国家旅游主管部门大量投资于基础设施建设，制定旅游业的战略规划，推动旅游业的发展。(2) 规范者。旅游业逐步兴起，旅游投资与日俱增，饭店、旅行社等旅游企业越来越多，市场情况复杂化。这一时期，国家旅游主管部门主要是制定、执行旅游法规，规范市场竞争秩序，保护旅游业的良性发展。(3) 协调者。旅游业已发展成为国民经济的支柱产业，在为国家赚取外汇、提供就业机会的同时，其负面效应也日趋明显。这一时期，国家旅游主管部门主要是进行调控和协调工作，提高旅游业的社会效益。

三、我国旅游管理体制的发展过程

（一）起步阶段

建国后，我国先后成立了华侨旅行社、中国国际旅行社和中国旅行社。其中的中国国际旅行社在全国多数省、自治区、直辖市设立了分社，由政府的外事部门领导和管理。1964年成立的我国“旅行游览事业管理局”是外交部的外事行政管理部门。1978年之前，我国的旅游管理机构主要任务是从事从中央到地方的外事性、政治性的接待工作。1978年以后，为了适应旅游的发展，我国开始对原有的旅游管理体制进行一系列的改革。20世纪80年代初建立的旅游管理体制是统一领导、统一经营、统一对外，领导和经营体化的制度格局。这种管理体制虽然淡化了外事接待职能，强化了经济职能，但却以权力过分集中、政企合一、两权不分、宏观管理职能软弱、微观包办干预过多为特征。这样的体制很快就显示出不能适应国家进一步改革开放大形势和我国旅游业飞速发展的需要。1981年3月，中央书记处、国务院专门听取了关于旅游工作情况的汇报，并研究了旅游业的发展问题，提出了旅游管理体制改革的重要原则，即：① 国家旅行游览事业管理局要成为全国管理旅游事业的行政机构，统一管理全国旅游工作；② 国家旅游旅行游览事业管理局作为旅游管理机构，必须和我国国际旅行社实行政企分开；③ 国旅总社统一经营外国旅游者来华的旅游业理。1982年，我国旅行游览事业管理总局和国旅总社正式分家，这是我国旅游管理中政企分开的第一步，从此，中国才诞生了真正意义的旅游企业和旅游行政管理机构，旅游管理体制改革才具有了正确的方向、真实的内容和意义。1981年10月10日，国务院发布了《关于加强旅游工作的决定》，明确提出了国务院关于旅游管理体制改革的基本思路是“统一领导、分散经营、政企分开、分级管理、统一对外”，并具体规定非旅游部门不得经营对外旅游业务，不允许外商以任何形式在我国国内经营旅游业，旅游外联工作统一由我国国际旅行社和我国旅行社对外进行，各省不搞外联，不直接对外招徕游客。1980年初，我国建立了国家旅游局和各省、市、地、县旅游局，形成了独立的旅游管理系统，为旅游业的发展奠定了组织基础。各级旅游管理机构的建立，既保证了各项旅游政策和法规的实施，又保证了各类旅游投资的落实或到位。这种管理方式一直持续到20世纪80年代的中期。

（二）发展阶段

80年代中期，农村经济体制改革的成功之后，城市中开始涌动了改革潮，各行各业的体制改革开始接踵而来。旅游业作为对外开放的窗口和龙头，在这改革大潮的推进下形成了一派欣欣向荣、兴旺发达的景象。1984年，我国旅游业又创历史辉煌，旅游入境人数达到近1300万人次，年增长率高达6%，形成了改革开放以来的第二次旅游发展高潮。旅游产业在第一、第二次旅游大发展局势的带动下形成了一定的产业基础。但在大改、大发展的浪潮中，观念上和政策上的种种制约显示出现行的旅游管理体制对旅游大发展有极大的局限性和不适应性。旅游业能否冲破计划经济条件下形成的观念、方法和政策的制约，充分调动各方面的积极性，取得突破性和跨越式的发展，成为当时的关键问题。1984年7月，中共中央办公厅和国务院办公厅转发了国家旅游局《关于开创旅游工作新局面几个问题的报告》，提出：“加快旅游基础设施建设，要采取国家、地方、部门、集体、个人一起上，自力更生和利用外资一起上的方针。”在外联工作上，要打破独家垄断的思想，允许中旅、国旅、青旅等单位开展竞争，积极扩大各自的活动领域和服务对象。在旅游管理体制上，要实行政企分开、统一领导、分散经营的原则。国家旅游局要减政放权，给地方更多的权限，各级旅游行政管理部门对于束缚所属旅游企业正常发展的规章制度要进行改革，所有旅游企业都要办成独立经营、自负盈亏的经济实体。在旅游管理职能的转变方面，国家旅游局的主要职责是：“拟定发展旅游业的方针、政策和主要规章制度，根据国家经济计划制定发展旅游业的长远规划和年度计划，协调各有关部门、地区、企业之间的经济关系，组织对外宣传和旅游信息的传播，发展对外旅游事务，监督检查政策、计划和法令执行情况，及时处理旅游工作的问题等。”1985年1

月，国务院在批转国家旅游局《关于当前旅游体制改革几个问题的报告》中，将旅游业的发展方针进一步明确为四个转变，即："从过去主要搞旅游接待转变为开发、建设旅游资源与接待并举；从只抓国际旅游转变为国际旅游、国内旅游一起抓；从以国家投资为主体建设旅游基础设施转变为国家、地方、部门、集体、个人一起上，自力更生与利用外资一起上；旅游经营单位要由事业单位转为企业化经营。"上述改革方针的提出极为符合我国的国情，合乎我国改革开放的方针和路线，因而它一出现调动了国内外各方面发展建设旅游业的热情和积极性，使我国的旅游业出现了万马奔腾、欣欣向荣的景象。

（三）深化改革阶段

从1985年开始，各级旅游行政管理部门开始在实践中探索旅游全行业管理的内容和方法。一是要加强旅游规划的职能，国家旅游局于1985年制定了我国旅游业第一个发展大蓝图："1986年至2000年旅游行业的发展规划"，希望通过规划和体制改革把各部门、各地方的旅游发展统筹到这个总设计方案上来。二是要加强政策法规职能，通过旅游立法，规范旅游全行业秩序和各类旅游企业的经营行为。在改革深化的过程中，北京市于1986年在实行旅游全行业管理方面进行了大胆的实践尝试，在全国率先实行了旅游管理体制大改革。这次改革由北京市委、市政府牵头，理顺各方面关系，赋予北京市旅游局管理和监督全城乡旅游事业的权力和具体职能。1987年，北京市旅游局率先发布了《关于确定接待入境旅游团购物定点商店有关问题的通知》、《关于确定接待人境旅游团定点饭店的通知》、《关于确定接待入境旅游团定点餐馆的通知》等一系列文件，从而开创了我国旅游行业中定点管理的先河。北京市旅游局这一创造性的做法很快就被全国各地所效法，相继制订了类似的规定或办法。后来，"定点管理"的办法逐渐成为全国各地旅游业行业管理的一个重要模式。北京市这一重大的改革举措犹如一石激起千层浪，使之成为全国旅游管理体制深化改革的重点和热点话题。在这种形势下，1987年的全国旅游工作会议上重点讨论了下一步旅游管理体制改革如何深化的问题，提出了体制改革的总体方案，并明确深化改革的目的是达到四个有利于：有利于加强和改善宏观管理；有利于推动横向联合，搞活旅游企业；有利于扩大旅游外汇收入；有利于微观搞活，做到活而不断，管而不死。1988年12月21日，国务院办公厅以转发《国家旅游局关于加强旅游工作意见的通知》的方式（国办发〔1988〕80号）下发了旅游管理体制改革的总体方案，对旅游业管理的各个方面提出了改革的意见，文件中最重要的是第一次明确界定了旅游行业管理的范围和权限：全国所有的旅游企事业单位，包括旅游院校和科研单位，经营国际、国内旅游业务的旅行社，各类旅游涉外宾馆、饭店、餐馆及旅游车船公司，对外开放的重点旅游风景区、游览点，旅游商品经销店，以及派驻国外的旅游办事机构，国外在华开设的旅游办事机构等。上述企业和单位其行政隶属关系不变，但是各级旅游局要按照国家的有关规定，对所有的旅游企事业单位进行旅游行业管理和监督。国办发〔1988〕80号文件是我国旅游业管理体制深化改革的指导性文件，使许多议而未决、难以推行的问题都有了明确的规定，形成了我国旅游行业管理政策和法规的基本框架。此后不久，推行旅游全行业管理的改革在全国范围内展开，取得了很大的成效，标志着我国旅游业开始向传统管理体制告别，正在步入一个新的发展阶段。这一阶段改革的最突出成效体现在下述方面：(1) 两级旅游管理体制已经初步形成。(2) 旅游发展规划列入国家和地方社会经济发展计划。(3) 旅游行业运行质量和管理水平全面提高。

(四) 政府服务职能加强

1989年6月之后，当全国的旅游客源市场锐减、旅游行业受到前所未有的挫折后，每个旅游企业几乎都在受到重创后而无法重振。这时，各级旅游行政管理部门将行业管理的重点转入恢复和重振旅游客源市场、加强旅游促销活动、树立我国旅游业的整体形象、完善旅游产品、提高服务质量方面。从1990年到1992年连续三年，各级旅游行政管理部门在旅游市场促销上采取了一些大的行动和有力措施。国家旅游局领导亲自带队多次到主要客源国参加旅游展销会，宣传我国，推销旅游产品；在全国范围内推出十几条新的旅游线路，各省开展了100多项各类主题性旅游节庆和专题促销活动。1992年初，经国务院批准，由国家旅游局和我国民航局共同举办了首次国家级大旅游活动“92中国友好观光年”。这次活动使我国旅游业从1989年低谷的阴影中彻底走出来。1998年完成的国家机关的机构改革，使国家旅游局的机构设置和业务管理职能发生了显著改变，其职能由计划经济模式向市场经济模式转化。

(五) 我国旅游体制现状

目前，我国国家旅游局在国务院领导下，负责管理全国的旅游业，其主要职责是：制定旅游政策和法规、制定旅游业发展战略和规划、协调旅游系统内外部的各种关系、组织国内外宣传促销、对各类人员进行培训、监督和检查市场环境和企业行为、对市场信息进行研究和预测等。

在国务院和地方政府的统一领导下，各省级旅游局的内部机构也进行了改革，按照与国家旅游局的业务隶属关系设置了相应的职能处室。地县旅游局的设置情况有所不同，在大多数地县旅游局单独成立机构的背景下，也有许多旅游局与其他职能部门合署办公，或设立于其他职能部门之中。

旅游企业的经营管理体制是我国旅游管理体制的一个组成部分，根据我国经济改革的目标和旅游业的特点，旅游企业经营管理体制的理想模式可以概括为：现代企业制度和企业集团化。

四、中国旅游管理模式

(一) 传统模式

传统的旅游管理模式是与我国长期实行的计划体制相一致的，即按照行政区和行政系统设置各级旅游局，各级旅游局直属各级人民政府，除直接管理所属旅游企业外，对隶属于其他区域或系统的旅游企业只有一定的业务指导责任，没有统一的管理约束职能。

20世纪80年代，为适应旅游业的改革步伐，国家旅游局颁布实施了一系列的条例和规定，旅游主管部门的管理职能有所加强，但由于我国整个经济管理体制的滞后，改进后的传统模式仍未克服条块分割、职能弱化等弊端。面对这种状况，我国许多地区先后开始了改革旅游管理体制的尝试。

(二) 上海模式

1997年初，上海市政府做出决定，对上海市原有的旅游管理体制进行改革，新组建了中共上海市旅游事业工作委员会和上海市旅游事业管理委员会，统筹协调和全面领导上海市的旅游业。

上海市旅管会作为市政府的直属部门，对全市旅游行业行使管理职能。市政府下辖的旅游局、商业局、交通办、园林局和新亚集团等单位为旅委会的成员，锦江、华亭、衡山三大旅游集团公司和佘山国家旅游度假区也由旅管会领导，上海市副市长兼任旅管会主任，旅游局和各相关局的负责人任副主任或委员。由此，形成了旅游、商业、交通、园林等部门共同组成的旅游管理机构。

上海模式体现了政府部门的管理权威，旅游两委会具有明确的职责和权利，确定了旅游与商业、交通、园林等部门的行政及业务关系，使旅游管理由单一变为综合，由部分转向全局，为上海市发展都市旅游提供了制度保障。

（三）北京模式

北京市的旅游业一直保持着持续发展的势头。1997年，北京市的旅游创汇达22.5亿美元，旅游业总产值已占北京市国民生产总值的12%以上。但是，北京市的旅游业也受到政企不分、条块分割、部门所有等痼疾的困扰，同样面临着改革原有体制的任务。

1998年2月，北京市政府决定改革原有的旅游管理体制，按照小政府、大社会的思路，实行政企分开，将北京市旅游局的直属企业全部划出，组建北京市旅游集团公司，直接隶属北京市政府领导。改制后的北京市旅游事业管理局作为市政府的职能部门，对全市旅游业实施统一的行业管理，其主要职责有：研究、制定北京市的旅游发展规划及有关政策，会同有关部门审批旅游开发建设项目，指导、协调各区县旅游业的发展。

新组建的北旅集团作为大型国有旅游集团公司，集合下属的众多企业，开发更新的旅游产品，积极开展资本运营，实施整体发展战略，充分发挥了它们规模化、网络化的优势。

（四）广东模式

广东旅游业的规模和效益在全国均列首位，这骄人的成绩除了地区优势和经济因素外，与其灵活的旅游管理体制也有关系。

广东省旅游局及其各地市旅游局采取的是一种与旅游开发总公司合二为一的混合体制，省旅游局与旅游总公司实行一套机构两块牌子，局领导兼任总公司及下属企业的负责人，既承担政府管理职能，又从事企业经营活动。这种融管理、经营、发展为一体的管理模式虽然违背了政企分开的原则，也不符合市场经济的本质要求，但却适应了广东省由计划经济向市场经济转变的实际状况，在现阶段还是行之有效的。

（五）陕西模式

1998年12月，陕西省对原有的旅游管理体制进行了重大的改革。第一，成立了陕西省旅游工作领导小组，负责制定陕西省的旅游法规、发展战略和区域规划，对陕西旅游业发展的重大问题进行了决策，协调旅游经济活动中各部门、各地区之间的相互关系。陕西省省长兼任领导小组的组长，旅游局、文物局、园林局、交通局、城建局、文化局、商业局和市政市容委员会的负责人任小组成员，下设办公室等职能机构，具体贯彻执行领导小组的各项决定。第二，成立陕西省旅游集团公司，将陕西省主要的国有旅游企业、主要的旅游景区和部分文博事业单位集合在一起，共同组建了陕西省政府直接领导下的大型旅游企业集团，该集团公司冲破了条块分割的藩篱，将旅游与文物结合在一起，融吃、住、行、游、购、娱为一体，极大地提高了陕西旅游业的整体规模和综合实力。

（六）香港模式

香港的旅游业由香港旅游协会按照市场经济的原则进行管理。香港旅游协会成立于1957年，是推动香港旅游业发展的法定社会机构。在香港旅游协会成立后的40多年时间里，香港旅游的年接待量已由5万人次发展到现在的100多万人次，使旅游业成为香港的第二大外汇收入来源。

旅游协会实行会员制，一类是旅游业会员，另一类是普通会员，会员包括国际客运商、酒店和旅行社代理商、饮食和娱乐等与旅游业有关的企业。

旅游协会有六大工作目标：增加来港旅客数目；进一步发展香港为旅游胜地；提倡改善旅游设施；在海外宣传香港的各种旅游特色；统筹旅游业各种活动；就有关旅游业事项向政府提出建议。旅协理事会的委员一半由政府委任，一半由会员推选，既有行业自律，又有政府权威。

香港旅协会的使命包括：和政府有关部门及旅游业紧密合作；协调航空公司、酒店、旅行社、商店、保安、休闲娱乐场所及其他旅游服务机构的各种活动；确保旅客可以享受完善齐备的设施和殷勤周到的服务；为香港树立明媚优美的形象，向要求不同、文化迥异的各国人士宣传香港的魅力，令他们对香港欣然前往，选择香港作为旅游目的地。

香港旅游协会因其卓有成效的管理被誉为全球最成功的旅游业主管机构之一，对我们也有一定的参考价值和启示作用。

效果评价

知识评价

1. 请简单描述我国旅游管理体制的构成。
2. 请总结各国旅游管理体制的模式。
3. 请了解我国旅游管理体制的形成历程。
4. 请总结中国主要的旅游管理模式。

能力评价

通过收集资料等方式对我国的主要旅游管理体制进行总结，并撰写一份完整的调研分析报告。

任务四　旅游业行业管理的内容和方法

任务引入

为进一步提升北京的国际旅游目的地品牌吸引力，提振入境旅游市场，挖掘澳大利亚、新西兰等客源市场潜力，加强北京旅游产品对接，由市旅游委委员赵广朝带队，北京市旅游委促销代表团分别于2013年12月6日、12月10日在澳大利亚悉尼、新西兰奥克兰举办“聚焦中国、美丽北京”旅游推介会。澳、新两国业界都非常重视此次推介活动，并做了精心准备，提前邀请了市政府官员、议员，主流媒体等。两地旅游业界一致认为北京市旅游委赴澳、新举办旅游推介有利于进一步增进双方了解，加强沟通，促进媒体和业内与北京合作。

请问：旅游主管部门对旅游业做出了哪些管理？

任务执行

行业管理是指政府的主管部门对某一行业实施的宏观管理，它既包括国家计划和产业政策如何在某一行业具体实施的问题，也包括企业发展所需要的市场条件如何从体制上规范和保障的问题。一般来说，行业管理涉及中央管理部门和地方管理部门、专业管理部门和综合管理部门、各类管理部门和企业等各方面的关系。按照传统体制，纵向关系表现为条条管理，横向关系表现为块块管理。旅游业作为一个综合性的产业部门，其管理范围应当从计划经济条件下的系统式条条管理转变为市场经济条件下的社会式块块管理，也就是我们所说的全行业管理。当然，由于旅游业的范围很宽广，产业边界不明确，各个旅游行业本身也具有综合性、多功能性的特点，使得旅游行业管理的实施较为困难。

旅游业行业管理就是政府主管部门通过法规、政策等引导旅游市场趋势，建立旅游市场规则，协调、监督和维护旅游市场秩序，规范旅游行业企业行为的管理行为。简而言之，旅游行业管理就是在遵循市场经济规律的前提下，协调和规范旅游行业内各经营主体的关系，解决各经营主体无法自行解决的行业性问题，提供各种有效服务，以实现旅游行业利益的最大化和行业的健康发展。中国旅游行业的全面管理工作从80年代中期起步，90年代中后期进入比较系统和完整的阶段，到目前管理的深度和广度进一步扩展。近20年多来，政府在旅游业发展中的作用经历了由开拓者向规制者的演进。随着中国市场经济体制的不断建立和完善，特别是在我国已是WTO成员国的情况下，旅游行业管理手段也更多地转向间接引导和宏观调控，政府部门的作用也应逐步由规制者向协调者过渡。

一、旅游行业管理的对象和主体

（一）旅游行业管理的对象

旅游行业管理的对象有狭义与广义之分。旅游行业狭义的旅游行业管理对象是指直接从事旅游经营活动的企业；广义的旅游行业管理对象不仅包括直接从事旅游经营活动的企业，而且还包括为旅游经营活动服务的社会机构。

根据经营业务范围来分，狭义的旅游行业管理对象可以分为旅行社业、以饭店为代表的住宿业、旅游交通运输业、旅游景区业等四大旅游经营行业的企业。广义的旅游行业管理的对象不仅包括上述旅游核心的四大行业，还包括旅游辅助类行业如旅游娱乐业、旅游商品、旅游信息（通信、新闻媒体等传播机构）、旅游咨询业（诊断、策划、规划、设计、认证等机构），以及旅游延伸行业如旅游教育、法律服务、医疗服务等行业的社会机构。

（二）旅游行业管理的主体

对旅游市场主体的管理，可以涉及众多的政府职能部门，如工商、质监、环保、物价等，而旅游行业管理的主体是政府主管部门和行业组织。

政府的基本功能是行政管理。从所发挥作用的领域看，行政管理可划分为政治功能、经济功能、文化功能、社会功能等。其中，经济功能是通过政府管理经济的部门实施领导、组织和管理社会经济来实现的。行业管理也是政府经济功能的体现。

行业管理组织作为行业管理主体之一，既是政府管理职能的延伸，又是行业整体利益的代表，因此，行业管理组织的实质是介于政府和企业之间的市场中介性组织。

完整的行业管理主体应当是政府的行业管理机构与市场自发形成的行业管理组织的有机结合。这是因为，市场自然形成的行业管理组织虽然有活力，但缺乏权威性；而政府的行业管理机构虽然有权威，但难以兼顾每一个具体行业的实际情况，缺乏应对市场竞争所必需的灵活性。

二、我国旅游行业管理的主要内容

（一）设立市场进入门槛

为保证旅游经营者和旅游从业人员的基本素质，确保旅游服务质量，我国旅游行业管理部门通过旅游政策法规的颁布和实施，建立起了旅游市场准入制度，这些制度包括：

1. 许可证制度

在我国经营旅行社和涉外旅游饭店业务必须报请旅游行政主管部门审批，获取经营许可证后方可经营。一些省市还通过地方法规，赋予旅游行政部门其他审批权，把经营许可证制度推广到旅游景区（点）等许多旅游业务领域。

2. 定点制度

旅游行政主管部门授权一部分商店、饭店、餐馆为旅游定点接待单位，只有定点单位才可以接待团队旅游者，实行授牌经营，统一管理。一些地方还把定点扩大到文化娱乐、摄影摄像、医疗保健等部门。

3. 资格证制度

我国的导游人员（包括海外领队）、旅行社经理人员必须参加行业管理部门组织的

图 3-3 导游员资格证书和导游证

资格考试，获证方可上岗。

（二）进行市场监管

对于进入旅游市场的从业者和经营者，我国旅游行业管理部门也形成了一套监督管理机制，约束和规范其行为，从而促进旅游产业的规范化。这些制度包括：

1. 旅行社质量保证金制度

旅行社在获准经营之前，必须向行业管理部门交纳足额的质量保证金，旅游者权益受损时，可用质保金先行赔偿。

2. 受理投诉制度

行业管理部门接受对旅游经营者的投诉，责令调查核实的违规者对旅游者进行赔偿并对违规行为进行行政处罚。

3. 年审年检与复核制度

行业管理部门按一定标准每年对旅行社、饭店企业进行年度检查，对导游人员等进行记分管理和年度审查，对不合格者可吊销经营许可证或从业资格证。对已评定的星级饭店、各A级景区（点）、优秀旅游城市、定点单位等定期进行复核，未通过者可吊销授牌。

4. 开展整顿和规范旅游市场秩序专项活动

行业管理部门针对旅游行业的某些领域严重的市场秩序混乱，开展不定期的全国或地方性的专项整治活动。

（三）提供市场引导和服务

除强制性的行政管理手段以外，我国旅游行业管理还形成了一套引导旅游企业行为和服务旅游市场主体的制度和惯例，包括：

1. 各级各类旅游规划

我国各级旅游行政主管部门都制订了或正在制订全国性、跨省区、省、市、县各级旅游发展规划，这些规划的实施，将引导各类旅游市场主体的行为，特别影响社会资金的投资方向。

2. 旅游标准化制度

我国旅游行业管理部门通过行业标准的制订和实施，引导旅游及相关行业达到和符合这些国家和行业标准，提升旅游设备设施档次，提高管理水平和服务质量，引导旅游消费。

3. 旅游信息服务

旅游信息的统计和发布，旅游信息市场和信息平台的建设等，这是行业管理部门服务整个行业，提供公共产品的重要方面。我国各级旅游行政部门通过发布公告、通报、文件，特别是借助国家和省市政府旅游网站等传递旅游行业管理、旅游市场、旅游企业经营管理等综合信息，向旅游者介绍本国本地的旅游产品，为旅游者提供咨询服务，为企业提供信息平台。

4. 旅游市场推广

我国各级旅游行政管理部门通过设立海外办事处、推出每年旅游主题、参加和组织国际国内旅游交易会或博览会、主办旅游节庆活动等方式，推广国家或地区旅游形象，宣传旅游产品。

（四）协调部门间、国际间关系

1. 协调有关部门的关系

旅游业涉及众多的产业部门，旅游管理职能也涉及众多的政府部门，旅游行政主管部门应在这些错综复杂的关系中做好协调工作。

2. 促进旅游业的国际交流

在全球经济一体化的背景下，旅游市场的竞争已经不再仅仅局限于一国之内，而是上升为包括国家与国家之间，本国企业与外国企业之间的竞争。同时，旅游业的国际合作和交流也日趋紧密。提升本国旅游业的国际竞争力，促进旅游业的国际交流与合作，是旅游行业管理的又一重要内容。

三、旅游行业管理的手段

（一）法律规范手段

我国目前可以依照的旅游法规有：《旅游法》、《旅行社条例》、《导游人员管理条例》、《风景名胜区管理条例》、《旅游涉外饭店星级的划分及评定》、《游船星级的划分及评定》和《旅游景区（点）等级的划分及评定》以及其他与旅游业相关的法规。

（二）计划审批手段

我国政府部门积极制定包括旅游行业管理工作在内的旅游年度计划，同时鼓励制定旅游规划引导行业发展，行业管理工作的前瞻性得到了加强。严格执行旅行社企业设立许可、国际旅行社组团出境旅游经营资格许可、旅行社中越边境旅游经营许可、导游人员资格证书及导游人员证书的颁发、旅行社经营管理人员资格证书的颁发、旅游涉外饭店的审批及其星级评定和其他旅游企业定点管理制度，加强审批等。

（三）监理检查手段

监理检查手段被广泛应用于对各类旅游经营活动违规违纪行为的查处。被检查的对象既可能是企业，也可能是个人。检查的目的是维护市场秩序。主要通过旅游市场联合整治、旅游投诉理赔和旅行社年检等实现。

（四）奖励指导手段

从1990年底开始，我国每年都开展创优评先表彰活动，评出全国的旅游行业先进集体和先进个人，评出全国十佳星级饭店、全国十强国际旅行社和全国十强国内旅行社，还在旅游行业中广泛开展“青年文明号”和“文明示范窗口”等精神文明建设先进评选活动。根据国家人事部和国家旅游局的部署，我国每年开展全国旅游系统先进集体和先进个人评选推荐活动。这些活动有力地促进我国旅游企业走上良性发展的轨道。

指导包含有三层意思：首先，是指明前进和发展的总趋势；其次，是通过一种协商渐进的和平方式，说服大家自愿从事某项工作，遵守某项政策规定；第三，是公开相关的进程，以正式和非正式的各种渠道让有关各方了解管理的目的、意图、手段和步骤，尽可能地听取有价值的意见和建议。

（五）引导协调手段

除强制性的行政管理手段外，我国还形成了一些引导旅游企业行为，服务旅游市场的制度和惯例，例如，制定出台各级各类旅游规划、开展旅游标准化工作、旅游市场推广和旅游信息服务等。旅游市场引导和服务手段,体现了政府职能和行业管理方式的转变,更适应我国市场经济体制的发展状况,在今后的工作中应该得到进一步的强化。旅游行业管理的每一次工作都包含协调。这是因为旅游业涉及大部分的政府职能部门。旅游业内部又包括30多个行业或具体业务项目。这种纵横交错的复杂业务和职能结构,使得旅游业的任何一项政策建议和发展计划都需要取得广泛的支持才能推动进行下去。协调活动对实现旅游业发展的宏观和微观目标十分关键。

四、旅游行业管理的特点

旅游行业管理的主体是各级旅游行政部门和旅游行业组织。因此,旅游行业管理有以下主要特征:

(一)综合性

旅游行业管理具有综合性的特征。旅游业是一个关联性极强的行业,旅游业的六大要素“食、住、行、游、购、娱”使旅游行业管理涉及的面非常广泛,旅游行业管理不仅涉及旅游行业内部,还涉及其他相关行业。

(二)宽泛性

旅游行业管理幅度具有宽泛性特征。旅游活动是涉及多个地区、多个部门的活动,由此旅游行业管理涉及的职能部门广泛,旅游行政管理部门协调难度大,在现实中存在较为严重的“政出多门”、“多头管理”的现象。

(三)动态性

旅游行业管理具有动态性特征。旅游行业管理是一个动态的管理,涉及旅游企业运行的全过程。比如,以旅行社为例,旅游行业管理从许可证的审批、质量保证金的收缴、年检、投诉处理、不合格企业的处理等,形成了一个动态的管理过程。

(四)脆弱性

旅游行业管理具有脆弱性的特征。旅游产业的综合性使旅游部门的行业管理应是一个综合性的管理,但目前我国旅游主管部门却没有综合部门的职权,其职权范围仅仅涉及旅行社、饭店、景区等级评定、旅行社准入等旅游核心领域,其他相关领域则由其他政府职能部门按相关法规和授权各自管理,没有形成大旅游、大市场的格局。这种情况使得旅游行业管理的困难较大,管理基础比较脆弱。

(五)滞后性

旅游行业管理方式和手段具有滞后性特征。我国目前旅游行业管理还带有一定的计划经济色彩,在行业管理过程中政府对市场主体的微观经营行为直接干预过多,行业协会的管理协调职能薄弱,政企不分等现象还较为突出。随着我国旅游市场的逐步发展,应对目前的行业管理模式进行相应的改革。

五、旅游行业管理的模式

世界各国由于各自的政治经济制度、旅游发展阶段、政府干预经济的程度不同等原因,旅游行业管理模式和特点不尽相同。其中有三种管理模式具有代表性:一是以泰国为代表的政府权威管理模式;二是以日本为代表的政府与民间协管模式;三是以美国为代表的市场规制模式。

（一）泰国模式

泰国政府对旅游业实行高度集中的宏观管理。泰国政府旅游管理部门主要有泰国旅游管理委员会和泰国旅游局。

泰国旅游管理委员会是政府部际旅游协调与领导机构，负责产业协调和制订大政方针，对总理负责。

泰国旅游局（The Tourism Authority of Thailand（TAT））是旅游行政管理机构，在全国设立办事处，独立于地方政府，管理和指导地方旅游业。其主要职责是旅游推广、制订地方旅游发展计划和行业管理。泰国旅游局受理旅游投诉，对旅游企业实行严格的市场准入和监督管理，全国旅行社和导游全部统一编号注册，统一管理。

泰国政府对旅游业实行高度集中的宏观管理。

（二）日本模式

日本国内市场经济较为发达，形成了一种官民协管的旅游管理体制，政府、企业和各种行业管理组织彼此协调，相互约束，共同促进旅游业的发展。日本政府的旅游管理部门主要有以下三个：

日本旅游最高决策机构是直接受首相领导的内阁观光对策省厅联络会议，主要负责旅游方针政策的审议制订，协调各省、厅在旅游管理中的相互关系。

运输省是日本旅游业的行政主管部门，下设的国际运输观光局负责具体的方针政策的实施和行业管理，统筹旅游规划、资源开发、设施建设、景点整顿，对旅行社、饭店及旅馆进行审批、注册、指导、监督和培训，国际交流与对外宣传，旅游调研与统计等。在旅游企业市场准入方面，根据《旅行代理商法》，对旅行社实行“双重注册制度”、定期注册制度（3年）和营业保证金制度。在规范旅游企业经营行为方面，政府颁布一般旅游业标准合同和旅游代理店旅游合同，其余由商法和国家公平交易委员会进行监督。

相关行业协会是日本旅游行业管理重要组成部分。日本旅游企业必须是相关行业协会的会员，大量的行业协会履行着行业管理的职能，比如日本导游资格考试和培训由运输省委托国际观光振兴会主持，旅行主管资格考试由日本旅行代理商协会主持。

（三）美国模式

美国市场经济发达，政府对旅游行业的管理主要依靠市场的作用。目前美国的政府机构中没有旅游局。在市场准入方面政府认为旅游企业只是普通的企业，进入旅游行业属于企业行为，只需在工商部门注册登记并受其管理，因此没有特殊的旅游企业进入许可制度。旅游从业人员也没有资格考试，是否合格以及能胜任何种职务由市场自行决定。在企业经营行为方面，政府对旅游企业的干预主要是通过法律和法令的形式，约束与干预的重点是调整竞争关系和反垄断，旅游企业的经营活动完全由企业根据市场状况自行决定。旅游行业协会发挥重要作用，协会代表行业利益，履行行业自律、监督和协调等职责，一些行业协会甚至参与或影响国家的相关立法，旅游行业协会有时还负责代替政府具体实施部分法律法令。

效果评价

知识评价

1. 请说出旅游行业管理的对象和主体。
2. 请总结我国旅游行业管理的主要内容。
3. 请了解旅游行业管理的手段。
4. 请总结旅游行业管理的特点。
5. 总结旅游行业管理的模式。

能力评价

请浏览国家旅游局网站(http://www.cnta.gov.cn/),列举出近半年来我国旅游行业管理的具体内容。

任务五 旅游从业人员的素质要求

任务引入

外国学者英格尔斯对于复合型人才提出了12条标准:(1) 乐于接受新事物。(2) 准备接受社会的改革和变化。(3) 思路广阔,头脑开放。(4) 注重现在和未来,守时、惜时。(5) 强烈的个人效能感。(6) 有计划的工作和生活。(7) 尊重知识。(8) 有可依赖性和信任感。(9) 重视专业技术。(10) 选择离开传统所尊敬的职务,敢于提出挑战。(11) 相互了解、尊重和自尊。(12) 熟悉生产过程。

美国哈佛大学在《零点项目》中,提出了多元智能理论。这种理论认为,人有7种智能,要综合开发和培养人的7种智能:(1) 数理逻辑分析智能。(2) 语言技巧智能。(3) 音乐智能。(4) 身体运动智能。(5) 空间位置智能;(6) 人际关系智能。(7) 认识自己的智能(自知者明)。

请问,你认为旅游从业人员应该具备什么样的素质呢?

任务执行

世界旅游组织1994年提出"高质量的服务,高质量的员工,高质量的旅游"的口号表明,高速、持续发展的旅游业在呼唤高素质的旅游从业人员。

作为国民经济重要组成部分的旅游业,在我国起步较晚。但自80年代步入正轨以来,发展非常迅速,从业人员也随之猛增。我国旅游业要想获得强大的精神动力和智力支持,使之健康、持续发展,真正走出一条适合国情、日益兴旺发达的中国式旅游道路,就必须着力提高全体旅游从业人员的素质。只有提高旅游从业人员的素质,才能提高旅游服务质量,游客才能在整个旅游活动中获得高质量的美的享受。

旅游业是直接与人打交道的行业,因此对旅游从业人员的素质有较高的要求。

一、旅游从业人员应有较高的道德素质

中国是一个文明古国，中华民族是一个有着光荣传统的优秀民族，从事旅游事业的旅游从业者，是中华民族面向世界的一扇窗户。因此，我国旅游从业人员在旅游服务中，必须体现中国的国格，体现中国人的人格。这就要求从业人员有较高的道德素质。

旅游从业人员觉悟高、品德好主要体现在下面四个方面：

（一）具有爱国主义和国际主义精神

爱国，在任何时代、任何国家都是伦理道德的核心，爱祖国、爱家乡是中国旅游从业人员的首要美德，只有爱祖国爱家乡的人才能在对外交往中展现出自豪的民族情感，真正做到不卑不亢，体现中国良好的一面。

国际主义精神是一种思想，是国家或团体在对外活动中进行合作的超越国家界限的一种思想理念。国际主义精神更是一种和平的精神，有针对性、理智的精神。它能使人明辨是非，使人明白该如何宽容他人，该宽容怎样的人。旅游从业人员应该在社会主义的体制下，展现中国人民宽容大度好客的国际主义精神。

（二）全心全意为游客服务的意识

服务意识的内涵是：它是发自服务人员内心的；它是服务人员的一种本能和习惯；它是可以通过培养、教育训练形成的。拥有服务意识的人，常常会站在别人的立场上，急别人之所急，想别人之所想；为了别人满意，不惜自我谦让、妥协甚至奉献、牺牲。但这都只是表象，实际上，多为别人付出的人，往往得到的才会更多。拥有全心全意为游客服务的意识是社会主义旅游职业道德的核心，也是社会主义旅游道德的基本原则之一。旅游从业人员应该不断加强自己的服务意识。

旅游业服务的对象就是游客。游客来自不同的地区、不同的阶层、不同的职业，有着不同的生活习俗和个人性格，千人千面。没有全心全意为游客服务的意识，服务工作是做不好的。对外国游客来说，全心全意的服务，会使他们感到中国人民的热情友好；对华侨和台港澳同胞来说，全心全意的服务，会使他们感到祖国的温暖；对国内游客来说，全心全意的服务，会使他们感到亲切、平等。

旅游从业人员全心全意为游客服务，游客就会获得更多美的享受，服务者也会在游

知识拓展

Service的中文释义：第一个字母“S”即Smile（微笑），其含义是服务员要给每一个客人提供微笑服务。第二个字母“E”即Excellent（出色），其含义是服务员要将每一项微小的服务工作做得都很出色。第三个字母“R”即Ready（准备），其含义是服务员要随时准备好为客人服务。第四个字母“V”，即Viewing（看待），其含义是服务员要把每一个客人看作是需要给予特殊照顾的贵宾。第五个字母“I”，即Inviting（邀请），其含义是每一位服务在每一次服务结束时，都要邀请客人再次光临。第六个字母“C”，即Creation（创造），其含义是每一位服务员要精心创造出使客人能享受其热情服务的气氛。第七个字母“E”，即Eye（眼光），其含义是每一位服务员始终要用热情好客的眼光关注客人，预测客人的需求，并及时提供服务，使客人时刻感受到服务员在关心自己。

客的心目中留下良好的印象，而一个地区，甚至一个国家的旅游业的良好形象也就随之逐步树立起来。

（三）自觉遵纪守法

俗话说，国有国法，家有家规。建立、健全旅游法规，同时造就一支懂法守法、纪律严明的旅游职工队伍，是走有中国特色社会主义旅游道路的需要。作为旅游从业人员应该做到不利用工作之便去贪小便宜，谋取私利，不向客人索要小费，不暗示客人赠送礼物，不利用工作之便偷窃客人财物等。旅游从业人员一定要自觉遵守相关的法律法规和规章制度，要以遵纪守法为荣，以违法乱纪为耻。

职业纪律具有强制性，谁违反了将受到相应的批评、处分或制裁。某校实习生小王被分配到西餐厅的西点屋工作。西点屋里有各式各样花色美丽、香味扑鼻的西点，有一位做蛋糕的师傅正在吃蛋糕，见此情景，小王经不住诱惑，拿起一块蛋糕吃了起来，这一切正好被当班经理发现，小王不知所措。事后，小王和那位师傅都受到了处罚。

（四）爱岗敬业，具有高度责任心

宋朝朱熹说，“敬业”就是“专心致志以事其业”，即用一种恭敬严肃的态度对待自己的工作，认真负责，一心一意，任劳任怨，精益求精。爱岗敬业，是指热爱自己的本职工作，以恭敬负责的态度对待工作，勤勤恳恳，兢兢业业地履行岗位职责，“专心致志，以事其业”。坚守工作岗位是工作取得成绩的前提，只有守住自己的岗位，做好一颗螺丝钉，才有可能做出业绩。擅自离岗，见异思迁，是工作的大忌，三心二意的人即使在再好的工作岗位上都是碌碌无为的。

职业责任心是敬业爱岗的重要表现。一个人即使有较高的知识水平和较强的工作能力，如果没有一定的责任心，则不但不能把工作做好，甚至会造成重大的失误；而一个责任心较强的人，即使他目前的知识水平还不高，工作能力也不太强，但他完全有可能通过自己的努力和在同事们的帮助下把工作做好，而且他的知识水平和工作能力也一定会在此基础上不断得到提高和加强。

根据我国实际，旅游从业人员做到爱岗敬业要做到：热情友好，宾客至上；真诚公道，信誉第一；文明礼貌，优质服务；不卑不亢，一视同仁；团结协作，顾全大局；遵纪守法，廉洁奉公；钻研业务，提高技能。

知识拓展

我热爱我现在的工作，因为我在这份工作中找到真正的自我。我觉得当我满头白发，还依然身着燕尾服，站在大堂里跟我熟悉的宾客打招呼时，我会感到这是我人生最大的满足。我以自己能终身去做一名专业服务人员而骄傲，因为我每天都在帮助别人，客人在我这里得到的是惊喜，而我们也在客人的惊喜中找到了富有的人生。我们未必会有大笔金钱，但是我们一定不会贫穷，因为我们富有智慧、经验、信息、助人的精神，富有同情心、幽默感，富有为人解决困难的知识和技能，富有忠诚和信誉，当然我们还有一个富有爱的家庭，所以这些，构成了我们今天的生活。青年朋友们，富有的人生不难找，它就在我们生活的每一天中，就在我们为别人带来的每一份惊喜当中。

——“中国金钥匙组织”的创始人、服务行业的“教父”孙东

二、旅游从业人员应有较好的文化修养

旅游服务的对象是人，是受过各种不同程度的教育和各类文化熏陶的“文化人”。这就要求服务者首先是一个有较高文化层次的、与旅游业相适应的知识结构的“文化人”。

现代旅游活动更加趋向于对于文化、知识的追求。人们出游，除了休闲度假，还想通过旅游来增长知识、增加阅历，所以对旅游从业人员就提出了更高的需求。

（一）要有广博的文化知识

旅游从业人员的知识面要广，这是由旅游业和游客的特点决定的。一方面，旅游业涉及的知识领域非常广泛，古今中外，天文地理，几乎是无所不包。既涉及政治、历史、地理、经济、文化等一般领域的知识，又涉及高科技、美学、心理学、宗教、环保等高层次领域的知识。另一方面，游客来自四面八方，有不同的文化层次和兴趣爱好，有不同的职业和阅历，有不同的个性特征和心理要求，有不同的生活习俗和宗教信仰等。他们在旅游活动中会不断提出各种各样涉及各种知识的问题。旅游从业人员知识贫乏，就很难为游客提供高质量的服务。

旅游从业人员要加强史地文化知识、政策法规知识、美学心理学知识的学习，通过不断加强自身文化修养，提高服务质量。

（二）要有较好的语言修养

我国是一个多民族、多文字、多语言的国家，又是外语教育相对落后的国家。而语言是人类交际的工具，也是旅游服务的重要工具之一。因此，提高我国旅游从业人员的语言水平，既是发展旅游业的需要，也是提高中华民族综合素质的需要。我国旅游从业人员要不断提高自己的文学修养，锻炼自己的语言表达能力，首先要讲好普通话，语音要准，语调要好，词汇要丰富，表达要准确；其次要学会一门甚至几门外语；再次是要有较好的语言运用能力，包括较好的口头表达能力、笔头表达能力和语言转换能力。

知识拓展

周总理外交故事

1. 一个西方记者说：“请问，中国人民银行有多少资金？”周恩来委婉地说：“中国人民银行的货币资金嘛？有18元8角8分。”当他看到众人不解的样子，又解释说：“中国人民银行发行的面额为10元、5元、2元、1元、5角、2角、1角、5分、2分、1分的10种主辅人民币，合计为18元8角8分……”

2. 外国记者不怀好意地问周恩来总理：“在你们中国，明明是人走的路为什么却要叫‘马路’呢？”周总理不假思索地答道：“我们走的是马克思主义道路，简称马路。”

3. 美国代表团访华时，曾有一名官员当着周总理的面说：“中国人很喜欢低着头走路，而我们美国人却总是抬着头走路。”此语一出，话惊四座。周总理不慌不忙，脸带微笑地说：“这并不奇怪。因为我们中国人喜欢走上坡路，而你们美国人喜欢走下坡路。”

4. 一位美国记者在采访周总理的过程中，无意中看到总理桌子上有一

支美国产的派克钢笔。那记者便以带有几分讥讽的口吻问道："请问总理阁下，你们堂堂的中国人，为什么还要用我们美国产的钢笔呢？"周总理听后，风趣地说："谈起这支钢笔，说来话长，这是一位朝鲜朋友的抗美战利品，作为礼物赠送给我的。我无功受禄，就拒收。朝鲜朋友说，留下做个纪念吧。我觉得有意义，就留下了这支贵国的钢笔。"美国记者一听，顿时哑口无言。

资料来源：http://history.gmw.cn/2011-08/15/content_2457825.htm

图 3-4

旅游从业人员的礼仪礼貌

（三）旅游从业人员要有良好的礼仪礼貌修养

礼仪礼貌主要表现在以下三个方面：

1. 仪容仪表

仪容仪表主要是指人的外表和容貌。服饰、仪表是首先进入人们的眼帘的，特别是与人初次相识时，由于双方不了解，服饰和仪表在人们心目中占有很大分量。清洁的仪表，得体的修饰，这是旅游行业最基本的要求。

2. 仪态

仪态指人们在日常生活和工作中的举止、姿态。高雅的气质表现在一个人的一言一行，言谈举止是一个人精神面貌的体现。作为一名旅游从业人员要开朗、热情，让合作者感觉随和亲切，平易近人，容易接触，保持你原有的个性和特质。言谈要有幽默感，幽默、诙谐便可成为紧张情境中的缓冲剂，使旅游者摆脱窘境或消除敌意。以豪华酒店和细致服务闻名世界的美国里兹卡尔顿酒店集团有一句格言："我们是为绅士淑女提供服务的绅士和淑女。"这句格言告诉我们作为旅游从业人员要有绅士淑女般的良好的气质形象。

3. 礼貌

礼貌是待人谦虚，是服务最重要的职业基本功之一，具体表现在微笑和敬语的使用两个方面。微笑表示对客人的欢迎和友善，可以融洽服务人员与客人之间的关系，同时也反映出一个服务人员美好心灵和高尚情操；服务敬语是礼貌服务的外在表现，一句“早上好”、“谢谢”，可以给客人心中送上一片温馨。微笑和敬语是旅游从业人员与宾客之间心灵沟通的金钥匙，在服务中，客人可以原谅服务员的操作失误，但绝不能容忍服务人员的无礼、冷漠。

礼节礼貌既是个人修养和内心情感世界的外露，也是优质服务的重要内涵。在旅游接待中，要使用敬语，要提倡微笑服务，要懂得接待中介绍、问候、握手或其他礼节的顺序及有关知识，要懂得不同国家、不同地区在接待习俗上的差异，还要讲究与游客交谈的语言艺术及表情、体态等。世界旅店业巨子希尔顿说：“我宁愿住进虽然只有残旧地毯，却能处处见到微笑的旅店，也不愿走进一家只有一流设备，却见不到微笑的宾馆！”“您今天微笑了吗？”是希尔顿的成功秘诀。

三、旅游从业人员应掌握必要服务技能

一名旅游从业人员如果只有好的服务愿望和态度，而没有必要的服务常识和娴熟的服务技能、技巧，优质服务就是一句空话。如果不能为旅客提供优质服务，就会影响到旅游业的持续发展。

（一）掌握必要的职业技能

旅游业是一个综合性的行业。从大的方面说，它主要包括旅行社行业、旅馆业、交通运输业、饮食业、游览娱乐行业。它们既相互联系又相对独立。而每个行业中又有各种不同的部门、不同的岗位、不同的工种，各有各的特性，各有各的服务知识、技能、技巧。国家旅游局人事劳动教育司组织编写并于1996年出版的《中国旅游行业岗位规范》一书编录了旅游饭店、旅行社、旅游汽车公司三大系列，共413个岗位的规范要求，提供了一个很好的蓝本。每个从业人员必须按规定掌握好本职工作所需要的服务规范要求。这是做好工作的前提。此外，对与本职工作关系较密切，联系较多的其他工种，也应有所了解，懂得一些。

（二）拥有应变能力

游客来自不同国家、地区，风俗习惯不同，个人性格不同，这要求服务人员能够提供个性化服务。在接待的游客中，绝大多数是友好的、讲道理的。但有少数人因种种原因表现得不够善意，对待这些人，一要分辨，二要注意策略。

在旅游接待中，有可能出现一些意想不到的情况，甚至会突然发生一些重大事故。旅游从业人员平时要学习、掌握一些处理意外事故的知识、技巧，一旦遇到意外事故，除及时汇报外，自己能做到保持冷静，以积极的态度，客观分析情况，准确做出判断，及时采取有效措施，使问题得到妥善解决。

旅游从业人员还应懂得一些与旅游有关的或发生意外情况时能发挥作用的知识。如本地和外地的风景名胜知识、交通知识、邮电知识、货币和保险知识、工艺品和土特产品知识、卫生和救护常识、节气和天气常识等等。

除上述三个方面的素质要求外，旅游从业人员如有多种兴趣爱好，有多方面的特长，那他与游客之间就会有更多的共同话题，更容易沟通感情，他的服务工作就会做得更好，客人会更满意。这对于个人和集体都有好处。漓江游船上的服务就是一个很好

的例子。过去，游船上的讲解千篇一律，缺乏生气，投诉较多。后来各航运公司改进服务、改进讲解，穿插诗歌，组织游客与船员一起联欢，表演节目，气氛活跃，受到好评。很多游客纷纷写信赞扬这种优质服务。其中一封表扬信里写了这样一首山戳：“一路游船一路歌，歌声灌醉漓江河。当年三姐已不在，原是导游唱山歌。”

知识拓展

——我们永远记得，面对突如其来的“5·12”汶川特大地震灾害，全国旅游战线广大干部员工全力应对、日夜拼搏，舍小家顾大家，在较短的时间内救助和疏散了5万多名国内外游客，其中无一外国游客死亡。正在灾区的广大机关工作人员、企事业单位员工和许多旅游团队的导游、领队关键时刻挺身而出，沉着冷静、千方百计安抚救助游客，有的把身边仅存的一瓶水、一块干粮首先递给了游客，有的不顾自身伤痛坚持把游客安全带出灾区。

——在举世瞩目的北京奥运会和上海世博会举办前后，广大旅游服务接待人员热情周到、体贴入微、辛勤工作，认真履行职责、自觉追求一流，北京奥运会实现了旅游服务零投诉。上海世博会接待旅游团队游客2088万人次，占入园总人数的29%，实现了旅游团队安全和服务质量零责任事故。他们为各国朋友提供的优质旅游服务，特别是为残疾人朋友提供的个性化旅游服务，给各国来宾留下了难忘的美好回忆。

——当国际金融危机对我国旅游市场造成严重冲击、大批旅游企业员工面临失业下岗的紧要关头，各级旅游部门和旅游企业千方百计克服困难，旅游企业经营者想方设法与员工共渡难关，保持了旅游从业人员的队伍稳定，促进了旅游业的恢复和发展。

——在“创先争优”活动中，旅游行业广大基层党员主动“亮身份、亮承诺、亮形象，比学习、比服务、比奉献，争创满意窗口、争创优质品牌、争创服务标兵”，涌现出了一批服务游客、敢于牺牲、乐于奉献的先进典型。他们在急难险重关头牺牲自我、在平凡岗位上默默奉献、在服务游客中诚实守信的先进事迹，在社会上产生了强烈反响。

——2011年春节期间发生埃及局势动荡事件，很多旅游部门、旅游企业干部职工主动放弃新春与家人的团聚，而奔走忙碌在异国他乡，在外交、民航等部门的大力支持下，使滞留在埃及的1848名游客全部平安返回。2011年3月11日，当日本遭受特大复合型地震灾害时，在日工作的一线员工和旅游工作者顾全大局、服从命令、严守岗位，圆满完成了各项任务。

资料来源：摘自国家旅游局局长邵琪伟2012年4月26日在全国旅游系统先进集体、劳动模范和先进工作者表彰大会上的讲话

效果评价

知识评价

1. 请总结旅游从业人员应该具备什么样的素质。
2. 请分析旅游从业人员怎样才能拥有较好的文化修养。

能力评价

请选择其中一个题目进行一分钟的演讲：

1. 谈“顾客就是上帝”
2. 我们是为绅士淑女提供服务的绅士和淑女
3. 微笑服务的魅力
4. 在客人的惊喜中找到富有的人生
5. 礼多人不怪

通过本模块的学习，你能够

- 划分不同的旅游目标市场
- 了解旅游营销与宣传的方法和手段
- 学会策划旅游营销方案

本模块重点内容网络图

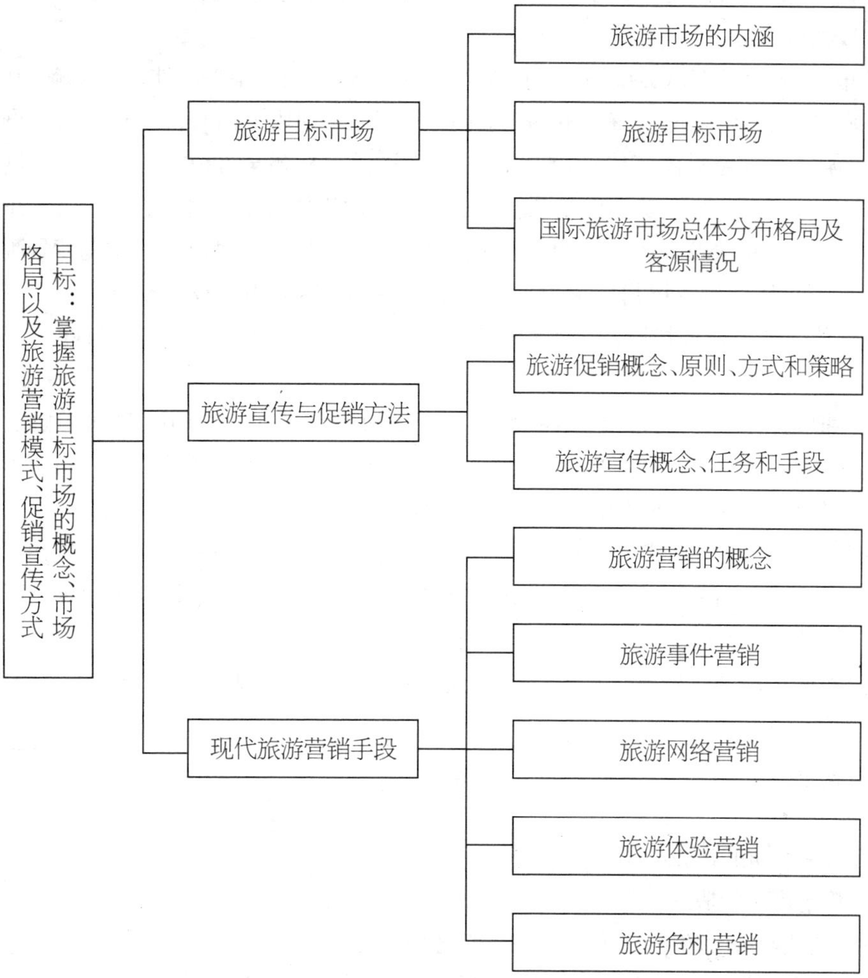

关键词

旅游市场　市场细分　旅游流　旅游营销　旅游宣传　旅游促销

任务一 旅游目标市场

任务引入

杭州重点开拓北美市场

2012年杭州的国内游客人数已经达到了8236万人次，入境过夜游客331万人次，可以预见，游客人数不久将突破1亿。而要带来旅游收入增长，关键是要提高游客的消费能力，吸引入境客人。

2012年，杭州旅游在欧美市场制造的系列大事件营销，获得很多国外媒体反响：在英国和德国分别召开推介会，参加柏林ITB国际旅游展；利用美国有线电视网及其网站、知名旅游杂志等跨媒体宣传平台，形成了覆盖欧美的杭州全方位旅游形象宣传网络；在英国伦敦、美国纽约、法国巴黎、德国法兰克福、西班牙马德里、韩国首尔、日本东京等地市中心行驶的公交车上，都可以看到以“世界文化遗产——西湖”为主题背景画面的杭州旅游车体广告。杭州成为第一个在全球各重要客源市场投放车体广告的城市。形象宣传还配合业务拓展，与世界排名前三的国际旅行社德国TUI、日本JTB签订了年度合作协议。

杭州将把北美市场作为未来三年国际市场开发的重点。加大在美国、英国、法国、德国的主流杂志宣传，计划在新加坡、马来西亚、泰国投放主流电视媒体广告。与更多国际旅行商合作，让他们带来更多的国际客人。

随着今年杭甬、杭宁高速公路的开通，上海今年推出“72小时”过境免签证，杭州旅游将抓住这些机会，与航空公司和国际机场合作推广，与VISA国际信用卡公司等国际大公司进行合作。

请问：杭州的境外目标市场有哪些？你如何理解旅游目标市场？

任务执行

一、旅游市场的内涵

（一）旅游市场的概念

旅游市场从经济学角度看，有广义和狭义之分。

广义的旅游市场是指在旅游产品交换过程中反映的各种经济行为和经济关系的总和。在旅游经济活动中，旅游市场上存在着相互对立和相互依存的双方，一方是旅游产品的供给者，另一方是旅游产品的需求者，正是这种供需双方的矛盾运动推动着旅游经济活动的发展，其运动过程包含了旅游需求者与供给者之间、旅游需求者之间、旅游供给者之间的各种关系，并且通过市场作用表现出来。

狭义的旅游市场是指在一定时间、一定地点和条件下，具有旅游产品购买力、购买欲望和购买权利的群体。从这个意义上说，旅游市场就是旅游需求市场或旅游客源市场。

（二）旅游市场的构成要素

1. 旅游者

旅游产品的消费者是构成旅游市场主体的基本要素，旅游市场大小取决于该市场上人口数量的多少，一个国家或地区总人口多，则潜在的旅游者就多，需要旅游产品的基数就大，因此，人口的多少反映了旅游产品潜在市场的大小。

2. 购买力

旅游市场大小取决于购买力。购买力是指人们在可支配收入中用于购买旅游产品的能力，它是由收入水平决定的。没有足够的支付能力，旅游者便无法成行，旅游只会是一种主观愿望。

3. 购买欲望

旅游市场大小还取决于购买欲望，购买欲望是旅游者购买旅游产品的主观愿望或需求，是反映潜在购买力变成现实购买力的重要条件，没有购买欲望，即使有购买力也不能形成旅游市场。

4. 购买权利

旅游市场大小还取决于人们购买旅游产品的权利。购买权利是指允许消费者购买某种旅游产品的权利。对于旅游市场来说，尤其是国际旅游，由于旅游目的国或旅游客源国单方面的限制，如不发给签证或限制出境，都会使旅游权利受阻而导致无法形成国际旅游市场。

以上四个要素是相互制约、缺一不可的，人口因素是前提，没有旅游者就没有市场；人口多而居民收入又高的国家和地区才是真正具有潜力的市场；有了人口和收入，还必须使旅游产品符合旅游者的需求，引起其购买欲望，并在具备旅游权利的情况下，使潜在旅游市场变成现实旅游市场。

（三）旅游市场的特点

1. 全球性

旅游市场是由全球范围的旅游需求与旅游供给组成的，有全球性的特征。市场对产品的选择有全球性的自由，不受地域、政治、民族局限等的限制。旅游地的接待对象无民族、无国界之分，旅游者的旅游活动也不受地方和国界的束缚。

2. 波动性

旅游业作为一种综合性社会经济现象，它影响和被影响的因素几乎涉及整个社会的方方面面。许多社会因素都可能对旅游需求以及旅游地产生很大的影响。而且这种影响常常是全球关联的作用。战争、政治风波、治安、民族歧视、经济水平等，都可能导致旅游市场的关联性的波动甚至变局。既可能引起旅游流向的变化，也可能引起市场结构的变化，还可能引起消费结构的变化。

3. 季节性

旅游市场受自然条件及旅游者闲暇时间等因素的影响，季节性十分明显，有旺季和淡季之分，这就要求旅游经营者采取一些行之有效的政策和措施，调节旅游客流量，相对缩短淡旺季之间的差距，使旅游业协调发展。

4. 多样性

旅游市场的多样性主要体现在以下几个方面：首先，旅游者的需求具有多样性。在大众旅游时代，旅游者的构成多种多样，其需求也千差万别。其次，旅游购买形式多样化，有团体包价旅游、半包价旅游、小包价旅游、散客旅游等多种形式。再次，旅游产品多样化，由于旅游者的需求多种多样，这就决定了旅游产品必须多样化，才能满足旅游者的不同需求。

知识拓展

钓鱼岛争端不断升级，影响日本旅游业

随着中日围绕钓鱼岛问题争端不断升级，取消赴日旅行的中国游客越来越多，给日本旅游业造成了重大影响。据日本24小时放送电视台消息，因为钓鱼岛的冲突和争端，260名预订了日本山梨县石和温泉宾馆的中国游客，取消了行程。9月3日，石和温泉旅馆协同组合宣布了这一消息。

此次被中国游客取消预订的有加盟组合的两家宾馆。从8月24日至9月5日，260名中国游客取消了行程。其中，七成是中国大陆游客，其余的是中国香港游客。他们的理由都是钓鱼岛问题。现在，组合的游客中，两成左右是从中国来的外国游客。中国游客取消行程后，将对当地的旅馆业造成重大的经济损失。此外，富士河口湖町的富湖宾馆的预定客户中，已经有两成中国客人取消了9月的预定，今后的影响估计还会进一步扩大。

钓鱼岛事件已经严重影响了中国人来日本旅游。日本从日中旅游协议会了解到，事件发生后，中国人来日游客大约比以往减少了30%。而进入9月份，东京都内的一些中国游客常住的酒店，中国游客的入住取消率已经超过了一半。

日中旅游协议会的一位干部称，9月开始，日本进入美丽的秋季，本来这是中国游客来日的旅游旺季，日本方面期待每个月有20万中国游客能来日本。但是，从目前的情况看，估计10月来日本旅游的中国游客都难以达到10万人。

中国一部分游客中止来日本旅游，给日本的旅游界带来了很大的冲击。据日本观光厅根据中国游客今年4—6月在日本的消费总额估算，中国游客每个月在日本消费170亿日元（约13亿元人民币），如果中国游客减少一半的话，将使日本的观光市场和消费市场遭受很大的损失。

资料来源：http://res.meadin.com/IndustryAnalysis/78879_1.shtml

二、旅游目标市场

旅游目的地营销，首先必须定位好自己的目标市场，这样才能进行有针对性的营销，提高目的地营销效果。而要选择目标市场，首先要对市场进行细分。

（一）旅游市场细分

旅游市场细分，是根据旅游市场本身的特点，如地理位置、人口因素、心理因素和行为因素等，将整个旅游客源市场划分为不同消费者群体的过程。每一个消费者群体就是一个细分市场。

1. 市场细分与市场定位、目标市场选择的关系

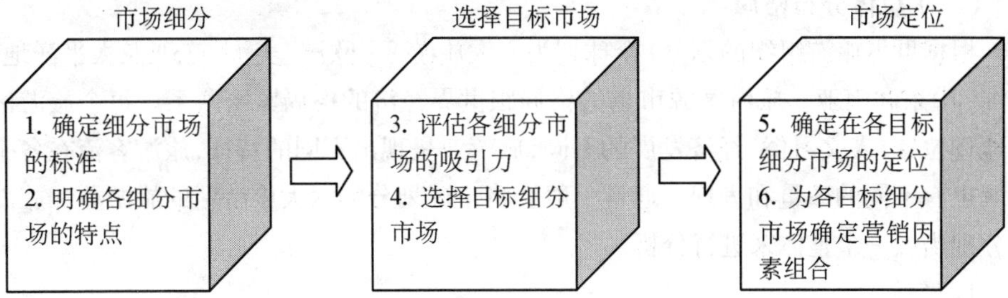

图 4-1

市场细分、市场定位、目标市场选择的关系

2. 细分市场的方法

一般来说,要细分市场,需要考虑四个方面的因素,即:地理区域因素、旅游人口某些特点因素、旅游者心理特征因素和旅游者行为特征因素。

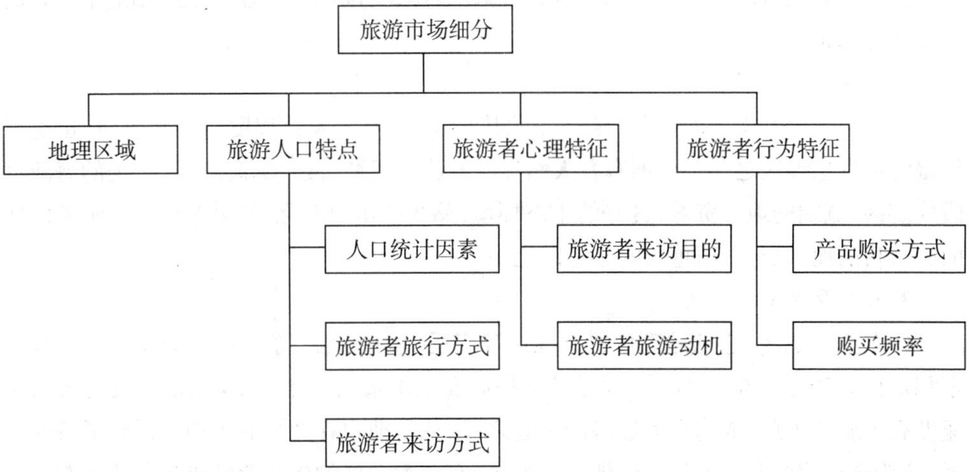

图 4-2

旅游市场的细分方法

(二)旅游目标市场的选择

在旅游市场细分之后,可以选择一个或多个目标市场进入。旅游目标市场是指估计每个细分市场的吸引力程度,并选择进入一个或多个细分市场。

一般而言,选择目标市场应遵循以下几个原则:

(1)人口规模大,经济发达,出游率高的国家和地区;

(2)本国或地区接待的旅游者人数最多的国家和地区;

(3)客源增长快,发展潜力大的客源市场;

(4)经济较发达,距离较近的客源输出国和地区;

(5)了解接待地区,并对接待地区感兴趣。

根据目标市场的重要性,还可以将旅游目标市场分为一级目标市场、二级目标市场

和三级目标市场。

三、国际旅游市场总体分布格局及客源情况

（一）总体分布格局

根据世界旅游组织的划分，全球划为六大旅游区：欧洲、美洲、东亚及太平洋地区、非洲、中东和南亚。旅游客源市场的格局跟世界经济的格局紧密联系。每个旅游区由于地理位置、人文习俗、经济发展的不同，旅游业呈现出不同的特征，旅游客流在各个旅游区也有不同的数量和表现。通常一般会将全球划分的六大旅游区的旅游业和旅游客流分别当做一个整体来进行分析。

1. 欧洲

欧洲是工业革命的发源地，也是近代旅游业发展开始的地方。由于有雄厚的经济基础和旅游历史渊源，该地区是当今世界旅游业最发达的地区，是世界旅游业的重心。第二次世界大战结束以后，虽然欧洲的旅游接待人数和旅游外汇收入占全球旅游市场的总比例有所降低，但目前仍占全球总量的一半左右。历史上欧洲国际旅游客源人数在全球范围是最大的。悠久的历史、雄厚的经济基础、发达的旅游交通路线、丰富多彩的旅游资源和旅游活动、日益完善的旅游基础设施，为欧洲旅游业的发展创造了良好的内部和外部条件。

2. 美洲

美洲由北美和南美两个部分组成，尤其是北美，经济发达程度居世界前列，也是世界旅游业发达地区之一。美洲有着天然优越的旅游资源，漫长的海岸线，优美的海滩度假旅游区，宽阔的地形资源，良好的生态环境，悠久的历史文化，是全球众多旅游者向往的旅游目的地，也是全球重要的旅游区之一。

3. 东亚及太平洋地区

即东亚太地区，它的地理位置范围比较广泛，包括东亚、东南亚和大洋洲的一些国家和地区。20世纪60年代后，世界经济格局发生了重大变化，东亚太地区的经济增长速度有了质的飞跃，成为世界经济的新起之星，旅游业也在经济的带动下得到了飞速发展，成为全球旅游业发展最快的地区。如今，东亚太地区的旅游业已成为全球旅游业发展的一个新增长点，占全球旅游经济的份额近年来不断增加，是除欧洲、北美旅游业之外发展潜力最大的地区。东亚太地区旅游资源丰富，许多国家先后都大力发展旅游业，充分利用本国自然人文资源吸引外来旅游者。该地区旅游国家也成为主要的出境旅游客源地，如中国、韩国、日本、澳大利亚等。

4. 非洲

由于历史原因，非洲在经济上落后于全球其他几个旅游区。政局长期的动荡不安、民族种族的矛盾激化、疾病的肆虐流行、自然灾害的严重破坏，让非洲的旅游业在很长一段时间一直处于停滞不前的落后状态。非洲旅游资源奇异多样，有悠久人为历史的名胜古迹和建筑、优美入胜的自然景观、珍贵稀有的野生动植物资源，是发展旅游业得天独厚的条件和基础。虽然非洲旅游业起步晚、基础差，但近些年旅游业的增长有所加快。

5. 中东

位于欧亚非三大洲交界处，是沟通大西洋、印度洋，连接东方和西方的重要通道，是欧洲国家从北非到西亚的枢纽，地理位置优越，交通便利，这为发展旅游业打下了良好的基础。中东是当今世界政治、经济和军事最敏感的地区之一。中东战争不断、政局动荡不安，旅游业受到非常大影响，发展缓慢。

6. 南亚

在第二次世界大战结束后，南亚由于受政治经济因素、民族矛盾、宗教纷争的影响，旅游业在过去几十年中发展一直缓慢，起步较晚。近些年来，南亚国家经济相继有不同程度的发展，开始重视并发展旅游业。南亚是世界文明的摇篮之一，是佛教、印度教等宗教的发源地，有着众多的历史文化古迹和宗教建筑，是吸引国际旅游客源的主要动力，也是南亚旅游业发展的重要条件。

知识拓展

亚太区超越欧洲成全球最大区域旅游市场

经过几年的快速增长，亚太地区旅游市场到达了一个重要的里程碑。旅游行业研究权威PhoCusWright的最新报告显示，2012年，亚太地区旅游预订总额为3260亿美元，强势超越欧洲，成为世界上最大的区域旅游市场。尽管亚太地区的某些市场还存在经济不确定性，但PhoCusWright仍然预期到2015年亚太地区旅游市场总量将增长8%。

亚太地区出现的另一个重要迹象是，中国超越日本，成为亚太地区最大的旅游市场。中国在整个预测期都将以两位数的速度增长，2015年将在亚太地区旅游市场占据近三分之一的市场份额。

PhoCusWright研究分析师Chetan Kapoor表示：“中国不仅是亚太地区最大的旅游市场，现在还成为全球第二大旅游市场，在旅游预订总量上仅次于美国。然而，中国的旅游人口是美国的两倍多，并且中国是唯一一个被预期直到2015年都将保持两位数增长的主要旅游市场，这使它成为值得关注的市场。”

目前，亚太地区绝大多数的旅游预订仍然采用线下方式完成，不过，该地区的在线旅游业务占比有望从2012年的24%增长到2015年的34%。联网移动设备的爆炸性普及成为该地区在线旅游业务增长的重要推动因素。

资料来源：TTG旅业报，2013-11-10

（二）国际旅游客流规律

国际旅游客流是指国际旅游者借助交通工具，从客源国向目的地国移动所形成的具有一定方向和一定数量的移动人群。国际旅游客流有以下几大规律：

1. 国际旅游主流在发达国家之间移动

国际旅游主流在发达国家之间移动的特征十分明显，这可以从两个方面得到反映：一是发达国家集中的两大旅游区——欧洲和美洲旅游区一直是国际旅游的重心；另一方面，世界输出国际旅游客源最多的也是发达国家。欧美国家社会生产力水平较高，经济较发达，居民个人收入及闲暇时间较多，这些都为欧美成为世界主要客源地奠定了基础。

2. 国际旅游客流以短程移动居主导地位

在全世界国际旅游中，近距离的出境旅游，特别是前往邻国的国际旅游一直占据大比重。造成这一情况的主要原因是：第一，前往邻国或近距离目的地国旅游费用少，有这种支付能力的人数多；第二，所需时间较短，而且容易把握；第三，入境手续和交通较方便，很多人都是驾车出境旅游；第四，生活习惯或语言及文化传统较相似，旅游过程中障碍较少。

3. 国际旅游客流的互动效应明显

国际旅游客流的互动效应是指国际旅游客源在关系密切的国家质检相互移动的特征。

(1) 由民族亲缘关系形成的国际旅游客流的互动。

(2) 由同质语言文化形成的国际旅游客流的互动。

(3) 由政治、社会、经济联系引起的国际旅游客流的互动。

4. 国际旅游客流主要流向政治、经济、文化中心或风景名胜区及文化特色显著地区

一般而言，政治、经济、文化中心都是大城市，能集中而全面地表现一个国家或地区各方面的情况，能够让旅游者在多方面得到满足；同时，旅游的本职特征之一是审美，旅游者可以在风景名胜区和文化特色显著区得到自然美、艺术美和社会美得熏陶，从而达到良好的休息和身心愉悦的效果。

知识拓展

世界第一大出境市场与消费群体形成

人口红利与政策红利推动出境旅游规模持续扩展。2012年，我国出境旅游人次数为8318.27万人次，同比增长18.41%。从绝对数量而言，中国出境市场已经超过德国与美国，成为世界第一大出境旅游市场。

目的地消费环境改善促进出境旅游消费能力快速提升。2012年，中国游客境外消费总额1020亿美元。旅游服务贸易逆差进一步扩大，达到519亿美元。

对促进目的地社会经济发展发挥重要作用。不断增长的中国出境旅游消费对目的地国家和地区旅游发展、经济增长、就业带来了明显的拉动作用。同时有效促进了签证、中文服务等外部环境的改善。

对促进我国与世界旅游经济发展发挥了重要作用。中国出境旅游不仅引领了亚太目的地国家与地区旅游业的回升，同时在世界旅游平稳发展当中也功不可没。尽管由此带来了旅游服务贸易逆差的不断攀升，但释放的善意也越来越为世界所认同。

资料来源：《中国出境旅游发展年度报告2013》

效果评价

知识评价

1. 请解释旅游市场和旅游目标市场的概念，并说明两者的关系。
2. 旅游市场细分的方法有哪些。
3. 请说明国际六大旅游区的旅游发展情况。
4. 请阐述国际旅游客流规律。

能力评价

设计一份《大学生旅游市场调查问卷》，进行实地调查，并完成调查报告。

任务二　旅游宣传与促销方法

任务引入

西湖免费开放十年名利双收

2012年是西湖免费开放的第10个年头，10年间，西湖相继取消了130多个景点的门票，占景点总数的70%以上；免费开放的景区面积，达到了2000多公顷。这个诗人眼中“淡妆浓抹总相宜”的湖泊，既是全国第一个免费开放的5A级景区，也是唯一的一个。

在西湖免费开放一年后，杭州市审计局在一份调查报告中指出，西湖每年直接减少门票收入2530万元。西湖风景名胜区管委会网站公布的一份2011年财政总结显示：景区财政收支平衡面临较大压力，财政收支形势仍然趋紧。不过，在西湖风景名胜区管委会党委书记王水法看来，西湖放弃的门票收入，在其他方面得到了补充。王水法说，这几年，西湖景区增加了很多休闲消费场所，景区商业网点服务项目创造了税源，增加了收入。西湖免费后直观上降低了游客的旅游成本，使更多人愿意来杭州，游客逗留时间延长。杭州放弃了只占游客支出很小部分的门票，让游客将钱更愉快地花在住宿、吃饭、购物、娱乐等方面，使杭州的餐饮、旅馆、零售、交通等服务行业获得了新的发展空间，为杭州创造了大量的就业岗位和经济效益。

具体的数字更能说明西湖免费于杭州而言，更像是丢了芝麻捡了西瓜。杭州市旅委公布的数据显示，2002年杭州市的旅游总人数为2757.98万人次，旅游总收入为294亿元，到了2011年，旅游总人数达到7487.27万人次，旅游总收入为1191亿元，是2002年的四倍。而且，西湖免费开放以来，杭州先后获得“联合国人居奖”、“国际花园城市”、“东方休闲之都”、“中国最佳旅游城市”等称号，并连续五年蝉联“中国最具幸福感城市”。实施西湖免费开放的10年可以概括为名利双收——“挣了票子，撑了面子”。

请问：你如何看待“西湖免费开发”这一宣传和促销模式？

任务执行

一、旅游促销概念、原则、方式和策略

（一）旅游促销

旅游促销是指旅游企业通过各种传播媒介向目标旅游者传递有关旅游企业和旅游产品的信息、帮助旅游者认识旅游产品所能带来的利益，引起旅游者的注意、了解和兴趣、刺激旅游者的需求、影响旅游者的购买行为，从而达到促进旅游产品销售的目的。简言之，旅游企业促使旅游者对旅游产品产生消费愿望的行动，就是旅游促销。

（二）旅游促销原则

1. 惟我独有

国际旅游市场竞争十分激烈。唯我独有就是走遍天下只能在本地区才能听到、看到、吃到的旅游产品。唯我独有也就是王牌产品。有些产品虽然非常有名但不是唯我独有。例如，宜兴的溶洞（在江苏省内）虽有名，却非唯我独有的产品，因为喀斯特地貌在国外也不罕见，而且其发育程度、通风、照明条件均非常好。但宜兴的紫砂陶瓷是独具魅力的，唯我独有。此外，在促销活动中，还应当考虑到对象的不同，要从不同的角度考虑。自己感兴趣的产品别人不一定感兴趣，自己不感兴趣的产品别人也可能感兴趣。例如，法国人特别喜欢文物古迹，而美国人则兴趣不大，因为美国历史较短；又如，日本人对云南石林不感兴趣，但对桂林山水情有独钟；太湖在中国享有盛誉，但对同样拥有湖光山色的瑞士而言则没有特色。

知识拓展

巧妙利用环境资源做旅游营销

影响旅游的因素众多，在环境与气候方面显得更加直接。有报道称，今年上半年我国入境旅游人数下降，雾霾天气是一个重要因素。今年七八月份长江中下游的高温天气，对当地旅游业也产生了一定的影响。

环境对旅游的影响至关重要，但好与差是相对而言的，而且，环境的因素也是多方面，某一个方面的因素并不能代表整体的环境要素。就拿北方雾霾来说，在局部或部分地区比较严重是事实，但这并不代表中国的环境恶化到不能旅游的地步。东部不亮西部亮，如果在媒体上过多地报道局部的雾霾天气，给世人的印象就是全国都如此，城门失火殃及了池鱼。

气候也是旅游重要的因素。宜人的气候当然是游客所喜爱的。但是不要忘了旅游吸引物的差异性是产生旅游动机的重要因素。气候也是吸引物，也就是说，气候的差异性是吸引游客的重要因素。寒冷地区的人喜欢到炎热的地区旅游，炎热地区的游客喜欢体验寒冷地区的气候。一般情况下，差异性越大吸引力越大。然而，我们在这方面的旅游营销宣传却显得苍白乏力。

就全国而言，没有雾霾的地区占大部分，没有绝对高温的也占大部分，而这大部分地区恰恰是扩大旅游形象影响力的有利时机，更是扩大市场份额的

有利时机。但遗憾的是，懂得抓住这个机遇的地方并不多。

旅游宣传也好，旅游营销也罢，抓住机遇很重要，转变观念更重要。"你雾霾、我明亮"、"你浑浊、我清新"是差异化旅游宣传的绝佳机会；"你高温、我清冷"、"你炎热、我舒适"是一个以优良资源吸引游客消费的重要卖点。

资料来源：中国旅游报，2013年11月27日

2. 有的放矢

即促销的针对性。向谁促销、促销什么非常关键。促销就是把有限的资金投入到无限的市场中去。印刷材料不能内外兼用，要有所区别，因为中国人和外国人的思维不同，中国人的思维方式之一是从大到小，而外国人是从小到大。例如，外国人做报告往往是从自己家庭谈起，然后公司、国家、国际，而中国人则相反。写地址也是如此，外国人先是门牌号码、街道、区名、市名、国名等，写日期，国外人的写法多是日期、月份、年份；中国人则相反。所以编写促销材料必须针对游客进行考虑。

3. 实事求是

指旅游促销要根据事实进行，不能进行放大、夸张。我国改革开放初期，旅游接待条件差，但游客投诉很少；目前设施虽然很好但投诉多了，这是由于期望值不同。用公式来表示：

$$QU=QF / EV$$

（式中：QU为旅游者满意程度，QF为实际的服务质量，EV为旅游者期望值）

这表明期望值越大，实际服务质量不变，满意程度就越小，两者成反比。以前条件虽差，但当时的期望值小，所以满意度大。而目前随着饭店设施的改善，人们的期望值已越来越高。

4. 寓而不露

旅游促销品在国际上是通行无阻的。有时尽管国家间无外交关系，旅游促销品仍然予以放行。旅游促销寓政治于"游山玩水、吃喝玩乐"之中，同时也反映了目的地国家或地区的经济政治状况，如果一国佛教香火兴盛，商店商品琳琅满目，则反映出该国开明的宗教政策和良好的经济状况。

5. 常变常新

促销手段要不断变化，要根据市场信息不断更换新的内容、新的名称，给人一种新鲜感。有时虽然旅游内容变化不大，但更换一个名称可以给人一种耳目一新的感觉。

（三）旅游促销方式

旅游促销的实质就是旅游企业要把有关旅游信息传播给旅游消费者。旅游营销者为了有效地与购买者沟通信息，可通过发布广告的形式广为传播有关旅游产品的信息；可通过各种营业推广活动传递短期刺激购买的有关信息；也可通过公共关系手段树立或改善自身在公众心目中的形象；还可通过派出推销员面对面地说服潜在购买者。广告、营业推广、公共关系和人员推销四种因素的组合和综合运用就称为促销组合。

1. 旅游广告

广告是一种付费的促销形式，它主要向消费者准确地传递产品的有关信息，力求使消费者能记住广告及产品。

广告是非人员性的促销活动，它通过传媒组织或媒体，进行信息传递。广告的作用，一是可以把旅游产品生产者的产品信息广泛地传递给消费者，架起旅游产品生产者和消费者之间的桥梁；二是可以大大缩短旅游产品生产者与消费者建立联系的时间。

广告媒体的种类很多，主要有报纸、杂志、广播、电视、互联网等。旅游企业或者旅游目的地可视具体情况选择广告媒体。

2. 人员推销

人员推销是通过推销人员和中间商与消费者直接接触，宣传介绍产品并促使消费者购买的一种促销方式。它可以通过推销人员的语言、形象、特有的各种宣传材料，直接向消费者宣传、展示；可以有针对性地选择推销对象，并能直接和当地商谈各种购售事宜，解答消费者的种种疑惑等。

3. 公共关系

公关促销并不是推销某个具体的产品，而是利用公共关系，把企业的经营目标、经营理念、政策措施等传递给社会公众，使公众对企业有充分了解；对内协调各部门的关系，对外密切企业与公众的关系，扩大企业的知名度、信誉度、美誉度。为企业营造一个和谐、亲善、友好的营销环境，从而间接地促进产品销售。

公关促销方式可以多样化，具体有：内部刊物、发布新闻、举办急着招待会、设计公众活动、企业庆典活动、制造新闻事件以及散发宣传材料等。

4. 营业推广

营业推广是旅游企业为刺激市场需求，促使目标市场的消费者尽快、大量购买自己的产品和服务而采取的一系列鼓励性促销措施，如给予消费者各种优惠、折扣等。

知识拓展

温州在台设立旅游宣传推广中心

温州旅游宣传推广中心在台北市正式挂牌，为两地旅游交流互动搭建了新平台。

据介绍，温州旅游（台北）宣传推广中心运用实体通路模式，与台湾最大的旅行社之一的雄狮旅行社合作，设立温州旅游宣传和咨询门店，为台湾旅游同业和民众提供温州旅游咨询，以加深台湾民众对温州旅游的印象，有效提高台湾赴温州旅游人数。

2012年，温州与台湾直航之后，温州市旅游局围绕把温州打造成台湾游客旅游目的地和海西旅游重要目的地城市的目标而努力，开展了一系列宣传促销。今年，温州市旅游协会与台湾旅游相关单位共同签署了5项合作协议，成功举办了“50分钟飞温州浙台心手相连夏秋浙江行”启动仪式和“温州·台湾旅游产品惠民大展卖活动”。

资料来源：《中国旅游报》，2012年12月11日

（四）旅游促销策略

1. 产品生命周期不同阶段的促销策略

产品处于生命周期的不同阶段，市场营销的战略目标随之不同，促销的目的也应当变化。产生命周期可以分为四个阶段：

（1）产品导入期

产品刚刚投放市场，尚不为市场所了解，此时市场营销战略目标是要开拓市场，相应的促销目的是使消费者了解产品，因此促销内容主要是介绍旅游产品。

（2）产品成长期和成熟期

产品一旦进入市场就将面临激烈的竞争。此时促销的战略目标就变为竞争市场，促销的目的也相应转向使旅游者对自己的产品产生兴趣，并达到偏爱的程度。另外，促销的内容也不再是介绍性的，而是特色化、多样化，突出宣传与竞争对手相比，自己的产品有什么长处、有何种特色，使旅游者在比较产品后转向购买自己的产品。

（3）产品衰退期

产品由成熟期走向衰退期，促销的战略目标是努力保持市场，这就要使消费者对自己的产品保持信任感、有良好的信誉和质量。因此，促销内容就要在质量上下功夫。

2. 锥形透射策略

要使我国的旅游产品在尽可能短的时间以较快的速度进入国际市场，首先必须以拳头产品开路，先集中力量宣传推销那些唯我独有、综合接待条件较好的旅游热点和热线，如万里长城、秦始皇兵马俑，提高中国旅游在国际旅游市场的知名度，也就是要将旅游产品排成锥形，以最有招徕力的内容为锥尖、层层推进、挤入国际市场。

其次，当进入竞争市场时，要适时推出二线产品，也就是有条件的温线和城市，推出各类专项产品活动，使产品组合更加丰富。这样促销内容才可能多样化、特色化。

再次，向客源市场纵深发展，随着接待条件的改善和产品的更新，进一步将我国的旅游产品项目介绍给客源目标市场。整个旅游促销的过程呈现锥形、阶梯式、分阶式层层推进。

3. 推式策略和拉式策略

旅游产品推销策略体系有推式策略和拉式策略之分。所谓推式策略是将重点放在人员销售上的策略。企业经营者采用人员推销方法使批发商大量购买自己的产品；批发商向零售商推销，零售商向旅游者推荐出售。这样一步一步地往前推，最终让旅游者接受此产品。所谓拉式策略是把重点放在非人员销售的广告活动上，企业采用广告等促销手段，引起旅游者对自己的品牌及产品商标的注意，刺激需求。消费者就会到零售店去购买这种品牌的产品，这种需求信息会促使零售商向批发商购买这种产品。批发商为满足零售商的订货，会向生产厂家定购该牌号产品。这样，企业通过广告宣传刺激消费者的需求，再经多层次的销售渠道拉向企业产品的供应点。

无论推销哪一种产品很少采用单一策略，而是两种策略相辅相成，兼而用之。在旅游市场中，两种策略缺一不可。前些年，我国旅游企业较多使用推式策略，随着国际旅游者需求的更多的个性化，旅游形式的多样化，家庭式旅游、小包价和散客旅游的发展，我国今后要调整信息传播策略的组合，以拉式策略直接刺激需求，扩大需求。

图 4-3

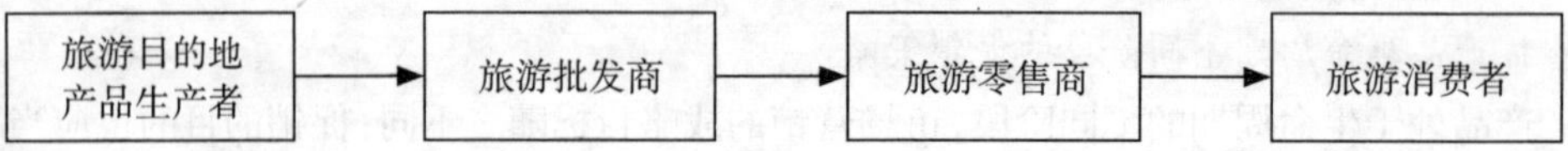

推式策略

图 4-4

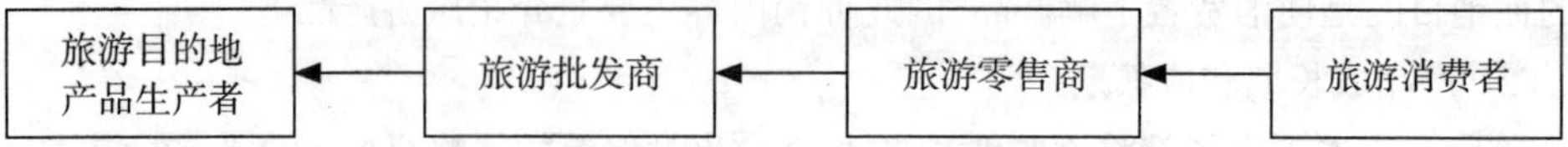

拉式策略

二、旅游宣传概念、任务和手段

（一）旅游宣传

旅游宣传是指旅游目的地或旅游企业为了树立形象，开拓客源，吸引旅游消费者，提高旅游业的经济效益和社会效益而进行的各种信息传递和情报沟通的活动，是旅游促销的手段之一。

旅游宣传是旅游市场竞争的重要手段。相对于其他产品的宣传活动而言，旅游宣传具有更为重要的意义。这是由旅游产品的特殊性决定的。首先，旅游产品是一种无形服务，看不见、摸不着，因此只能通过宣传让消费者感知和认识旅游产品，通过宣传扩大知名度，树立旅游形象。其次，旅游产品具有不可储存性。工业产品生产出来后可以储存起来，而旅游产品，无论是客房出租还是交通设施的使用，或者是参观游览旅游资源等，一天卖不出去，当天的使用价值就永远丧失掉了。因此，凡是旅游业发达的国家或地区都非常重视旅游宣传。一个国家或地区要开拓新的旅游市场或扩大原有市场，必须加强旅游宣传。

（二）旅游宣传的任务

旅游宣传的任务主要是树立旅游形象，促成旅游者购买行为的发生。

旅游形象是一个国家或地区给旅游者的总体感受和音响，旅游形象在旅游者头脑中树立，对其旅游行为的选择和决定有着重要作用。一个旅游者从中获得信息到购买旅游产品为止，大体经历“知名——理解——兴趣——决定”的过程，这个前提是旅游者对这个国家或地区要有鲜明的印象。因此，世界上各个国家或地区在旅游宣传中都有意识地创建自身旅游形象，并以鲜明的旅游形象而享誉全球。如南非以“彩虹之国”，树立起了世界上最美丽的国家之一的市场形象；香港的“购物天堂”、“动感之都”等也早已深入人心，起到了很好的宣传效果。

在一个时期内，树立一个生动鲜明的旅游形象，可以收到非常理想的宣传效果。一切旅游资源的开发、吸引物的建设、设施的设计安排、旅游产品的生产，以及旅游接待、宣传、推销活动等都应围绕这一形象进行。否则，没有独立的、有特色的旅游形象，是很难在竞争激烈的旅游市场上站稳脚跟的，也就不可能有持久的生命力和竞争力。

知识拓展

历年中国旅游主题年宣传主题与口号

年份	宣传主题	口　号	年份	宣传主题	口　号
1992	中国友好观光年	游中国、交朋友	1993	中国山水风光游	锦绣河山遍中华，名山圣水任君游
1994	中国文物古迹游	五千年的风采，伴你中国之旅	1995	中国民俗风情游	中国：56个民族的家
1996	中国度假休闲游	96中国：崭新的度假天地	1997	中国旅游年	12亿人喜迎97旅游年
1998	中国华夏城乡游	现代城乡，多彩生活	1999	中国生态环境游	返璞归真，怡然自得
2000	中国神州世纪游	文明古国，世纪风采	2001	中国体育健身游	体育健身游，新世纪的选择
2002	中国民间艺术游	民间艺术，华夏瑰宝	2003	中国烹饪王国游	游历中华胜境，品尝天堂美食
2004	中国百姓生活游	游览名山大川、名胜古迹，体验百姓生活、民风民俗	2005	中国旅游年	2008北京——中国欢迎你
2006	中国乡村游	新农村、新旅游、新体验、新风尚	2007	中国和谐城乡游	魅力乡村、活力城市、和谐中国
2008	中国奥运旅游年	北京奥运、相约中国	2009	中国生态旅游年	走进绿色旅游、感受生态文明
2010	中国世博旅游年	相约世博、精彩中国	2011	中华文化游	游中华、品文化
2012	中国欢乐健康游	旅游、欢乐、健康	2013	中国海洋旅游年	美丽中国、海洋之旅

资料来源：国家旅游局网站资料整理

（三）旅游宣传的手段

旅游宣传的手段很多，最基本的有以下几种：

1. 图文手段

图文手段主要通过文字或图片或者图文相结合使用。图文手段包括各类旅游宣传品、游览图、旅游交通图、旅游图片、明信片、旅游评论、游记等。这些宣传品一般经过精心设计，形式美观，色彩鲜艳，内容简明扼要，具有灵活多样，便于携带等特点。

图文手段中使用最为广泛的是旅游宣传册。旅游宣传册可以通过多种途径散发，如旅游者之间传递，游记，摆放在机场、车站等地。

2. 声像手段

这是运用现代化手段进行旅游宣传的一种很好的形式，主要包括影视片、DVD以及互联网和多媒体等手段。传统的声像手段还包括录像带和幻灯片等。

利用声像手段进行宣传的特点是：形象、生动、活泼、直观，往往给人深刻的印象，因而，能够起到较好的宣传效果。例如，我国在20世纪70年代末拍摄的电影《庐山恋》，虽然不是专门的旅游宣传片，但却对庐山这一旅游景点起到了意想不到的很好宣传效果。

知识拓展

旅游宣传片开启“微电影”时代

旅游宣传片是对一个旅游景地精要的展示和表现。它通过一种视觉的传播路径，能提高旅游景地的知名度和曝光率，以便更好地吸引投资和增加旅游。彰显了旅游景地品质及个性，挖掘出景地特色的地域文化特征，建立旅游景地独特的视觉识别效应，来为旅游景地量身打造专属的影像视频。增强景地吸引力，从而提高景地的竞争力促进经济发展水平。

《天边草原乌拉盖》是旅游宣传片的典型成功案例，它一改以往城市宣传片的传统模式，不再是单纯的城市风光展现，也不仅局限在单一的政治、经济、活动罗列，改用更为朴实的笔触，增强影片的故事性，透过其中的故事情节，全景展现了乌拉盖的人情风貌，使观众从中品味到乌拉盖特有的人文气息、自然风光和独特的民俗文化。

当年此片大获成功，带动了当地经济的发展，从此，城市宣传片突破了以往的模式，开启了“城市微电影”时代。从本质上讲，“城市微电影”也属于旅游宣传片的一种创新模式，旅游宣传片也在随着时代而变化，逐渐衍生出不同的类型。

图 4–5

《天边草原乌拉盖》宣传片

3. 广告手段

广告的特点是宣传面光，影响较大，应变力强，能灵活地适应市场需求，是旅游宣传普遍采用的一种手段。做广告宣传的目的在于引起人们的强烈注意，充分发挥其信息媒介的作用。

广告宣传的种类很多，利用广告宣传的媒介有报纸、杂志、广播、电视、户外广告等。其特点各有千秋，如报纸接触面广、发行量大；杂志读者对象鲜明、针对性强；电视富有感染力，能调动人的视觉和听觉，但费用较高；户外广告费用低廉，但在城市交通要道、公共场所、旅游地区等处设置新颖、醒目的广告牌也能收到旅游宣传的功效。

4. 邀请手段

邀请外国旅行社、航空公司、旅游批发商、旅游零售商和外国旅游记者、作家、评论家等知名人士来旅游考察，让他们亲自看一看本国的旅游资源、旅游设施和条件，感受旅游服务，以便通过他们更好地做好宣传和推销工作。这种方式话费少、影响大，往往能收到一些意想不到的效果。

5. 巡回宣传

派出专门人员或集团到主要旅游客源国或目的地做巡回宣传。例如，近年来我国很多省市在做旅游宣传时，景象采用的就是“大篷车”式巡回宣传模式。采用“大篷车”进行宣传，由于具有独特性和新闻性，因而取得了很大成功，是一种较好的宣传方式。

知识拓展

上海花车巡游吸引350万游客

记者从日前闭幕的2013上海旅游节花车巡游暨评比大奖赛上获悉，作为上海旅游节品牌项目之一的花车巡游共吸引了350万市民游客。

据介绍，上海旅游节开幕以来，21辆花车前往上海市闸北、黄浦、杨浦、徐汇、静安等10个区县进行巡游。经过专家评审与5万多市民的投票，宝山区、锦江国际集团、上海老凤祥有限公司、上海野生动物园等花车分获最受观众欢迎奖、最佳创意奖、最佳制作奖、最佳造型奖。

今年上海旅游节花车巡游的主题为旅游，体验多彩生活。在花车设计上，着力体现各地特有的生活方式，给观众带来耳目一新的感受。由于采用了统一规格为12米长度的原始车型进行改装，今年的巡游队伍显得更加整齐和富有气势。大面积LED屏的使用，在节能的同时也增添了花车的科技含量。而动感效果一直是每年花车造型上的亮点，如印尼花车上跃动的海豚，云南花车上开屏迎客的孔雀等都给人以栩栩如生之感。

资料来源：《中国旅游报》，2013年10月11日

效果评价

知识评价

1. 请解释旅游宣传和旅游促销的概念。
2. 请用具体例子说明旅游促销的方式。
3. 请用具体例子说明旅游宣传方式。

能力评价

1. 请选择一地（一个城市或者一个景区），结合旅游促销和宣传方法的内容，做一份旅游促销（宣传）方案。

2. 请阅读以下案例，并说明贵州省旅游部门在开拓日本旅游市场时用了

哪几种宣传促销方式，并说明这几种方式的特点。

贵州积极开拓日本旅游市场

今年以来，贵州省旅游部门通过加强“多彩贵州”在日本市场多元化、全方位的形象和品牌宣传，邀请日本旅行商和主流媒体到贵州考察等措施，积极开拓日本客源市场，成效明显。

据贵州省旅游局局长傅迎春介绍，贵州一直重视日本旅游市场的开拓，通过多种措施扩大在日本市场的知名度。9月12日至15日，在日本东京“JATA”2013年度展会上，国家旅游局将贵州作为重要旅游目的地全力推介并以“美丽中国”宣传推广活动为契机，在日本《观光经济新闻》周刊推出专题报道，图文并茂地介绍贵州奇特秀丽的自然风光和多彩的民族风情。

今年的中国国际旅游交易会，贵州展馆设计独特新颖，引来各国买家洽谈旅游合作。日中平和观光株式会社与贵州省旅游局双方负责人就明年合作进行深入洽谈，初步达成明年共同印制贵州旅游产品手册，并与贵州黔和旅行社签署合作协议。该社计划在11月组织5个团入黔旅游，并邀请日本著名摄影师来贵州摄影创作。2014年，日中平和观光株式会社将把苗族姊妹节和杜鹃花节，赤水世界遗产地等作为重点销售目标进行推广。

日本最大的旅行商JTB相关负责人认为，经过多年的宣传，“多彩贵州”品牌已经深入人心，更多的日本游客对贵州的自然山水与原生态的民族风情有了深刻的认同，JTB看好贵州的高端旅游市场，计划将贵州的旅游线路作为2014年销售重点。

资料来源：《中国旅游报》，2013年11月18日

任务三　现代旅游营销手段

任务引入

山东牵手百度，开启现代旅游营销新时代

山东旅游以“联合推介，捆绑营销”的方式，与国内最大的搜索引擎百度强强联合，向游客提供全面准确的山东旅游信息，开启现代旅游营销的新时代。通过百度关键词搜索推广所提供的旅游目的地各类关键词等，山东旅游将覆盖不同层面消费者的需求；品牌专区是在百度网页搜索结果最上方特别为著名品牌量身定制的资讯发布平台，是为提升网民搜索体验而整合文字、图片、视频等多种展现结果的创新搜索模式，包括省级、地市、景区等不同模版的品牌专区，用户将“即搜即触达”山东各旅游目的地城市旅游资讯和旅游产品，旅游信息更为全面、准确、权威，一方面能大大提高旅游信息传播的及时性、针对性与有效性，另一方面也能极大地提升旅游业界的服务能力，将更好地引领旅游消费新需求。

请问：上述旅游营销模式有什么特点，它与传统旅游营销模式相比又有何优势？

任务执行

一、旅游营销的概念

旅游营销是指根据旅游目标市场需求、设计使顾客满意的产品，制定顾客认可的价格，通过广告、人员推销、严格控制产品质量等手段以树立良好形象和扩大市场占有率的一系列对外经营活动。

旅游营销是指通过分析、计划、执行、反馈和控制这样一个过程来以旅游消费需求为导向，协调各种旅游经济活动，从而实现提供有效产品和服务，使游客满意，使企业获利的经济和社会目标。旅游市场营销的主体很广，包括所有旅游企业及宏观管理的旅游局。如：旅游景区、景点、旅行社、宾馆酒店以及旅游交通部门等等。

旅游营销的最终目标就是增加旅游市场销售额，拓展新的市场，发展新的游客，培养和强化游客的忠诚度，增加及扩大旅游产品的价值，提高公众的兴趣，争取旅行社及其他中间商的支持，创建良好的旅游形象。

二、旅游事件营销

所谓事件营销，是指旅游企业或者旅游目的地通过策划、组织和利用具有新闻价值、社会影响以及名人效应的人物或事件，吸引媒体、社会团体和消费者的兴趣与关注，以求提高旅游企业或者旅游目的地的知名度、美誉度，树立良好品牌形象，并最终促成产品或服务的销售的手段和方式。由于这种营销方式具有受众面广、突发性强，在短时间内能使信息达到最大、最优传播的效果，为企业节约大量的宣传成本等特点，近年来越来越成为国内外流行的一种公关传播与市场推广手段。

（一）特点

1. 目的性

事件营销应该有明确的目的，这一点与广告的目的性是完全一致的。事件营销策划的第一步就是要确定自己的目的，然后明确通过何样的新闻可以让新闻的接受者达到自己的目的。

新闻事业发展到现在，媒体已经非常精确地细分化了。通常某一领域的新闻只会有特定的媒体感兴趣，并最终进行报道。而这个媒体的读者群也是相对固定的。

2. 成本低

事件营销最重要的特性是利用现有的非常完善的新闻机器，来达到传播的目的。由于所有的新闻都是免费的，在所有新闻的制作过程中也是没有利益倾向的，所以制作新闻不需要花钱。事件营销应该归为企业的公关行为而非广告行为。虽然绝大多数的企业在进行公关活动时会列出媒体预算，但从严格意义上来讲，一件新闻意义足够大的公关事件应该充分引起新闻媒体的关注和采访的欲望。

3. 多样性

事件营销是近年来国内外十分流行的一种公关传播与市场推广手段，它具有多样性的特性，它可以集合新闻效应、广告效应、公共关系、形象传播、客户关系于一体来进行营销策划，多样性的事件营销已成为营销传播过程中的一把利器。

4. 新颖性

大多数受众对新奇、反常、变态，事件营销往往是通过当下的热点事件来进行营销，这样事件营销就是拿当下最热的事情来展现给客户，因此它不像许多过剩的宣传垃圾广告一样让用户觉得很反感，毕竟在中国体制下，创意广告不多，而事件营销更多的体现它的新颖性，吸引用户点击。

5. 效果明显

一般通过一个事件营销就可以聚集到很多用户一起讨论这个事件，然后很多门户网站都会进行转载，效果情况显而易见。

（二）类型

1. 利用既定事件进行营销

一般来说，既定事件应是具有较大影响力的事件，如奥运会、世界杯足球赛等重大体育赛事、世博会等重大活动等。此类事件为社会公众所关注，利用这种关注度进行旅游营销宣传可以有效扩大宣传覆盖面和提升影响力。利用既定事件营销宣传应进行充分的策划，以求最佳效果。如2008年北京奥运会，是世人瞩目的全球性重大体育赛事，国内许多旅游目的地都试图借助奥运会影响力进行形象营销宣传。海南三亚策划最为成功，争取奥运火炬传递国内首站，以优美风光带作为奥运火炬传递路线，借助中央电视台实况直播向公众展示了三亚美好形象，成为全国公众和媒体最大关注点。

2. 策划事件进行营销

即有意识地策划一些重要事件（活动），以吸引媒体与公众的关注，达到旅游形象宣传的效果。由于既定事件利用的有限性及突发事件利用的不可预知性，旅游事件营销更多的是策划性的事件营销。这种策划可以说是“无中生有”，策划得好，可以取得很大成功。1999年12月8日至11日，湖南张家界成功策划了“穿越天门”的飞行特技表演，中央电视台全程直播，使张家界的知名度有了很大提升。2009年1月9日，澳大利亚昆士兰州旅游部门策划了一个赢得“世界最好工作”的竞聘活动，在全球范围以竞赛方式招聘大堡礁的巡护员，以优厚的待遇、优美的风光吸引公众眼球。此次竞赛活动吸引了200多个国家3.47万人参加，最终，英国人本·索撒尔赢得了这项工作。对这一竞聘活动，全球许多媒体都进行了报道（我国中央电视台及许多媒体也都给予关注，跟踪报道），使澳大利亚大堡礁国际知名度迅速提升。据报道，昆士兰州旅游部门策划这一营销方案，共花费170万澳元，但收到的宣传效果价值达1.2亿澳元。

知识拓展

《富春山居图》合璧引发的旅游主题营销

2011年6月1日，被誉为中国山水画“第一神品”的《富春山居图》，时隔三百余年后，第一次在台北故宫博物院合璧展出，这一历史性的时刻轰动了海峡两岸。黄公望画的《富春山居图》反映的是富春江一带的山水秋色，这也让富春江的美景借合璧契机又一次名扬天下。

富阳市运动休闲委员会办公室敏锐地抓住这个两岸文化交流的机会，依托严子陵钓台、富春江小三峡、江南龙门湾、印象富春江等景区，推出《富春山居图》实景主题游。产品一经推出，就受到了国内外游客的青睐。同时，富阳借助相关媒体进行后续宣传，并推出各项优惠活动，使富阳迅疾成为长三角一个新兴旅游目的地。当获知由刘德华、林志玲等著名影星主演的电影《富春山居图》拍摄的消息，富阳市主动与摄制组联系，将龙门古镇、黄公望隐居地、江南中学等成为该片的取景地，再次使富阳成为公众关注的聚焦点。

据当地有关部门统计，《富春山居图》合璧事件以来，富阳旅游经济增幅明显，接待人次比上年同期增长30.94%；社会旅游业总收入同比增长26.41%。旅游与文化的融合，让富阳的旅游业发展驶入了快车道。

资料来源：http://travel.163.com/11/1120/23/7JBCSL6D00064KBB.html

三、旅游网络营销

旅游网络营销是指旅游企业以电子信息技术为基础，以计算机网络为媒介和手段而进行的各种营销活动；是目标营销、直接营销、分散营销、顾客导向营销、双向互动营销、远程或全球营销、虚拟营销、无纸化交易、顾客式营销的综合。一方面，网络营销要针对新兴的网上虚拟市场，及时了解和把握网上虚拟市场的旅游消费者特征和旅游消费者行为模式的变化，为企业在网上虚拟市场开展营销活动提供可靠的数据分析和营销依据；另一方面，网络营销在网上虚拟市场开展营销活动，可以实现旅游企业目标。

（一）特点

1. 跨时空

互联网具有超越时空进行信息交换的特性，借助计算机网络，旅游企业能用更多时间和更大的空间进行营销，可每周7天、每天24小时随时随地提供全球性营销服务。

2. 交互式

旅游企业可以在网络上适时发布产品或服务信息，消费者则可根据旅游产品目录及链接资料库等信息在任何地方进行咨询或购买，从而完成交互式交易活动。另外，网络营销使供给双方的直接沟通得以实现，从而使营销活动更加有效。

3. 高效性

计算机可以储存大量的信息，代消费者查询，可传送的信息数量与精确度，远超过其他媒体，并能适应市场需求，及时更新产品或调整价格，因此，能及时有效地了解并满足顾客的需求。

4. 整合性

互联网上的营销可从商品信息至收款、售后服务一气呵成，因此，也是一种全程的营销渠道；另外，企业可以借助互联网将不同的传播营销活动进行统一设计规划和协调实施，以统一的传播资讯向消费者传达信息，避免不同传播中不一致性产生的消极影响。

5. 个性化

网络营销个性化是指销售商使网络站点、电子信件以及其他经营活动适合于个体客户的需要，适应不同年龄、地点和不同爱好的个体消费者。网络营销要以消费者个体为中心，这是网络经济的营销思想，是现代市场的营销思想。这一经营思想要求企业必须实行以消费者个体需求为出发点，以满足消费者个体需求为归宿点来进行的企业营销。

6. 富媒体

通过互联网可以传输多种媒体的信息，如文字、声音、图像等信息，使得为达成交易进行信息交换能以多种形式存在和交换，可以充分发挥营销人员的创造性和能动性。

（二）类型

1. 旅游网站营销

旅游网站是指在因特网上，使用HTML等工具制作的用于展示旅游信息的相关网页的集合。简单而言，旅游网站是一种通信工具，就像布告栏一样，旅游企业可以通过旅游网站来发布旅游咨询，或者利用旅游网站来提供相关的旅游网络服务。旅游网络营销是旅游企业常用的网络营销手段，通过建立旅游企业网站宣传企业形象、介绍旅游产品、传播旅游信息。旅游网站营销广泛应用于旅游景区、旅行社、旅游饭店和旅游交通等行业。

2. 旅游E-mail营销

E-mail营销是通过电子邮件向目标客户传递有价值信息的一种网络营销手段。由于电子邮件应用范围广、适用性高、针对性强、操作方便、成本低廉等特点，电子邮件营销在旅游营销中逐渐盛行。E-mail营销是网络营销方法体系中相对独立的一种，既可以与其他网络营销方法相结合，也可以独立应用。E-mail营销强调三个基本因素：用户许可、通过电子邮件传递信息、信息对用户有价值，这三个因素缺少一个，都不能称之为有效的E-mail营销。

3. 旅游数据库营销

数据库营销就是企业通过收集和积累会员（用户或消费者）信息，经过分析筛选后针对性的使用电子邮件、短信、电话、信件等方式进行客户深度挖掘与关系维护的营销方式。或者，数据库营销就是以与顾客建立一对一的互动沟通关系为目标，并依赖庞大的顾客信息库进行长期促销活动的一种全新的销售手段。是一套内容涵盖现有顾客和潜在顾客，可以随时更新的动态数据库管理系统。数据库营销的核心是数据挖掘。

旅游数据库营销常见于旅游目的地营销、旅游酒店营销。世界著名的酒店集团洲际酒店集团、万豪酒店集团、雅高酒店集团等都有自己的数据库系统，储存了庞大的客史资料。

知识拓展

金旅工程

“金旅工程”是国家信息网络系统重要组成部分，是旅游部门参与国家旅游业信息化建设的重要基石。“金旅工程”是覆盖全国旅游部门的“国家——省——市——企业”四级的计算机网络系统。建成后，将为提高旅游行业整体管理水平、运行效率、改进业务流程、重组行业资源等方面提供强有力的技术支持；同时，全面发展旅游电子商务，与国际接轨，为世界旅游电子商务市场提供服务。

“金旅工程”可概括为“三网一库”，即内部办公网、管理业务网、公众商务网和公用数据库。内部办公网将国家旅游局与国务院办公网相连，为国家旅游局提供一个与国务院办公网和各部门进行安全保密和内部文件交换网络，实现内部办公自动化。业务管理网则着力建立一个旅游系统内部信息上传下达的渠道和功能完善的业务管理平台，实现各项业务处理的自动化。公众商务网主要建立一个可供各旅游企业进行供求信息交换、电子商务运作的中国旅游电子商厦，向旅游企业提供整套的电子商务解决方案。旅游企业在内可从事网上同业交易，为全球互联网用户提供旅游产品在线订购等电子商务活动。公用数据库则是以上三网的公用数据库。

资料来源：http://baike.baidu.com/link?url=dYhTu5vyI-wJVkI-SzRRhIFFoTABq-oQ0OJ-1xzXSFaDglUK1EknyraK2CTY5yXkwnZQg7IucOkrsbCjsFBQTK

4. 旅游博客营销

博客营销是利用博客这种网络应用形式开展网络营销的工具。旅游目的地、旅游企业或者个人利用博客这种网络交互性平台，发布并更新旅游目的地、旅游企业或个人的相关概况及信息，并且密切关注并及时回复平台上客户的相关疑问以及咨询，并通过较强的博客平台帮助企业零成本获得搜索引擎的较前排位，以达到宣传目的的营销手段。

博客营销互动性强、费用低廉，拥有无穷的创造性和极强的自主性和共享性，这使得旅游业可以把博客融入旅游企业营销的全过程，实现虚拟产品和现实产品的结合。

5. 旅游微博营销

微博营销以微博作为营销平台，每一个听众（粉丝）都是潜在营销对象，企业利用更新自己的微型博客向网友传播企业信息、产品信息，树立良好的企业形象和产品形象。每天更新内容就可以跟大家交流互动，或者发布大家感兴趣的话题，以此来达到营销的目的。

知识拓展

内容为王，高质量内容引发转发传播

微博界流传着这样一句话："你的微博如果有一百个粉丝，那就像是一本内刊；超过一千，那就是布告栏；超过一万，那就是一本正规发行的杂志；超过十万，那就是一份都市报；超过一百万，那是一份全国性报纸；超过一千万，那就是电视台……"如此看来，想要形成自身影响力，打造自己的营销平台，拥有粉丝是关键，对于一个新开通的微博账号来说，首先面对的问题就是：如何打造自身的影响力与号召力，以便吸引、培养粉丝。观察现有微博账号可以发现，总体来说有两点：一是内容为王，二是礼品奖励。

1. 山东省旅游局账号影响力观察

微博"政府影响力榜"旅游行业月度榜单，在2012年前5个月中，山东省旅游局影响力在第一位和第二位间切换，体现出雄厚的实力。

山东省旅游局官方微博在2012年前5月的影响力指数及在旅游部门中排名

月　份	影响力指数	排　名
2012年5月	647	1
2012年4月	662	1
2012年3月	652	2
2012年2月	651	2
2012年1月	618	2

注：数据来源于新浪微博"政府影响力榜"旅游行业月度榜

2."山东省旅游局"账号高转发内容分析

我们知道转发赢奖是提高单条微博转发量的一种有效方式，这使得部分微博账号转发度最高的微博内容往往是赢奖活动。观察山东省旅游局官方微博近期所发布的内容（选取从5月1日开始到6月13日的数据），我们发现，山东省旅游局转发数前10条的微博中仅有3条是有奖活动，所占比例很小。且转发度最高的2条均是内容致胜。这些内容胜在哪里呢？

山东省旅游局官方微博发布的转发量较高的微博

微　博　内　容	转发量	评论量
【据说只有山东人能听懂的方言】夜来后上，打谱叫嫩来吃鼓扎，木新思电话踢蹬了，扎鼓了一盼子，也木扎鼓好。待去叫嫩把，又嫌号太远了——你能看懂吗？著名影星@黄渤的一口青岛方言，幽默而不失纯朴，充满了浓浓的山东味儿。俺们都港稀罕来！	1662	371

（续表）

微 博 内 容	转发量	评论量
【青岛话初级教程】很多——摸社多，很少——麻点儿，很清楚——枕群靓，很白——条白，很黑——渠儿黑，很黄——显黄，很红——彤红，很紫——烟紫，很绿——铮绿，很亮——铮亮	912	153
【注册会员赚积分，赢取泰山、曲阜二日游】	742	181
【动动手转微博，免费体验城岭农家乐】参与方式：关注@山东省旅游局官方微博@莱芜市旅游局……	331	123
济南天气太热了！买筐鸡蛋，到家变小鸡了！买了个凉席，晚上变电热毯了！买支雪糕，变甜水了！遇个陌生人，相视一笑，变熟人了！桌子太烫，麻将居然糊了！走着走着路，脚被烫熟了！……	277	64
【好吃山东】潍坊肉火烧、枣庄菜煎饼、沂蒙光棍鸡、单县羊肉汤、烟台鲅鱼水饺、济宁甏肉干饭……吃货在山东，永远不离开！	265	60
【趣谈山东妹子】山东哪里女孩最好？济南妹子心肠好，家里再穷不会跑。威海妹子气质好，水多皮嫩不出老……	246	112
【五月青岛樱桃季】素有“春果第一枝”的樱桃，终于在5月熟透了。青岛崂山周围的北宅……	215	24
【教您如何挑选樱桃】再过几天烟台大樱桃就要上市了，如何挑选小编支招！	187	53
【山东男人的七大特征】1. 山东男人吃大馒头和大葱。2. 山东男人打够级。3. 山东男人乡音不改……	209	61

资料来源：http://city.sina.com.cn/travel/t/2012-06-26/171830567.html

四、旅游体验营销

体验营销20世纪末出现于美国。1998年，美国战略地平线公司的两位创始人派恩和吉尔摩在《哈佛商业评论》上发表的《欢迎体验经济到来》一文中，首次提出了体验营销的概念。他们对体验营销的定义是：“从消费者的感官、情感、思考、行动、关联五个方面重新定义、设计营销理念，认为消费者消费时是理性和感性兼具的，消费者在消费前、消费中和消费后的体验是研究消费者行为与企业品牌经营的关键。”

从旅游者角度来说，旅游的本职是一次"经历"，其收获的是对旅游过程中的事物和事件的直接观察或互动参与而形成的"体验"，作为旅游者消费价值的主要组成部分，这些"经历"和"体验"将会在旅游活动结束后作为记忆永久保存。因此，旅游具有典型的体验经济特性。旅游体验营销可以定义为：旅游体验营销是指旅游企业或旅游目的地以激发并满足旅游者的体验需求为主旨，以旅游服务为平台，以有形旅游产品为载体，从感官、情感、思考、行动和关联诸方面设计营销理念，从而达到经营目标的一种营销方法。

（一）特征

既然体验营销是以消费者的体验需求为主旨的一种营销方式，旅游活动又作为最典型的一种体验消费类型，那么旅游体验营销也正如体验经济一样与传统经济形态有着本质区别，具备自身独有的特征。

1. 更关注旅游者个性化与人性化的需求

在传统的旅游营销活动中，旅游企业或旅游目的地更注重旅游产品的质量和服务水平，从本质上说，这种产品与服务在面对所有旅游者时具有相同的特质。然而，在体验营销中，旅游企业或旅游目的地更强调满足旅游者精神的、个性需求的重要性，如何通过营造良好的体验情境为旅游者带来难忘的经历成了旅游企业或旅游目的地的关注点所在。因为这种体验情境的创造给旅游者带来的感受是独特的、唯一的和不可复制的，能够满足其实现高层次的精神追求。因此，尊重人性和人的个性，是旅游体验营销最基本的特征。

2. 核心要素是旅游者的参与

旅游体验营销是从感官、情感、思考、行动等方面引起旅游者共鸣的一种方式，强调旅游者的参与性与互动性。传统营销中，旅游企业往往是把信息单向流向市场，向旅游者传递旅游服务项目的价格、质量等，在整个营销传播中发挥了主导和控制作用，旅游者成为旅游产品和服务的被动接受者；体验营销则强调旅游者的主动性，不仅使得旅游者成为其活动的参与者，更使得他们成为体验活动的主体，从而能够在营销活动中与企业实现互动，完成营销信息的整合和传播。

3. 营销方式更加灵活多样

在体验过程中，旅游者的心理诉求并不完全相同，有的追求情感的交流，有的追求过程体验，还有的是基于一种文化的认知。面对不同需求的旅游者，体验营销的方式也通常表现出相应的差异性，如不少旅游目的地根据影视剧的热播来创造情境再现，一些旅游目的地通过当地特色的旅游节事的举办来加大与旅游者的情感沟通，还有的通过营造一种文化氛围对旅游者进行知识的熏陶等，因此，旅游体验营销的方式并不是统一的，而是根据旅游产品的特点、旅游服务的对象以及不同的环境表现出灵活多样性。

（二）营销模块

旅游者是理性与感性兼具的，使旅游者感到的美好体验，是研究旅游者行为与旅游目的地成功经营的关键。按照施密特（Bernd H. Schmitt）对体验营销的分类，旅游体验营销可以分为五个模块（见表4–1）。

表 4-1

旅游体验营销战略模块

营销模块	目　标	手　段
感官营销	创造游客知觉体验的感受	视觉、听觉、触觉、味觉、嗅觉
情感营销	调动游客内在情绪和情感	营造游客需要的情景和氛围
思考营销	启发游客思考，获得认知，满足求知欲望	以创意的方式引起游客的惊奇、兴趣及对问题的思考
行动营销	吸引游客参与，加深体验主题的理解和记忆	身体的有形体验、生活方式体验和互动体验
关联营销	通过以上四个方面的综合，满足游客自我改进的个人渴望及社会认同感	特定的游客体验方案，使之成为特定的体验消费群体

资料来源：白恩德、施密特等：《体验营销》，广西民族出版社，2003年

1. 感官营销

感官营销的诉求目标是创造知觉体验的感觉，它以满足人们的审美体验为重点，通过感官刺激（包括视觉、听觉、触觉、味觉与嗅觉），提供给旅游者以美得愉悦、兴奋与享受。感官体验所涉及的感官刺激越多，体验设计就越成功，越能激发旅游者的消费动机。感官体验是体验营销中最浅层的体验。

2. 情感营销

旅游情感营销是以旅游者内在的情感为诉求，通过心理沟通和情感交流，赢得旅游者信赖和偏爱，致力于满足旅游者的情感需要的一种方式。旅游者的情感可以分为感情与情绪两个方面，其范围可以从欢乐的、激情的正面心情到讨厌的、难受的负面情绪。旅游者在旅游过程中，对于那些符合心意、能够满足心灵需求的产品和服务会产生积极的情绪和情感，进而产生依恋情结而激发消费行为。因此，旅游企业需要寻找旅游活动中能够导致旅游者情感化的因素，了解什么刺激可以引起某种情绪，以及能使旅游者自然的受到感染，从而激发消费者积极的、正面的情感，避免和去除其负面感受，促进营销活动顺利进行。

3. 思考营销

思考营销以启发人们的智力为目的，通过创意的方式引起旅游者的好奇和了解的欲望，使其在消费过程中自发进行集中或分散的思考，从而获得认识和解决问题的体验，满足消费者的求知需求。思考体验营销最重要的原则就是把知识性、娱乐性和趣味性融为一体，充分激发旅游者的兴趣，激活其思维和探究欲望。一些旅游目的地城市和地区，也开始注重运用思考营销的方法来进行促销和旅游分为的营建。如江西鹰潭龙虎山风景区，悬崖绝壁上布满了年代久远的木棺，古人是如何将木棺放置在连猿猴都难以攀援的绝壁上，这吸引了社会各界广泛的猜想。因此，每年有不少游客都是带着这种好奇心来游览的。该景区紧紧抓住游客这种求奇求异的心理，精心设计了体验。在悬棺景区，每天都有例行的模拟悬棺活动，而活动的参与者绝大多数是游客。

4. 行动营销

旅游行动营销的核心是吸引旅游者参与并产生互动，它超出了感官、情感、思考的

范围，目的是加深游客对体验主题的理解与记忆。基于不同的消费心理，越来越多的旅游者对旅游项目的设计或参与产生了浓厚的兴趣，以体现出自身的个性与思想。如一些民俗的旅游目的地安排游客穿民族服装，根据当地风俗体验模拟婚礼等，这种做法就是让游客在身体上感受到旅游目的地的特色。

5. 关联营销

关联营销包含感官、情感、思考与行动营销等层面，它超越私人感情、人格、个性，与个人对理想自我、他人或是文化产生关联，目标是为满足消费者为他人所尊重、为社会所接受及自我实现等更高层次的心理需要。旅游关联营销给旅游者带来的深刻体验源于社会文化意义的相互影响和自身对社会地位的追求，其本质是使得旅游者通过购买旅游目的地的产品与其他人、群体和文化相关联。因此，旅游关联营销最重要之处是选择合适的参照群体，根据群体内人们共同的文化背景、信仰、爱好和文化，建立符合其消费体验的主题文化与产品，以获得旅游者的认同感。

知识拓展

被誉为"东方好莱坞"、"中国一绝"的宁夏镇北堡西部影城地处宁夏银川西郊镇北堡，是集观光、娱乐、休闲、餐饮、购物于一体的5A级旅游景区。因拍摄《牧马人》、《红高粱》、《老人与狗》、《大话西游》、《新龙门客栈》、《绝地苍狼》等多部影视剧而得以闻名。对于旅游者来说，宁夏镇北堡西部影城最突出的服务就是让游客体验当明星的感觉。其保留和复制了在此拍摄过的著名电影、电视的场景140多处，在拍摄过《红高粱》、《红河谷》、《新龙门客栈》等片的拍摄现场，游客不仅可以参观，还可以穿上影视剧曾使用过的服装，在专业导演的指挥下，亲自演一回影视剧的精彩片段，并剪辑录制成盘。通过影视现场的情景再现和亲自体验，游客可以完成一种心灵之旅。现在每年到镇北堡旅游的游客达到33万人，景区每年盈利上千万元人民币，固定资产上亿元人民币。

资料来源：邹统钎、陈芸:《旅游目的地营销》，经济管理出版社，2012年

五、旅游危机营销

旅游业是一个非常敏感的行业，旅游业的健康发展在很大程度上依赖于公众（旅游者）对旅游目的地安全性和稳定性的信心。危机营销作为一种营销手段，可以有效地化危机为转机，减少旅游危机给旅游目的地带来的损失，甚至提升旅游目的地的形象，维持旅游目的地经济稳定。

旅游危机营销就是指旅游企业或者旅游目的地组织面对可能发生或已经发生的对旅游业具有重大不利影响的突发事件时，通过采取特殊的营销措施，以最大限度减少危机给旅游企业或目的地带来的负面影响，甚至是转危为安，以保持旅游经济稳定，维护良好的旅游目的地形象的各种营销措施的综合。

（一）特征

旅游危机营销具有及时性、市场导向性、信息导向性、动态性四个方面的特征。

1. 及时性

旅游企业或旅游目的地要在最短时间内重塑旅游企业或目的地的良好形象和声誉，就必须尽早发现危机，及时开展旅游危机营销。一旦错过了旅游危机营销启动的最佳时间，危机对旅游形象的破坏和对公众旅游信心的打击就越大。

2. 市场导向性

由于旅游产业的服务对象是人，因而，旅游营销主题必须以旅游者需求为出发点和归宿，并随时关注旅游市场的需求变动，针对新的市场需求改变旅游产品的设计和开发。旅游危机的爆发会使人们的生活方式与旅游行为模式受到不同程度的影响。旅游危机营销必须以市场为导向，通过演绎旅游新产品概念，力求安全、健康的旅游新概念，在引导旅游消费的竞争中确定旅游企业或者旅游目的地的优势和建立自己的旅游品牌，从而促进旅游业的恢复和发展。

3. 信息导向性

旅游服务的无形性、旅游设施的不可移动性和旅游产品的不可储存性使旅游信息有不对称的可能。同时，旅游产业中主客体之间、客体和媒体之间、主体和媒体之间存在大量的供需不相等和信息不充分的分布特征，这也增加了旅游信息的不对称。旅游企业或目的地要成功开展旅游危机营销必须以信息为导向，通过充分的市场调查掌握旅游危机的第一手资料，并通过电视新闻、报纸、网络等多种渠道建立合理的信息披露机制，保证信息获得和发布的及时性、真实性、全面性和有效性，从而使目的地公众和其他国家、地区的政府和公众都能充分了解旅游危机的真实情况，避免不实报道引起公众恐慌和对旅游形象的破坏。

4. 动态性

从旅游危机生命周期来看，旅游危机营销经历了旅游危机的潜伏期、爆发期和恢复期。在旅游危机生命周期的不同阶段，随着旅游危机的危害程度和危害范围的变化，企业和管理部门采取的营销策略也随之变化；旅游危机的发展变化使客源市场受影响程度也发生变化，从而导致旅游细分市场和主次目标市场的选择也不同。最后，还要根据旅游危机营销的效果评估结果，进一步改进和完善其营销策略。因此，旅游危机营销具有动态性。

（二）策略

由于旅游危机在不同发展阶段的影响范围，危害程度不同，公众对危机的反应也不同。所以，在旅游危机生命周期的不同阶段，旅游企业或目的地应制定和实施有针对性的旅游危机营销策略，并根据各策略的重要程度合理分配营销资源。

1. 旅游危机潜伏期

旅游危机潜伏期的营销策略包括危机营销战略资源库准备、危机营销预警、危机营销信息化三个方面。

（1）危机营销战略资源库准备

旅游危机营销战略资源库的准备包括：一是组织准备，即设置常设性旅游危机营销专门机构，如危机营销委员会；二是硬件资源准备，包括危机营销管理人员和旅游危机营销专项基金；三是软件资源准备，包括历史信息库、旅游危机营销管理计划、旅游危机营销预案等。

(2) 危机营销预警

旅游危机预警可以把许多分散的信息组织在一起,全面监测、跟踪事件发生的迹象和动态,并向风险防范部门提供决策的信息基础。预警信息的发布,能为游客提供出行和决策参考,防止出现拥堵或踩踏事件。

(3) 危机营销信息化

旅游企业或目的地可以通过提高旅游电子商务水平,建立、完善旅游营销系统和大型旅游网来实现旅游营销的信息化。营销信息化是提高旅游危机营销效率,降低营销成本的重要手段。

2. 旅游爆发期

当危机全面爆发后,旅游企业或目的地要迅速反应,把握危机应对的最佳时间,采取适当的营销策略组合。危机爆发期的营销策略主要包括公共关系营销、事件营销、网络营销、概念营销、反营销以及新的营销组合。

(1) 公共关系营销

首先,要成立危机公关小组,寻找危机源头,控制与处理危机源头,避免事件进一步扩大;其次,要第一时间通过媒体表明态度、主动承担责任,实施有效措施对相关利益群体进行关怀,信息及时披露与化解矛盾,避免信息扩散传播。同时,还要处理好与政府及投资商等第三方的关系,第一时间将危机报告给他们,争取他们的帮助。

(2) 事件营销

在旅游危机爆发期,实时地策划具有新闻价值的事件,可以转移大众对旅游危机的注意力,赢得更多事件来处理危机,同时也可以借此提高旅游企业或者旅游目的地的知名度,建立新的旅游形象,减少危机对旅游企业或目的地带来的影响。

(3) 网络营销

通过旅游网络营销系统第一时间真实地发布旅游危机的相关信息,以及危机的处理过程,这样不仅可以赢得广大公众的理解和信任,也节省了营销成本。

(4) 概念营销

旅游危机会从一定程度上影响旅游者的消费心理和消费行为,因此,旅游企业或目的地不能坐等旅游危机的缓慢度过,而应实施概念营销。概念营销着眼于消费者的理性认识与积极情感的结合,通过导入消费新观念来进行产品促销。旅游企业和目的地政府应根据旅游消费心理和消费行为的改变,培育旅游消费信心,并通过旅游新产品概念的演绎,力推安全、健康的旅游新概念,引领旅游新潮流,培育市场饥渴感,在引导旅游消费的竞争中确定旅游优势和建立自己的旅游品牌,为旅游业的恢复提前营造先发优势。

(5) 反营销

反营销策略是指利用某种营销技术劝导人们不要购买某种产品或做某种特殊的事情。反营销是一种把游客的利益放在第一位的营销行为,可以树立目的地或旅游企业在大众心中的良好形象。

(6) "4P" 营销

4P营销理论是指四个基本策略的组合,即产品(Product)、价格(Price)、渠道

(Place)、促销(Promotion)。旅游企业或旅游目的地应针对危机爆发期旅游市场和营销环境的变化，实施新的旅游营销组合策略：不适宜大规模退出新的旅游产品；针对不同客源市场进行折价销售；加强各营销渠道的培养；不适宜过多商业化的旅游宣传促销。

3. 危机恢复期

受到危机事件的冲击和破坏后，常常会出现一种状况，旅游业低迷持续的时间往往比危机事件本身还要长，存在滞后现象。根据危机恢复期的特点，可以采取的营销策略包括：黑色营销、节事营销、整合营销、品牌营销、名人营销等。

(1) 黑色营销

危机过后，通过黑色营销，发展黑色旅游也是变危机为转机，重树旅游目的地形象，重建旅游目的地品牌的一种方式。

(2) 节事营销

节事营销具有规模大、影响广的特点，它对危机过后，增强旅游目的地吸引力和知名度、宣传目的地旅游形象、促成区域旅游合作有着重要作用。

(3) "4P" 营销

针对旅游危机恢复期实施新的旅游营销组合策略。在产品方面，及时推出新的旅游产品，调整旅游产品结构，提高产品和服务的质量；在价格方面，不同客源市场实行差别定价；在渠道方面，加强政府对渠道的开拓和管理，促进区域营销合作；在促销方面，针对客源市场开展不同的促销活动，注重后续促销。

(4) 品牌营销

重塑旅游形象，坚持旅游品牌营销是旅游危机营销的任务之一，也是减少旅游损失、恢复旅游业发展的必要手段。

(5) 名人营销

名人营销是通过名人影响力的示范效应，为旅游者做出榜样，坚定其恢复出游的信念。

(6) 合作营销

在危机恢复期，政府不应把短时期的经济利益放在首位，应该积极实施金融救助或财税措施支持旅游企业。在困难时期，政府需要与企业紧密合作，可以用临时性的税收优惠、补贴、免费签证等措施来激励旅游经营者、航空公司、游船公司等企业在危机后迅速恢复运营。

知识拓展

"四两拨千斤"的危机营销

一场"四两拨千斤"的危机营销，让地处中国西南一隅的会理县一时成为全国最受关注的地方之一。2011年6月26日，有网友爆料称，凉山州会理县政府网站发布的一则新闻中使用了合成痕迹明显的领导视察照片。随后，该图片在网上引发了PS狂潮。网民们对图片进行了新的合成，原图中的三名领导走出会理县、走出国门，甚至离开地球，背景包括车上、太空、草原、南方水灾现场等多个场景。

危机事件发生当天，会理县政府就接受了《天府早报》等媒体采访，作出正面回应，并在政府网站上发表致歉声明，贴出了PS前的原图。与一般危机回应不同的是，会理县还向前多走了一步：当天下午，会理县政府及PS事件的当事人孙正东开通实名认证微博，向网友说明情况并致歉。随后，网友发现，会理县政府微博和孙正东的微博积极和网友互动，以同样轻松诙谐的语气回应网友的PS恶搞，并借机推介会理旅游。之后，一些团购网站和旅行社则已开始推介会理旅游套票。此前名不见经传的会理县一“图”成名。会理石榴、会理古城都开始走进网民的视野，成为微博上热传的旅游信息。不少网民表示，在PS欢乐之余，对会理产生了浓厚兴趣，很想去旅游。

一个危机事件华丽转身为成功的旅游营销，堪称危机营销的经典案例。这场危机营销，不仅化解了会理县的危机，也让这个名不见经传的小地方一夜成名，带动了会理县旅游业的发展，提高了会理的旅游知名度。

资料来源：邹统钎、陈芸：《旅游目的地营销》，经济管理出版社，2012年

效果评价

知识评价

1. 请用具体例子说明事件营销的两种不同类型。
2. 请阐述网络营销的特点，以及网络营销每种类型的特点。
3. 请用具体例子对体验营销的五个模块加以说明分析。
4. 请阐述旅游危机营销的策略。

能力评价

1. 请选择某一景区或旅游目的地，列出当地最具影响力的旅游资源，分组讨论并制定当地的旅游营销方案。要求：投资少，影响大，有创意。

2. 澳大利亚昆士兰旅游局于2009年初在全球进行的“世界上最好的工作”的网络招聘活动，短短数月时间，便给昆士兰带来了超过1亿澳元的公关价值，它被业界视为最成功的旅游策划案例。请以小组形式，通过资料搜集，讨论该案例的成功之处。

通过本模块的学习，你能够

- 了解旅游规划的意义和类型
- 理解旅游可持续发展的意义和途径
- 分辨不同类型的旅游新业态
- 了解旅游业发展趋势

本模块重点内容网络图

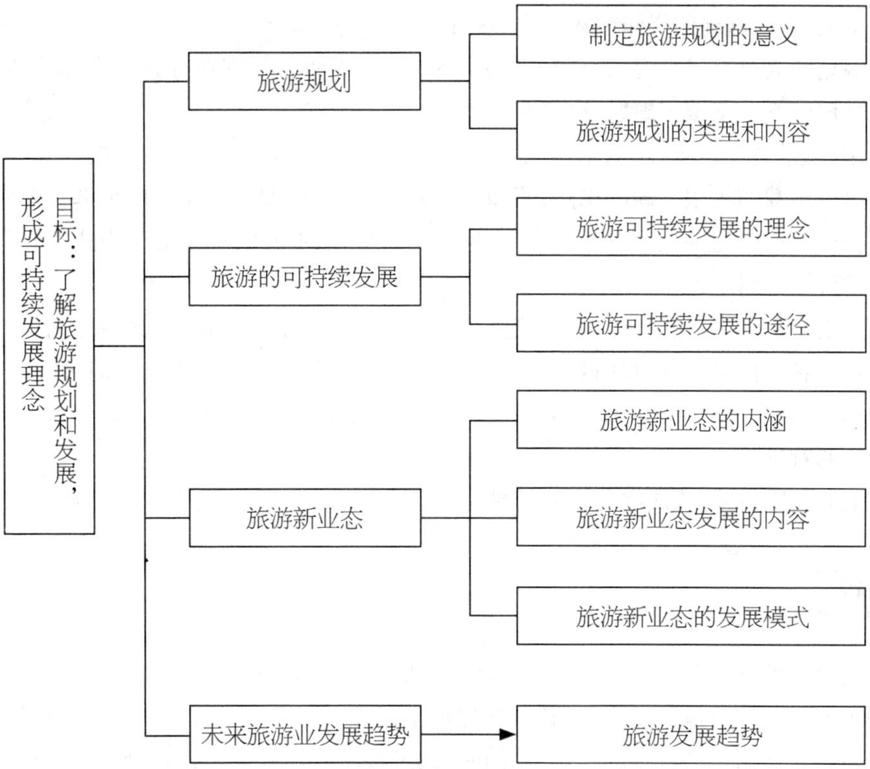

关键词

旅游法　旅游规划　可持续发展　新业态　发展趋势

任务一 旅游规划

任务引入

魏小安对湖北省旅游发展规划的若干意见(摘要)

这个规划从启动开始,就提出了非常系统、非常明确、非常严格的要求。同时,通过严格的公正、公平、公开的招标程序,形成了一个规划单位的市场化的竞争。正是有了明确的要求和明确的程序,使这个规划的运行形成了一个很好的机制,这是我们成功的一个最基本的保障,这样的操作模式在全国是具有普遍意义的。

这个规划从人员组成来说,是以中方为主的中外结合模式。现在有五 个省请世界旅游组织聘请外籍专家做了规划,这些专家是以外方为主、中方为辅的。但我们这次是以中方为主,吸收外方专家参与,我非常赞赏这种模式。因为旅游说到底是文化,聘请外方专家可以给我们出很多新的思路,提供很多新的视角,但是对于文化的把握,毕竟不如我们自己。所以这种以中方专家为主,聘请外方专家的模式,是个好的模式,可以把双方的优势结合到一起。

这个规划还是多学科的结合。一个地方的旅游发展规划,不光是一个地理学背景、经济学背景或者文化学背景的,而是需要所有的学科结合在一起。严格地说,这不是一个产业规划,而是一个经济、文化、社会综合到一起的总体规划,自然就要求多学科的结合和多学科的背景。

通过上面这段话,请谈谈你对旅游规划的认识。

任务执行

旅游规划是指对未来某个地区旅游业的发展方向、产品开发、宣传促销及环境保护等一系列重要事项的总体安排,它对该地区旅游业的发展具有宏观指导和动态调控作用。其实质就是根据市场环境的变化情况和持续发展的时代要求,对与区域旅游业发展有关的空间资源如土地、人力、资金、景观等进行优化配置,具体包括对旅游投资的正确引导、对旅游经济要素的合理配置和对影响公共利益、公共安全的主要空间资源进行有效的控制以及相关部门的分工协作等。

一、制定旅游规划的意义

(一)旅游规划是有序开发旅游资源的必要手段

开发建设要有计划,必须规划先行,这是落实科学发展观的基本要求。旅游大发展的局势,使旅游规划的重要性和对旅游规划的需求超越了以往任何一个时期。

旅游规划的编制和实施,可以使旅游发展有计划、有步骤的进行。规划的编制,是将区域的旅游资源、市场、项目在原有无序、隐藏的基础上作认真盘点和评估;运用科学方法,把原有的资源存量、旅游发展观、开发谋略,进行了比较认真和系统的梳理、整合、提升，从而形成比较全面的方案。旅游规划是一个系统工程，规划的实施会涉及较多部门，有关部门需要在规划的指导下相互配合和协调发展，才能保障旅游资源的有序开发。

（二）旅游规划是合理开发旅游项目的有效途径

我国历史悠久，地大物博，可供游览和开发利用的旅游资源极其广阔、丰富。然而，自然环境的承载力是有限的，一些地方的旅游开发，一味追求经济效益，以牺牲资源优势为代价，涸泽而渔。

云南省著名景点玉龙雪山曾为获得更大商业价值，在景区架设多条索道，每条索道都伸入自然保护区的核心区。而这些索道的建设和运营，导致大量游客涌入，使亘古冰川遭到破坏，部分冰川开始融化；高山植被和野生花卉被游客践踏、破坏；野生动物的数量急剧减少。事实上，近年来旅游业发展中类似“过度开发”的现象比比皆是。黄山过多开发建设，被世界遗产委员会警告；一些地方的古城过度商业化，如南京古城墙增设“透明观光电梯”致反对声一片；还有丽江“过度开发”质疑不绝于耳，原住居民大量外迁；等等。

开发利用不合理、不科学，不少风景区人工化、商业化现象泛滥，正逐渐失去吸引力。为保证所开发的旅游资源的合理利用，必须根据现状和趋势，做好旅游发展规划，开发什么、开发多少、什么时候开发、开发多大规模等，编制出明确的规划，并按照规划有步骤的进行。

（三）旅游规划是促进旅游业和相关行业协调发展的重要保证

旅游业具有综合性强、关联度大的特点，与旅游业吃、住、行、游、购、娱等6大要素相关联的行业和部门达100多个，而且旅游业的外延还在扩展。因此，要解决旅游业与相关行业协同发展关系，必须要靠国家和各地政府通过制定旅游发展规划来统一。《旅游法》规定，旅游发展规划要与土地利用总体规划、城乡规划和环境保护规划以及其他自然资源和文物等人文资源的保护和利用规划相衔接。更重要的是旅游规划在批准实施后，政府及相关部门在组织编制和修编相关规划时，要充分考虑旅游业发展的需求，与旅游发展规划相衔接。这从法律效力上有力地促进旅游发展规划的落地实施，必将有力推动中国旅游业的健康发展。

（四）旅游规划是推动旅游业可持续发展的有力措施

旅游资源是发展旅游业的基础，要保持旅游业可持续发展，就必须做好旅游资源的保护工作。《旅游法》规定：“对自然资源和文物等人文资源进行旅游利用，必须严格遵守有关法律、法规的规定，维护资源的区域整体性、文化代表性和地域特殊性。”

旅游规划有一个“调研、分析、策划”的过程，强调旅游资源开发要与保护相协调，发展速度要与发展质量相协调，发展规模要与自然承载能力相协调，经济效益要与生态效益相协调，从而实现“生态—经济—社会”的良性互动。只有得到精心保护，处在良性循环状态的旅游资源和旅游环境才能促进人们将旅游愿望转化为现实的旅游需求。因此，任何区域的旅游开发都必须是旅游规划先行，有关部门必须按照规划的要求和规定做好景区景点的环境及资源的保护工作，才能保持旅游业的可持续发展。

二、旅游规划的类型和内容

旅游规划的类型区分，可以根据时间、空间、功能等的不同来划分。根据中国目前唯一的一部旅游规划法规《旅游规划通则》(GB/T18971—2003)的描述，旅游规划分为两大类，即旅游发展规划和旅游区规划。

例如浙江省旅游发展规划、杭州市旅游发展规划、遂昌县旅游发展规划等属于旅游发展规划。旅游发展规划的对象通常是以行政管辖区为范围，规划内容包括旅游产业系统的各项因素的安排。

例如武夷山国家旅游度假区规划、九寨沟景区规划等属于旅游区规划。旅游区规划的对象是一个旅游区（景区、度假区等），规划内容包括具体的产品、设施以及经营策略等。旅游区规划按照规划工作的深度又可分为总体规划、控制性详细规划、修建性详细规划等，不同层次的旅游规划，其内容也不尽相同。

图 5-1

旅游规划种类

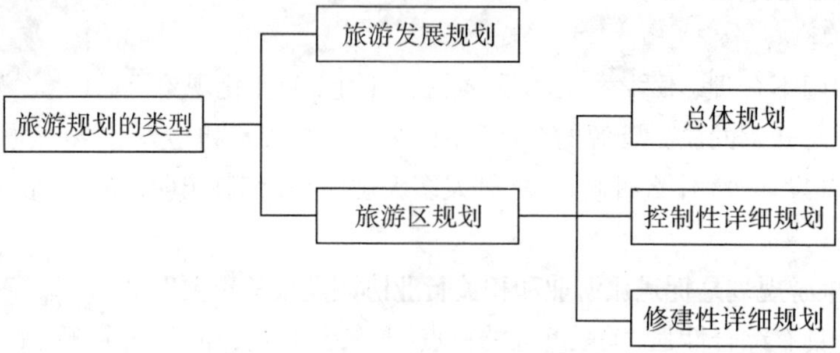

此外，常见的旅游规划类型还有根据时间划分的近期行动计划、中期发展规划、长期发展规划等。

（一）旅游发展规划

根据我国《旅游发展规划管理办法》和《旅游规划通则》，旅游发展规划的主要任务是明确旅游业在国民经济和社会发展中的地位与作用，提出旅游业发展目标，优化旅游业发展的要素结构与空间布局，安排旅游业发展优先项目，促进旅游业持续、健康、稳定发展。

旅游发展规划的主要内容包括：全面分析规划区旅游业发展历史与现状、优势与制约因素及与相关规划的衔接；分析规划区的客源市场需求总量、地域结构、消费结构及其他结构，预测规划期内客源市场需求总量、地域结构、消费结构及其他结构；提出规划区的旅游主题形象和发展战略；提出旅游业发展目标及其依据；明确旅游产品开发的方向、特色与主要内容；提出旅游发展重点项目，对其空间及时序做出安排；提出要素结构、空间布局及供给要素的原则和办法；按照可持续发展原则，注重保护开发利用的关系，提出合理的措施；提出规划实施的保障措施；对规划实施的总体投资进行分析，主要包括旅游设施建设、配套基础设施建设、旅游市场开发、人力资源开发等方面的投入与产出等。

《旅游法》规定：旅游发展规划应当包括旅游业发展的总体要求和发展目标，旅游资源保护和利用的要求和措施,以及旅游产品开发、旅游服务质量提升、旅游文化建设、旅游形象推广、旅游基础设施和公共服务设施建设的要求和促进措施等内容。

随着《旅游法》的颁布实施,国家旅游局又启动旅游规划课题研究和相关工作,将研究制定《旅游规划编制和评估办法》,进一步明确旅游发展规划、专项旅游规划等各类旅游规划的编制原则、组织、内容、评审、实施等方面要求,特别是要建立健全旅游规划衔接和规划评估机制。

(二)旅游区规划

旅游区规划是指为了保护、开发、利用和经营管理旅游区,使其发挥多种功能和作用而进行的各项旅游要素的统筹部署和具体安排。

旅游区总体规划指在一个地域综合体(多为一个法定范围)内的旅游系统的发展目标和整体性部署过程。根据《旅游规划通则》,"旅游区在开发、建设之前,原则上应当编制总体规划。小型旅游区可直接编制控制性详细规划"。旅游区总体规划是旅游区详细规划的基础,是从整体的角度对旅游区的旅游资源进行优化配置,从发展旅游业的长远角度考虑的旅游业规划设计。旅游区总体规划不仅仅重视自然景观的设计以及区域范围内路线与设施设计,更多的是从市场的角度、从注重游客的角度规划旅游景观和设施,设计旅游活动项目,强调资源和环境的保护对旅游可持续发展的重要性,突出可操作性,尽量做到经济、社会和环境效益的综合兼顾。

旅游区总体规划的内容包括:对旅游区的客源市场的需求总量、地域结构、消费结构等进行全面分析与预测;界定旅游区范围,进行现状调查和分析,对旅游资源进行科学评价;确定旅游区的性质和主题形象;确定规划旅游区的功能分区和土地利用,提出规划期内的旅游容量;规划旅游区的对外交通系统的布局和主要交通设施的规模、位置;规划旅游区内部的其他道路系统的走向、断面和交叉形式;规划旅游区的景观系统和绿地系统的总体布局;规划旅游区其他基础设施、服务设施和附属设施的总体布局;规划旅游区的防灾系统和安全系统的总体布局;研究并确定旅游区资源的保护范围和保护措施;规划旅游区的环境卫生系统布局,提出防止和治理污染的措施;提出旅游区近期建设规划,进行重点项目策划;提出总体规划的实施步骤、措施和方法以及规划、建设、运营中的管理意见;对旅游区开发建设进行总体投资分析。

为了近期建设的需要,可编制旅游区控制性详细规划和修建性详细规划。控制性详细规划的重点是一套指标控制体系,修建性详细规划侧重于技术经济指标体系的控制,对旅游区地块性质、开发强度和综合环境提出规划控制要求,以指导地块的建设。旅游区控制性详细规划的主要内容包括:详细划定所规划范围内各类不同性质用地的界线,规定旅游区修建性详细规划侧重于在某一局部地区或地块内,在规划指标指导下,对该地区或地块的建设方案提出详细的布局和配套方案。修建性详细规划的重点在以指标控制为前提的平面布局规划上。修建性详细规划的任务是,在总体规划或控制性详细规划的基础上,进一步深化和细化,用以指导各项建筑和工程设施的设计和施工。旅游区修建性详细规划的主要内容包括:综合现状与建设条件分析,用地布局,景观系统规划设计,道路交通系统规划设计,绿地系统规划设计,旅游服务设施及附属设施系统规划设计,工程管线系统规划设计,竖向规划设计,环境保护和环境卫生系统规划设计。

旅游区还可根据实际需要，编制项目开发规划、旅游线路规划和旅游地建设规划、旅游营销规划、旅游区保护规划等功能性专项规划。

效果评价

知识评价

1. 请概括旅游规划编制过程中应包括哪些方面内容。
2. 请说出旅游规划的常见种类。

能力评价

国家发改委社会发展司司长王威在介绍《旅游法》时说的一段话：依法做好规划对于旅游发展是非常重要的。在《旅游法》的“旅游规划和促进”章节中着重规定旅游保护和开发一定要统筹规划，一定要打造出科学、合理、有品位的、一流的产品。大家知道我国有很多名山大川，有很多非常好的旅游资源，如果没有很好的规划，往往会造成很大的损失。比如说有些地方是一流的资源、二流的开发，最终成为三流的产品。也有不太好的资源，但是规划得非常好、品位非常高、质量好，最后变成很好的产品。

请据此试分析法定旅游规划的意义。

任务二 旅游的可持续发展

任务引入

世界旅游组织提炼出“黄山模式”

日前，在联合国世界旅游组织旅游可持续发展观测点大会期间，世界旅游组织提炼出了“黄山模式”。

据介绍，2008年3月，黄山被列入世界旅游可持续发展观测站。五年来，通过对生物多样性、地质资源的脆弱性、生态环境指标、旅游经济影响、游客感知与满意度、旅游对社区影响等方面的监测，黄山收集了旅游业可持续发展的系列指标数据，进而探求世界遗产地“环境影响最小化、经济产出最大化、社会效益最优化、游览体验最佳化”的可持续发展模式。

世界旅游组织认为，中国黄山是伴随着中国大众旅游兴起而发展起来的中国最早的山岳观光型旅游目的地的代表。其发展模式有其独特性，主要体现在：中国国家领导人邓小平1979年的“黄山谈话”，为黄山乃至中国旅游业奠定了发展基础；30多年来，黄山一直致力于核心景区的保护，其在保护上的经验与发展业绩一直是中国同行业借鉴或模仿的标杆，目前黄山已跻身于旅游目的地可持续发展的“世界前沿阵地”；黄山在中国风景旅游区的管理实践中率先形成了独特的二元管辖机制：核心景区160.6平方公里范围内无社区居民，由黄山市政府（委托黄山风景区管委会）直接管辖；核心景区的周边社区则从属于黄山市黄山区政府；黄山不断在政府管理与市场经营的互动之中探索新的平衡机制，其管理模式是集行政性的管委会、投资性的旅游集团公司和集资性的旅游股份公司于一体。

资料来源：http://www.toptour.cn/tab1210/info161272.htm

通过上面这段话，请谈谈你对黄山模式的认识。

任务执行

如今，“可持续发展”已成为世界各国协调经济、人口、资源、环境之间关系的重要战略。而这种战略的提出，却是人类在饱受生态恶化，资源濒临枯竭的报复下，痛定思痛才得以出台的。随着经济的发展，人们的生活水平日益提高，对旅游的渴求也越来越迫切。旅游业可持续发展理念随着“可持续发展”概念的提出而出现。

一、旅游可持续发展的理念

1962年美国海洋生物学家雷切尔·卡尔森出版了《寂静的春天》一书，其中包含着可持续发展的思想萌芽。

1972年6月5日—16日在瑞典首都斯德哥尔摩举行了联合国第一次人类环境会议，发布了《人类环境宣言》，第一次提出了环境与发展这一主题。

1983年11月世界环境与发展委员会（WCED）成立，发表了著名的《共同的危机》、《共同的安全》、《共同的未来》三个纲领性文件，三个文件都提出了“可持续发展战略”。

1987年世界环境与发展委员会发表了《我们共同的未来》，提出了可持续发展的概念。

1992年，联合国环发大会上，全球一百多个国家的首脑共同签署了《21世纪议程》。之后，各国政府相继发表宣言和行动计划，可持续发展成为20世纪和21世纪人类经济、社会发展的重大课题。

可持续发展的概念自提出以来，引起了全球范围的广泛关注和探讨，各个学科从各自的角度出发，对可持续发展进行不同的阐述，可持续发展作为一个全新的理论体系，正在逐步形成和完善。如从哲学角度主张建立以生态文明为基点，以生物圈及人类的共存与发展为价值取向，转变以人类为自我为中心以人类与自然界的相互作用，相互协调为中心的生态生产关系和经济体制，从而保证人类社会的可持续发展；从地理区域经济角度，强调“人地”关系的协调统一，实现人类与自然的共同繁荣；从系统论的观点出发，指出可持续发展包含经济发展、社会发展和生态发展等三个方面，是三者协调构成的复合系统，其功能是有效地调控三者之间的关系和平衡，使人类在保护节省资源的条件下，促进经济、社会、环境的全面进步，提高人民的生活质量。尽管各学科对可持续发展的阐述各不相同，但都包含了“协调经济、社会、环境三者关系”的思想，而这一点正是对人类传统发展模式的挑战，是人类谋求新的发展模式的基础。目前比较公认的是“世界环境与发展委员会”（WCED）出版的《我们共同的未来》中提出的定义：可持续发展就是满足当代人的需求，又不损害后代人满足其需求能力的发展；既实现经济发展的目的，又要保护人类赖以生存的自然资源和环境，使子孙后代能安居乐业，永续发展。

二、旅游业可持续发展

（一）旅游业可持续发展的实质

在相当一段时期内，由于人们过于沉浸于旅游所带来的经济效益的喜悦之中，认为旅游业是“无烟工业”，因而将其列为优先发展的产业，造成旅游资源过度开发，旅游项目盲目上马的恶果，加上对景区景点的粗放式经营和低效率管理，使旅游业赖以存在和发展的环境受到严重破坏。此时，旅游界人士方意识到倘若发展与环境之间失去协调，旅游业必将受到致命打击。响应全球可持续发展的号召，旅游业实施可持续发展战略的实质是：使旅游与大自然、社会文化和人类环境和谐地形成一个整体，既满足当前和未来旅游业的发展，又不损害旅游者和旅游地当前和未来的利益。

（二）旅游业可持续发展的原则

旅游业发展具有丰富的内涵，其发展具有不可逆性、广泛性以及自然—经济—社会的复合性。旅游业可持续发展要遵循以下原则：

1. 持续发展性原则

旅游业可持续发展的落脚点在“发展”上，发展是旅游业的重点，发展的目的是为了满足旅游者追求高品位旅游经历的需要，是为了满足旅游地居民当代和未来社会发展的需要，为了不影响后代人发展的需要。也就是说旅游业可持续发展是建立在当地生态环境、社会环境、文化环境、经济环境等的可持续发展基础上，协调统一的发展。

2. 限制性原则

旅游业可持续发展的首要条件是旅游资源的永续利用和旅游生态系统的可持续性保持，核心是旅游发展不能超越旅游资源与旅游环境的承载力。发展一旦超越承载力这一临界点就会导致自身的衰退。所以要对旅游资源等旅游业赖以发展的旅游环境的利用加以限制。这种限制不是绝对的，而是相对的。

3. 主客共享原则

旅游业的合理发展，会对旅游地带来诸多利益，如提高居民收入、改善居民生活、美化居住环境等。旅游业可持续发展要求兼顾旅游地原居民的发展与利益，只有这样，旅游业发展才能得到当地居民的支持。政府不能只顾经济效益而过度侵占原居民的生存和发展空间，而是应建立一个主客共享的旅游目的地。一旦破坏这个原则，原居民大量迁出，就会失去了目的地的原生态。

知识拓展

威尼斯人的感叹

意大利水城威尼斯居民莉迪亚·菲尔索奇感叹，旅游改变城市形态，如今的威尼斯不再是本地人的水城。

夏季是威尼斯旅游旺季，外来游客多至13万人，相当于本地居民的2倍。游客大量涌入的同时，本地居民正逐步“撤离”这座古老城市。在威尼斯购房的外来富人可谓“新居民”，一年在这里住不了多久，只为欣赏大运河美景；不少“老居民”则离开水城，把房屋租给游客。对他们来说，短期出租房屋给游客比长期出租给学生、工人或一个家庭更赚钱。

一些居民认为，历届地方政府没能抓住一系列机遇变革城市形态、为居民谋利。例如，圣克莱门特岛一所废弃的精神病院列入开发规划后，被打造成一处五星级度假胜地，而不是建设成一座大学校园；威尼斯电影节全球闻名，城内却只有两家电影院供本地居民消遣娱乐。

在威尼斯作家卡泰丽娜·法洛莫眼中，威尼斯已然成为“主题公园”，像一座“悲伤的迪士尼乐园”。“没人否认发展旅游业有必要甚至至关重要，但政府的任务是全面保护城市，”法洛莫说，“他们的第一要务是守护居民的日常生活，而不是游客的心血来潮。”

4. 共同性原则

“保护人类共有的地球”、“共建共享我们的家园”是包括旅游业在内的全球可持续发展目标。可持续发展体现了公平、重发展的特征，可持续性原则是全人类应当恪守的共同原则。为了实现可持续发展，全球必须采取共同的联合行为。正如《里约宣言》中所述：致力于达成既尊重所有各方的利益，又保护全球环境与发展的国际协定，认识到我们的家园——地球的整体性和相互依存性。

三、旅游业可持续发展面临的问题

尽管许多独特的自然景观和历史文化遗址，为旅游业的开发和发展提供了丰富的旅游资源，但旅游目的地所面临的问题却不容乐观。

1. 旅游目的地生态环境恶化

旅游业的兴旺，使旅游接待地的流动人口增加。旅游交通的频繁和飞机、汽车、游艇等交通工具废气排放量的增大，致使旅游接待地的空气污染、噪声污染和水质污染加剧。许多穿城而过的河流已遭严重污染，水色发黄甚至发黑。另外，旅游接待地人满为患的状况，也加重了当地基础设施的负担，致使景区污染严重，旅游景观受损，生态环境遭到破坏。

2. 掠夺性开发破坏旅游资源

旅游目的地的自然资源和生态系统的某些要素是不可再生的，是自然的馈赠，是可耗竭、可被污染的。有些地区开发商为了追求经济效益最大化，在风景名胜区迅速扩建高档宾馆饭店、疗养所、“培训中心”，以及索道、滑道、娱乐设施等，极大地破坏了旅游资源。

3. 旅游者环境意识差

在旅游景点我们经常可以看到旅游者触摸攀爬名胜古迹，在部分古迹上乱刻乱画的现象也不时发生，所有这些，都使名胜古迹的本来风貌和存在寿命受到严重威胁。一些旅游者随手丢垃圾，更有少数的旅游者，在旅游区狩猎、采集、露营、野炊，这既加重了旅游区的生态负担，又可能灭绝物种，使旅游区的平衡受到严重破坏。

四、旅游业可持续发展的实现途径

（一）坚持以教育为主，法律手段为辅的原则

旅游是一种以“人”为中心的综合性活动，旅游业对环境的破坏主要是由于人的活动而引起的。因此，要实现旅游业可持续发展，必须对包括旅游者、旅游业从业人员和旅游地居民在内的“人”进行旅游业可持续发展及环境保护重要性的教育，使他们在涉及旅游的各种活动中，都能自觉地恪守旅游业可持续发展的准则。对于旅游者而言，能否获得高质量、高品位的旅游经历取决于自然，人文旅游资源以及旅游环境的受保护程度。对旅游者进行教育，通过潜移默化的方式将旅游业可持续发展的观念渗透到旅游者的头脑之中，培养他们自觉保护环境的意识。此外，旅游业可持续发展的重要性应得到当地政府的最大支持。不可否认，无论宣传教育做得怎样到位，总有一些人不惜以破坏环境、毁坏资源为代价来获得个人私利。因此，《旅游法》总则多次提到“合理利用旅游资源”、“倡导健康、文明、环保的旅游方式”，在第三章“旅游规划和促进”中，提到旅游规划的内容中要包括“旅游资源保护和利用的要求和措施”，还要求“有关主管部门应当加强对资源保护和旅游利用状况的监督和检查”，在法律层面明确了政府保护利用旅游资源的职责。

（二）以旅游承载力为依据，判断旅游开发与决策是否有利于旅游业可持续发展

很多年以来，国内的旅游一直唯“接待量”论英雄，没有意识到有一天“人满”竟然真能“为患”。2000年有了黄金周之后，人们开始关注“旅游承载力”问题。

“旅游承载力”的基本涵义是指一个旅游目的地在不导致当地环境质量和旅游质量出现不可接受的下降之下所能容纳的最大游客量。它包括自然环境容量、设施环境容量和社会环境容量。自然环境容量主要考虑旅游对于生态环境带来什么样的影响；设施环境容量主要考虑设施能够容纳多少游客；社会环境容量既包括游客心理环境容量，游客认为多大的程度会拥挤，也包括社区环境容量，即多大规模的旅游是当地居民所能承载的。

“旅游承载力”的具体核定比较复杂，涉及因素比较多，易受季节性等因素的影响而难以达到准确化。但简单的可以从三个方面考虑：

1. 景区自然环境因素

景区的道路拥挤不堪，人已经走不通了，需要践踏草地了，找个休憩之处也很难了，需要去席地而坐。这种情况肯定会对景区的自然环境产生破坏。

2. 旅游者的感受因素

旅游的时候过于拥挤，大人看前人后脑勺、小孩看大人屁股。这样的零距离接触，游客感受肯定会很差。

3. 经营接待能力因素

像索道、电瓶车、通信、垃圾清运、餐饮供应等要素，在最高峰的时候是否还能维持基本的运转。如果连这些都维持不了，景区也就达到了最大承载量。

“旅游承载力”是环境保护和旅游业可持续发展的最基本因素。在确定承载力的基础上，以环境保护为基础，对旅游地进行开发，才会使旅游业实现可持续发展。

知识拓展

全国假日办接到九寨沟等景区人数超载游客滞留投诉

据国家旅游局网站消息，10月2日下午，四川九寨沟景区入园人数超载，导致部分游客滞留山上。全国假日办接到游客求助信息后，紧急通知四川省假日办启动应急预案，地方领导、旅游等相关部门到达现场进行疏导。

从今天下午开始，各地陆续发生景区容量超载问题。全国假日办接到游客投诉，反映河南云台山、湖南张家界、山东崂山、贵州梵净山等景区接待人数超载、游客滞留问题。

为此，全国假日办提示：各景区要严格控制流量，强化应急预案，加强巡查督导；各级假日办要加强组织协调，切实保障旅游市场秩序，维护游客合法权益。

资料来源：http://www.chinanews.com/gn/2013/10-03/5344033.shtml

（三）大力提倡和发展生态旅游

生态旅游是一种新兴的旅游方式，是20世纪90年代以来才开始发展的，实践并不成熟。生态旅游是“具有保护自然和维系当地人民生活的双重责任的旅游活动”。然而，一般情况下，这“双重责任”是一对矛盾体。深入开发的同时破坏性的开发也在产生，全面发动的时候一哄而起的局面也在产生。又想发动又想完全有序是不可能的，至少在现在这种发展阶段和现在这种市场条件和环境之下，是做不到的。所以，发展必然是承受一定代价的发展，怎么样让这付出的代价尽可能小一点？

一是培养成熟的旅游者。打出生态旅游牌子来，对旅游者提出要求，旅游者从观念上自然而然地接受。现在很多景区都在采取这种方式，比如进去时发塑料袋，出来时必须装满垃圾，然后把垃圾交给管理者，有的甚至还给予奖励。游客觉得在这个过程中自身素质也提高了。所以，培养成熟的旅游者也是培育完善的市场体系的任务之一。二是形成严格的管理体系。制定生态旅游的产品标准，应该有一些总的概念性的标准，即基本要求是什么。有了相关的标准体系，管理者有客观性，便于管理。经营者也好把握，好操作，在市场上也好宣传。三是形成示范。在示范基础上进行推广，大家结合各自特点，把示范的操作学过来，整体水平就提高了。

（四）进行环境影响评估

环境是旅游产品的载体，旅游环境质量的优劣直接关系着旅游产品的质量。将环境评估引入旅游资源开发中，能够将旅游业发展对自然环境、社会文化等的冲击和影响做准确的评价和估计。以评估结果作为理论依据，可以帮助旅游投资商，旅游开发商，旅游地的管理部门减少或取消对一些将严重破坏环境，且发展潜力小的项目投资，避免资金的浪费。环境影响评估，是环境管理的有效工具，是一套对环境问题惊醒识别、分析和评估的总和系统，是实现旅游业可持续发展的必要途径。

（五）制度创新，加强协调

由于旅游的产业链很长，涉及众多服务提供方，旅游业长期存在部门小管理和旅游大市场的矛盾。正是基于这一点，国务院2009年41号文件《关于加快旅游业发展的意见》提出要把旅游业培育成国民经济的战略性支柱产业和人民群众更加满意的现代服务业。明确把深化旅游业的改革开放作为第一位的任务。目前还没有形成统一的改革模式，各个地方存在的具体问题很多，但总的原则应该是：有利于旅游业可持续发展就应该支持，如果不利于可持续发展，就应该取消。

（六）构建新型的绿色体系

从可持续发展的最终目标出发，构建一套新型的绿色体系。一是总体规划和具体项目设计要有生态意识。二是在经营管理的过程中始终要灌注可持续发展的原则和精神。如九寨沟内统一运行环保车，外边的车不允许进去，环保效果很好。所以绿色开发应该贯穿于始终，形成绿色产品，推广绿色经营，从而构建新型的绿色体系，推动中国旅游业的可持续发展。

知识拓展

中国社科院张广瑞研究员关于“生态旅游”的一个说法

发达国家开展生态旅游是主动寻求的，由于社会、经济和文化水平发展到一定程度，大家自然而然追求生态旅游，而发展中国家生态旅游是逼出来的。

比如肯尼亚原来以狩猎旅游为主，1977年肯尼亚政府下了一道法令，严格禁止狩猎，虽然偷猎也很多，但是毕竟总体行为模式转变了，从狩猎变成观看生物多样性，这种转换就是逼出来的。我们同样面临这一问题，还不像肯尼亚狩猎旅游的“逼”，我们的“逼”是当地的发展任务在逼，是当地老百姓要求提高生活水平的这种愿望在逼，这是和发达国家最主要的区别。发达国家生态旅游可以是原生态的，是少数人、非大众化的，我们就不能如此。根本问题就解决不了，逼我们的这些压力就会越来越大。澳大利亚一个专家曾有一个观点：对生态旅游发展一定非常慎重，如果一个地方不具备一定条件，就不能接待游客，要把条件创造好，游客才能进去。非常慎重很对，这种做法也很好，可中国国情不同。发达国家是，只要不去这个地方，原生态就可以保留，即不去就不破坏。我们的情况是，游客不去，破坏更严重，因为那个地方有人，有人就得生活，尤其在山地，生活本身对环境就是破坏。所以像发达国家那样不去人就能保留绝对的原生态，在中国根本做不到。从发展过程看，与其不开发旅游，让当地居民大肆破坏生态环境，还不如开发旅游，让旅游者对环境有所破坏，但破坏程度小一点，可当地老百姓生活水平提高了。

效果评价

知识评价

1. 为什么说“旅游业是无烟产业”的观点是错误的？
2. 旅游可持续发展的实质和原则是什么？
3. 生态旅游和一般观光旅游比较，有哪些特点？

能力评价

开元酒店集团的“六小件”

开元酒店集团
NEW CENTURY
HOTELS & RESORTS

20世纪80年代，中国消费人群进入一次性消费用品时代，一次性消费用品，加工制作简易，生产成本和销售价格低，一上市便得到广大消费者和商家的青睐。中国各大酒店，为顺应广大消费者的需求，开始提供免费的“一次性牙刷、一次性牙膏、一次性香皂、一次性浴液、一次性拖鞋、一次性梳子”等六种顾客在客房洗漱时使用的生活常用品，称“酒店六小件”。这给入住酒店的消费者带来方便，不再为随身携带洗漱用品发愁。而且由于需求量大，给一次性消费品的生产厂家带来了大量的利润。然而，酒店的一次性消费用品，多为塑料制品，使用后被丢进垃圾箱，造成了大量浪费和污染。因此，2011年实施的《饭店星级的划分与评定》标准取消了对酒店六小件客用品的硬性要求，但客房是否取消“六小件”，令高星酒店纠结不已。

开元酒店集团是中国最大的民营高星级连锁酒店集团，全球酒店集团100强，以“为宾客提供东方文化和国际标准完美融合的服务”为经营宗旨，开元酒店集团在纠结之余，开始与厂家共同开发了名为“还木开元”的开元酒店集团环保酒店用品，2011年5月推出了客房环保系列卫浴用品。

用品整套包装采用环保石头纸（STONE PAPER）包装，石头纸是以无机矿粉（石头粉）为主要原料，防水、防油、防霉、防蛀、耐折、耐撕，使用后可在大自然环境中裂化分解，也可经燃烧或粉碎后重新萃取循环使用。

图5-2

“还木开元”卫浴用品包装纸（石头纸）

牙刷、梳子、须刨等小件以PSM（Plastarch Material）植物淀粉为主要原料，替代了传统的塑料原料，可生物降解；瓶樽用的是再生料。

开元之举，受到了消费者的充分肯定，也树立了中国酒店民族品牌环保先行者的良好形象。

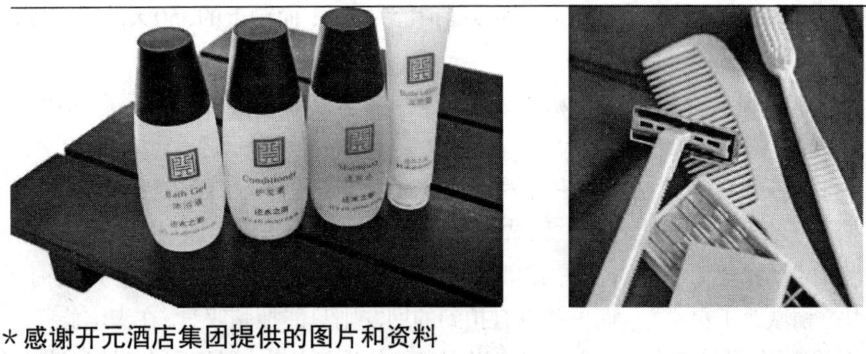

图5-3

“还木开元”环保系列卫浴用品

*感谢开元酒店集团提供的图片和资料

新的《饭店星级的划分与评定》标准取消了对酒店六小件客用品的硬性要求，开元酒店集团却另外投资开发了“还木开元”环保系列卫浴用品，开元这样做的意义和作用是什么？

任务三　旅游新业态

任务引入

稻城亚丁“最美星空”可团购

9元钱可以买什么？一包饼干，还是一罐牛奶？淘宝旅行给出的答案绝对出人意料，那就是把稻城亚丁的星空给“团”了！消费者只需付出9元钱，便可买到一块世界上最纯净的星空，并为之命名。

淘宝旅行联合四川省旅游信息中心、四川省甘孜州稻城亚丁景区正式启动了“寻找稻城亚丁‘最美星空’活动”。把稻城亚丁2014年的星空细分为1460份，即全年365天每天东南西北各1份，消费者出资9元便有可能秒杀到明年某天的1份稻城亚丁星空，并为之命名，同时还能得到一份亚丁景区认证的《签名星空特别证书》和景区门票。

活动引发了广大网友和旅游爱好者的强烈关注。更加值得一提的是，“最美星空”证书售卖所获资金将全部用于稻城亚丁环保项目，以保持“蓝色星球上的最后一片净土”永远纯净圣洁。

9元钱拥有稻城亚丁的一片星空！

12月4日上午10点整，这场史无前例的星空认购活动在淘宝旅行上演。仅仅耗时5分钟，千余块稻城亚丁的最美星空就被热情的网友们抢购一空。“这项活动吸引了淘宝网亿万会员的关注，参与抢购的用户过百万。”淘宝旅行总监李鑫说。

该活动主要分为抢拍和秒杀两部分，淘宝旅行拿出2014年中情人节、圣诞节等15个特殊日子，在淘宝拍卖会上进行拍卖，起拍价为9元；而剩下的350天的星空则以9元的价格进行秒杀。

有网友调侃淘宝旅行：“稻城亚丁的星空作为情人节礼物实在太棒了，不仅高端大气上档次，而且品质文艺小清新。”

许多网友迅速地把这一想法付诸行动，12月4日上午10点1秒，四川省绵阳市的冯小姐拍下了整个活动的第一块“稻城亚丁星空”；杭州人张先生以999元的价格拍下了情人节的“稻城亚丁星空”；安徽省阜阳市的马小姐通过淘宝旅行手机客户端拍下了最后一块“稻城亚丁星空”。而一些没有拍到的网友则只能扼腕叹息，在淘宝旅行官方微博下面就有网友惋惜到：“本来想买来当作老婆的生日礼物，鼠标刚点到，就被抢光了，好遗憾啊!”

让人期待的是,用户获得2014年的每一份的最美星空,都是独一无二的。抢购成功的用户,将获得一份亚丁景区认证的签名星空特别证书和2014年的景区门票,而抢拍到15个特殊日子的用户还将获赠一本英文版的《稻城亚丁告诉你》。星空证书上,将印有购买者的姓名、选择的日期,同时获得在稻城亚丁“最美星空”观星台优先观赏权。

亚丁景区为本次活动特别指定了两处“最美星空”观星台,分别是亚丁村观景台和香格里拉镇的洛克广场。亚丁村的观景台是离星空最近的村庄,可远眺仙乃日、央迈勇、夏诺多吉等三座圣山;而香格里拉镇的洛克广场则是朝圣的起点,晚上可在此休息观星。

结合寻找稻城亚丁“最美星空”活动,淘宝旅行联合新浪旅游和新浪微博共同发起了招募“星空体验员”的活动。广大网友只需登录活动页面,并且关注@淘宝旅行、@新浪旅游和@四川省旅游局的官方微博,就有机会参与抽奖,获得成都-亚丁的往返机票,成为星空体验员,前往稻城亚丁看到属于自己的那块星空。

网友小李说:“我刚领了结婚证,正为蜜月的安排烦恼。现在问题解决了:如果能带着老婆一起去稻城亚丁看最美的星空,那一定将是最难忘的蜜月之旅!”

星空售卖收益全部用于稻城亚丁环保项目,以保持“蓝色星球上的最后一片净土”永远纯净圣洁。

“通过这样的模式,用户不仅能完成一个简单的旅游梦想,也可以拥有更加极致的体验——拥有一块世界上最纯净的星空。我们希望通过此次活动,让环保变成像买衣服、吃饭喝茶那样自然而时尚;同时也运用网民强大的聚合效应,让更多人看到网络时代的正能量。”李鑫说。

活动期间,淘宝旅行还将联合四川省旅游局和稻城亚丁景区,共同发起“稻城亚丁告诉你”文明旅游倡议活动。用户只要登录淘宝旅行网页,鼠标点点,就能签署文明旅游倡议,用自己的实际行动来保护“最后的香格里拉”和我们的地球家园。

资料来源:《中国旅游报》,2004年12月13日

通过上面这段话,请谈谈你对旅游团购的认识。

任务执行

旅游业态是旅游行(企)业采取适当的经营方式,向消费者提供所需的旅游产品和服务,是一个不断发展变化、创新的动态过程。旅游新业态就是旅游企业依据旅游消费者多元化需求,在组织管理方式、产品形态、经营形态等方面实现旅游产业的新的发展和突破,创造一些不同于传统业态的经营形式,并能达到一定规模,形成比较稳定发展态势的业态模式。由于旅游者往往是追求生活品质、向往新鲜感的一群人,这就注定旅游业是一个紧跟时代步伐的行业,旅游新业态作为旅游业的新型业态,必定会体现出所有最新的元素,会具有强烈的时代性特征。总之,旅游新业态不仅具有传统旅游业态的所有特征,同时又具有创新性、动态性、科技性等个性鲜明的特征。

一、旅游新业态的内涵

我们可以通过新业态与传统业态的对比来理解旅游新业态的内涵。

表5-1 传统旅游业态与旅游新业态的比较

项目	传统旅游业态	旅游新业态
旅游方式	以团队为主(如旅行社组团、单位组织等)	以散客、自助游、团队等形式(如组拼团、自驾等)
旅游资源	实体资源(山水、湖泊、寺庙等有形的自然与文化景观为主)	创新(意)资源(工农业、动漫游戏等转化为旅游资源)
旅游目的	以观光为主	多样化旅游诉求(观光、休闲、度假、购物、养生、探险等)
产品特征	淡旺季明显,满足大众旅游需求	个性化、定制性旅游(医疗、探险、公务、修学、会展旅游等)
经营形态	传统的商业营销方式(景区和旅行社的广告宣传、价格刺激)	旅游目的地经营(联合经营、网络营销、媒体宣传、事件营销、虚拟化经营、服务外包等)
组织形态	单个旅游企业为主(旅行社、酒店、景区等)	战略联盟、链条型集团、平台企业等(如如家连锁酒店、携程网等)
竞争手段	广告、价格竞争(报纸、电视宣传、促销等)	创新、品牌、科技竞争(创意旅游、"CCTV中国品牌"7天连锁酒店集团、实景演艺)
产业技术	信息化程度较低(旅行社报团、电话预定)	数字娱乐、旅游电子商务等
产业关联	产业关联度较低,产业边界相对清晰(旅游业与其他服务业、工农业关联性不强)	旅游业与三次产业的关联性较高,产业边界模糊(如旅游房地产、创意旅游、工业旅游等)
产业空间形态	以景点为依托,分布相对分散(旅行社、景区、酒店相分离,购物、娱乐点分散)	以集聚区为依托集群分布(如798创意产业园、上海"8号桥创意工业园区"、品牌购物shopping mall)
产业导向	资源导向型为主(景区知名度吸引旅游者)	市场导向型(旅游者的养生休闲需求刺激新型(兴)产品形成)
产业目标	以经济效益为主,兼顾生态效益	生态效益、社会效益和经济效益的统一

资料来源:张瑞真、马晓冬:《我国旅游新业态研究进展及展望》,《旅游论坛》2013年第4期

二、旅游新业态发展的内容

按照旅游学的一般定义,旅游业包括吃、住、行、游、购、娱六大要素。旅游要素未来发展就是旅游新业态发展的主体内容。

1."行"的方面

随着人们观念的转变,以自驾、自助、自由行方式旅游出行正成为时尚,尤其是《旅

游法》的实施，这一旅游新业态正快速取代传统团队游，成为旅游市场的主角。

自驾游的消费主体主要集中在经济能力比较宽裕，文化素质高，追求自由化与个性化、灵活性与舒适性新模式旅游的男性群体；他们的出行距离一般在100公里以内，500公里以上的比较少；而自驾游的目的绝大多数仍以观光为主，出于外奇、探险之类的极少；并且由于目前我们带薪休假制度并没有完全得到落实，自驾游的时间主要集中在清明、五一、中秋、元旦等小长假以及十一黄金周。尤其是五一小长假和十一黄金周，自驾游人数特别多。加上从2012年开始的四大节日免收小客车高速公路通行费，使出行时间更加集中。

由于我国自驾游刚刚起步，自驾游市场存在的一些问题：(1) 自驾游准备不充分。出行前旅游者没有做好准备工作，没有充分了解目的地，未预订食、宿。许多旅游者往往在临时决定到何地后，就立刻驱车前往，没有考虑路况和沿途休息、吃饭、住宿等情况，结果得不到合理的食宿安排。(2) 自驾游配套设施及服务严重落后。我国自驾游相应的配套设施建设远远滞后于自驾游的发展。比如，交通和路况信息的发布、明确的路标指示、加油站的合理布局与标志指示、汽车旅馆的建设、汽车维修以及紧急救援服务等方面。此外，人们对自驾游缺乏足够的认识和重视，自驾游者的安全和权益保障乏力，缺乏价格折扣，旅行中支付、取款、使用信用卡等金融服务不够方便等。(3) 自驾游安全保障不完善。由于自驾游大多趋向于还未开发或者开发不完全的地点，所以不稳定因素较多，比如治安状况的问题，还有游客自身缺乏安全意识，驾驶经验不足、路况不熟、疲劳驾驶、超速驾驶等问题，造成交通事故频发；各类安全服务保障设施建设滞后，满足不了自驾游发展的需要；车辆和驾驶人员的安全检查空缺，国内保险市场上也很少有完全针对自驾游过程中的风险进行承保的相关产品。

我国邮轮旅游和特殊交通工具旅游等也发育成新的旅游业态。邮轮旅游，源于欧洲，是用邮轮将一个或多个旅游目的地联系起来的旅游行程。随着国际邮轮旅游传统市场日趋饱和，占世界1/5人口、朝气蓬勃的中国市场已然成为各大国际邮轮公司的必争之地。邮轮是海上漂浮的度假村，省去车马劳顿，享受旅游的每分每秒。船上有盛大的晚宴、各色酒店、演出、日光浴、高尔夫、游泳池、健身房、SPA、咖啡馆、博彩、免税商店等休闲娱乐购物场所，船下是各国不同的异域风情。2013年初，锦江国际集团官方一站式旅行预订平台"锦江旅行家"推出包括台湾游、韩国游在内的数十条特色邮轮旅游路线，在短短数周内即被抢购一空。"锦江旅行家"又加大邮轮产品推广力度，从短线的韩国济州岛、东南亚的马来西亚、新加坡、到长线的中东阿拉伯之旅、地中海、美洲加勒比，更多独具特色的邮轮目的地让游客选择。邮轮这一代表着高端时尚生活水准的事物已逐渐为广大普通游客所广泛接受。

太空旅游，是指到太空去观赏太空风光，以及体验"失重"等内容的旅游方式。2001年4月28日，美国商人丹尼斯·蒂托成为第一个进入国际空间站的太空游客，商业太空旅游自此开启。

2. "食"的方面

餐饮多样化、个性化成为一种旅游业新的发展方向。大型旅游餐饮中心、地方特色饮食街、饮食文化节等逐渐在旅游餐饮业中崭露头角。2012年，纪录片《舌尖上的中国》大热，片中以轻松快捷的叙述节奏和精巧细腻的画面，向观众尤其是海外观众，展示中国的日常饮食流变、中国人在饮食中积累的丰富经验、千差万别的饮食习惯和独特的味觉审美，以及上升到生存智慧层面的东方生活价值观。悄然带动了"舌尖上的旅行"，掀起了一股美食旅游。一些旅行社、旅游网站立马推出一系列美食游线路。携程旅游网推出20余条"吃货"旅游线路，主要由《舌尖上的中国》里的美食地点组成，主推和乐蟹、过桥米线、烤鸭、臭豆腐等美食，囊括了海南、云南、北京、湖南等20多个省市让人垂涎的美食胜地。其中，北京和丽江线路刚上线两天即成团。旅游者循着美食的香味，在行走中品味了不一样的中国。

有人说，"当今中国，每座城市看上去都很相似，城市之间能被用来区分的，似乎只有饮食习惯和弥漫在街市上空的气味了"。说到兰州就想到拉面，说到东北就想到"乱炖"，说到陕西就想到肉夹馍，说到黄山就想到臭鳜鱼……日常生活中的美食，传递了普通中国人共同的情感。美食成为刺激出行的一大要素。美食在满足人们的味觉审美之余，还激发了人们对传统和民族文化的认同感和自豪感。

3."住"的方面

强调便捷、个性、舒适，分时度假旅游、换房旅游、主题酒店进一步发展。

"分时度假"按字面翻译是"时间分割"，它的基本内涵是将房屋按时间而不是按面积切割，成为可以供多户人家拥有的使用权，一般是按星期为单位分割，并将其出售给不同的购买者。"分时度假"概念源于20世纪60年代的欧洲，当时法国地中海沿岸开发了大量海滨别墅，欧美政要、贵族、富商蜂拥而至，成为欧洲乃至世界的休闲度假中心。由于房产价格高昂，多数家庭无力单独购买度假别墅，而部分有能力购买别墅的用户，每年的使用时间非常有限，空置率很高，所以出现了亲朋好友联合购买一幢度假别墅供大家不同时间分别使用的情况，分时度假概念由此产生。据此，聪明的开发商发明了以分时销售客房使用权的模式来招揽客户，取得了很好的效果，分时度假市场由此形成。"分时度假"在中国才刚起步，许多外国公司认为中国是分时度假最大的潜在市场，但目前，由于缺乏"分时度假"相关的规范的信用制度和法律法规，不能让消费者"放心"，"分时度假"在我国发展缓慢。

换房旅游。是身在两地的朋友（或网友），通过第三方协议或自行达成协议，短暂交换住房，旅游时互相住在对方家里，交换地点分别享受属于自己的假日生活。50年前，欧洲一些想度假又不想花钱的教师想出了这个好主意。当年，一些并不富裕的法国教师想在整个欧洲地区旅游，但又不想多花钱，便"穷"中生智，想出了"换房度假"这个主意。几十年过去了，这种度假方式日渐流行。许多中介网站应运而生，网站有免费的，也有收费的。换房旅游在中国还处于起步阶段。换房形式有两种，一种是介于不同城市的熟人之间，私下通过某种协议达成换房旅游目的。另一种是完全陌生的网友之间，通过一些网站提供的换房信息，签订详细周密的换房协议。无忧换房度假俱乐部经理林杰提醒旅游者，真正的换房旅游绝不是网友间随意交换房子。在欧美国家换房旅游都是由俱乐部来操作，个人提交的资料和信用证明必须相当完备，经过层层审核之后成为会员，才有机会参与换房，其间如果发生纠纷或者物件损毁，都会有相应的条款提供赔偿依据。无任何保障的网上换房旅游却是不可取的，这种方式只能让人在忐忑中度过假期。

主题酒店。就是以某一特定的主题，来体现酒店的建筑风格和装饰艺术，以及特定的文化氛围，让顾客获得富有个性的文化感受；同时将服务项目融入主题，以个性化的服务取代一般化的服务，让顾客获得欢乐、知识和刺激。历史、文化、城市、自然、神话童话故事等都可成为酒店借以发挥的主题。主题酒店是集独特性、文化性和体验性为一体的酒店。独特性要与众不同，是酒店的战略出发点，最终要成为酒店的核心竞争力；文化性体现了酒店对内涵的追求，文化是主题，是酒店执行的具体战术和手段，酒店要通过文化来获得竞争优势；体验性是酒店所追求的本质，酒店最后要实现给顾客独特的体验来获得的高回报的利润，这是酒店的最终目标。差异性、文化性、体验性三者相互渗透：少了差异性和文化性就没有体验性；少了体验性，差异性和文化性就脱离了主题酒店经营的目的——给顾客独特的体验从而获得高回报的利润。

主题酒店的发展不只是一家酒店的特色化经营，在竞争中取胜的一条道路，更是中国酒店业发展的必然选择。我国从20世纪90年代开始推出主题酒店，目前在北京、上海、广东、浙江、四川、山东等省市发展较快。2012年，浙江省率先推出了《特色文化主题饭店基本要求与评定》（DB 33/T 871—2012）标准。并把饭店特色文化基本类型主要分为以下几类：

——文学艺术类：指戏曲音乐、杂技舞蹈、影视、绘画书法、散文诗歌小说等。展示艺术中的某一门类，文学艺术氛围浓厚。

——人文建筑类：指地方建筑、古村古镇、特色建筑等。展示当地历史典故、历史古迹、重要史事、建筑风格，重在传承历史文化。

——民俗风情类：指当地传统手工艺品及其制作工艺、特色风俗活动及生活方式等。展示鲜明民族风格和地方特色的风土人情。

——休闲养生类：指休闲娱乐、体育健身、康复疗养、养生保健等。能提供休闲养生某一形态的特色系列产品，集休闲、娱乐、健身、疗养、保健于一体。

——商贸文化类：指在当地影响力大的专业市场、特色工业品、消费品及反映地方特色的工业和商贸活动等。展示当地的商贸文化和品牌产品内涵等。

——生态地貌类：指湖光山水、田园风光、峡谷瀑布、海岸岛屿、火山湿地、自然生态等。展现地貌风情、生物景观特色及低碳环保等内涵。

——科教文化类：指新科技成果的运用和展示传播、异域文化与当地文化的巧妙结合、时尚元素的有效组合等。注重科教功能突出、参与性强，展示教育性、科学性和前瞻性。

——宗教文化类：展示宗教文化，了解宗教历史，理解宗教教义，吸取宗教精华，并被宗教主管部门所认可。体现佛教、道教等等教派教义的有益传播。

4. “游”的方面

随着人们旅游观念的提高，“上车睡觉、下车看庙、走到景点拍拍照”，已被称为“传统式旅游”。现代旅游开发强调体验，森林旅游、湿地旅游、滑雪旅游、沙漠旅游等旅游项目不断推陈出新。

在人们传统印象里，沙漠是不毛之地、生命禁区，但并不是所有的沙漠都是不适宜人类前往的。内蒙古沙漠探险游经过10余年的探索发展，已初具规模。2007年，为了让沙漠探险旅游得到良好、有序的发展，引导广大游客理性地进行沙漠探险游，经国家旅游局批准，内蒙古在腾格里沙漠、库布齐沙漠设立了旅游探险区，并对沙漠旅游区内的探险项目进行了严格的要求。要求必须配备沙地摩托和骆驼越野车等适应沙地的交通工具，以确保应急救援预案顺利实施。在安全保障上，沙漠探险旅游区建立了通信基站，确保线路沿线通信畅通，并在基站塔上建立气象观测站、发电站和补给站，为探险旅客提供水、食品及药品。同时对探险游客实行严格的登记造册制度，为游客配备卫星定位仪、向导和骆驼，提供棉被、帐篷、餐饮等食宿便利，为沙漠探险旅游者解决了后顾之忧。内蒙古沙漠探险游景区开发出了适合各个年龄段和各层次游客不同需求的沙漠游产品。如天鹅湖景区推出的一条平缓的穿越路线，适合年龄大一点的和体质稍差一些游客来感受沙漠的广阔。而另有直接穿越巴丹吉林沙漠的一条路线，跌宕起伏，弯转曲折，整个穿越过程十分刺激，适合体格健壮、寻求刺激的年轻人。内蒙古的沙漠探险旅游从起初的摸索前进，单一作业，目前已经发展到了联动牧民规模化开发，产业化经营的格局。

5.“购”的方面

旅游购物本身就是旅游资源，提供丰富的旅游购物资源，满足游客的购物体验需求，已成为某些旅游目的地最具吸引力的内容之一。旅游商品是旅游购物资源的核心，也是吸引旅游购物的根源。发展旅游购物是提高旅游整体经济效益的重要途径，是增加外汇收入和就业机会，振兴地方经济的重要手段之一。对国内而言，旅游购物的发展，可以直接满足本国人民日益增长的物质和文化需要；在国际范围内，旅游购物的发展，可以使世界各国人民加深对旅游目的地国家和地区的历史文化、民族传统的了解。

旅游购物的模式可以分为免税商店、大型购物中心、露天市场三大模式，以满足不同类别的旅游者的需求。未来旅游购物的主流是体验型旅游购物活动，强调游客在购物环节中的参与程度，因此，发展旅游购物时，不能单纯依靠旅游从业人员引导旅游者购物，而是应该把旅游购物与其他旅游行为或要素相整合，让旅游者参与进去，在购物的同时也享受到其他快乐，实现双赢。

知识拓展

“中国游客争夺战”吹响新年号角 “土豪”线路成新宠

中国的游客们现在已经开始筹划马年新春的旅行计划。而圣诞节之后，远在纽约街头的商家们也马上要做另一番布置了。如同去年一样，他们将开始为准备中国的农历新年而忙碌起来：雇用大量会说汉语的员工、印制中文的宣传册子，同时为中国游客的到来制订促销计划。

纽约或许还是中国游客最向往的旅游和购物目的地之一，但一些传统的旅游目的地已然无法满足眼界大开的中国资深游客们。

打出“奢华尊贵”旗号的迪拜商人和自称“霍比特人家园”的新西兰，正力争将中国游客堵截在前往纽约、巴黎、伦敦的路上。

据全球知名在线旅游平台Travelzoo旅游族预测，今年除了港澳、韩国和欧美等传统“购物游”热门目的地之外，迪拜和新西兰最有希望成为中国游客的新宠。前者宣称城里四处散落的豪华购物中心内拥有世界上所有想象得到的奢侈品牌和最好的服务，后者则表示中国游客可以独一无二地同时享受到高档购物和一流美景。

圣诞新年降临，一场“中国游客争夺战”已经在海外硝烟四起。

“中国氛围”吸引购物

“不少零售店家设计了中国新年的主题，用中国风情的饰品装点整个商场。”美国波士顿一家名为“吸引中国”的策划与咨询公司合伙人伊万·桑德斯介绍说。

2013年是中国的蛇年，世界著名珠宝品牌海瑞以及卡地亚就用珠宝设计了一只光芒四射的蜥蜴。一些零售商在一些蛇形主题饰品上大幅让利。美国著名的百货公司布鲁明戴尔百货店则在顾客消费之后，送上中国的“红包”——其中包含着一张网上购物的消费卡，或者是一张香芋风味酸奶的优惠券或者是一个中国风提包。“红包”的价格也很特别：8美元、88美元以及888美元，因为在中国的文化中，8是一个吉祥的数字。

“这已经是我们‘过农历春节’的第5个年头了。”美国南海岸广场购物中心市场部负责人维尔纳·埃舍尔说。据他介绍，马年新年的庆祝活动将伴随着一个盛大的开幕仪式在2014年1月23日正式拉开序幕，之后每天都会上演各种类型的活动，一直持续到2月上旬末。

据中国国家旅游局预计，2012年中国游客赴海外消费超过1020亿美元，使中国超越德国与美国，成为全球最大出境旅游消费国。摩根斯坦利调查报告显示，到2015年，中国消费者赴海外购物将达到平均每年1940亿美元的水平。

“土豪”线路成新宠

近几年来，越来越多的中国人走出国门，其中一些资深玩家已经踏足了全球不少角落。想要与众不同彰显个性或者希望另辟蹊径体现身份成为了新的旅游诉求。

中国游客数量令迪拜人“惊艳”。2012年前往迪拜的中国游客为21.4万左右，而10年前仅有区区2.3万，几乎增长了10倍。不仅如此，中国游客在迪拜基本上流连于各大商场，在人均花费方面已经傲居全球。当地最大的商场“迪拜购物中心”发现，四分之一的奢侈品是被中国游客买走的。

在这个全球富豪的销金窟里，遍布全城的商场正在积极招募中国营业员。当地一家“迪奥”门店凭借着在中国的零售业资源，不费吹灰之力就从中国大陆请来了两位资深的营业员。正当迪拜费尽心思地告诉中国游客“我们有最豪华的购物中心，拥有世界上所有想象得到的奢侈品牌和最好的服务”时，新西兰也不甘示弱。这个“精灵的故乡”近年来开始针对中国游客“旅游必购物”的出游模式以及对于食品安全与营养的诉求，走起了亲民路线与绿色环保路线。由于新西兰华人移民众多，在奥克兰的主要购物街，各大品牌商店、免税店和农贸市场都随处可见操着一口流利中文的华人店员。

有趣的是，新西兰官方发现，温暖的海滩和绚丽的大自然美景并不是每个中国游客都喜欢的，但是每一个中国游客都不会拒绝在海外购物。目前，新西兰正在中文标识牌、中文服务及中餐食品等方面进行提升，以便与北美及欧洲争夺中国游客。

Travelzoo旅游族预计今年中国游客在圣诞季海外血拼无论在消费金额还是出游人数都会继续创出新高。据数据显示，中国大陆游客2013年计划的旅游次数高达6.9次，远远高于亚洲发达国家地区游客的旅游频次。在平均花费方面则仅次于澳洲游客，计划年花费为7117美元，相当于4.5万人民币。

资料来源：《文汇报》，2013年12月23日

6."娱"的方面

随着人们生活水平的提高，文化消费品的需求越来越大，演艺旅游、影视旅游等新型业态备受关注。旅游演艺是指在旅游景区现场进行的、以表现当代历史文化或民俗风情为主要内容，以旅游者为主要欣赏者的表演或演出活动。据中国旅游报联合清华大学媒介调查实验室在全国范围内所作的抽样调查显示，目前全国上规模的、具有一定知名度的旅游演艺节目有200多个，主要包括：

以桂林《印象·刘三姐》为代表的实景山水类；

以深圳世界之窗《一路阳光》为代表的景区综艺类；

以杭州《宋城千古情》为代表的巡游类；

以丽江《丽水金沙》为代表的剧院类；

图5-4
图5-5

金色印象·渔火（图片来自《印象·刘三姐》官网）
深圳世界之窗《一路阳光》（图片来自深圳世界之窗官网）

图5-6
图5-7

《宋城千古情》（图片来自宋城官网）
《丽水金沙》（图片来自丽水金沙官网）

以昆明《云南映象》为代表的各地巡演加驻场表演类；

以西安唐乐宫《仿唐乐舞》为代表的宴舞类。

图 5-8
图 5-9

《云南映象》（图片来自云南映象官网）《仿唐乐舞》（图片来自大麦演出西安站订票网）

国家5A级旅游景区横店影视城的旅游演艺内容十分丰富，投入巨资倾情打造的《梦幻太极》，是全球最大的火山实景演出。它以火山爆发为背景，运用多媒体、激光、LED等高科技手段，以舞蹈、杂技、魔术、影视特技等表现形式，为游客呈现了一台精彩绝伦的艺术盛宴，让游客在惊喜欢乐的氛围中领略中国博大精深的易经文化。同时它还拥有许多口碑甚佳的旅游演艺节目，如《江南遗韵》、《汴梁一梦》、《怒海争风》、《大话飞鸿》、《英雄比剑》、《梦回秦汉》等。这些风姿各异的旅游演艺秀让游客在享受表演所带来的美感和震撼时，更是上了一堂绘声绘色的文化课。

三、旅游新业态的发展模式

从发展模式上来看，旅游新业态是利用新技术和方法，在旅游产业内外进行不断融合、革新、更新、创新，形成新的经营模式。如：商务旅游业、会展旅游业、高尔夫旅游业、修学旅游业、医疗旅游业、宗教旅游业等。

1. 农业+旅游业

农业和旅游的融合是我国一种典型的新业态类型。就是在农村有着良好生态环境的基础上，以生态旅游、生态农业、科技示范、休闲度假、仿古寻踪等旅游项目为载体，辅之以宗教、体育、商务、医疗保健、回归自然等特色，开发种植业旅游、林业旅游、牧业旅游、渔业旅游、副业旅游等，如“农家乐”、“渔家乐”等旅游项目，人们可以游览、参与劳动，可以购买产品，甚至可以租赁。这种模式广泛吸引了各种旅游消费群体，带动了农村餐饮、宾馆、商业、娱乐等的发展，提升了农业服务功能，同时也吸纳了当地农村劳动力就业，促进了农村剩余劳动力的转移和农民增收。

知识拓展

德清的“洋家乐”越搞越大了

2007年，德清出现了第一座由外国人投资建设的绿色生态度假村，这种从每个细节遵循“生态环保低碳”概念的度假村被当地人称为“洋家乐”。发展到目前,这种新兴业态已经成为德清旅游业的新生力量和主力军。

在这个自发形成的外国人农家乐集聚区里,不仅可以享受乡村的宁静,品尝到正宗的农家菜,还可以体验欧式风情,尝到相当正宗的西餐。"洋家乐"倡导的自然环保的生活,不但让浙沪地区外籍人士着迷,也吸引了很多都市人群来这里度假休闲。

"洋家乐"装修很特别,为了减少碳排放,尽量不从外面带家具和建材进来,通过在周围的村子里寻找旧家具,拆房剩下的雕花木梁、石礅、马槽都成了它们的装修材料。"洋家乐"没有空调没有煤气,夏天靠电风扇,冬天靠每个房间安装的火炉,烧的是本地废木料、木屑压缩制成的柴火。门前有蓄水池承接雨水,还得循环使用。不允许在室内抽烟,客人还被要求节约用电、用水,旅舍不提供每天换洗的毛巾。

据当地政府介绍,"洋家乐"的兴起,不仅有效带动旅游市场发展,而且有力促进当地农民就业增收致富,是一条成功的乡村旅游发展之路。

资料来源:http://www.zj.xinhuanet.com/df/deqing/2013-01/07/c_114283650.htm

2. 工业+旅游业

工业旅游以其与众不同的生产场所、生产过程、生产成果和管理经验吸引着人们,尤其是一些生产有特色的、高科技的、新型产品的企业和管理经验先进的企业。具体来说有采掘业旅游、重工业旅游、高科技工业旅游、手工业旅游、轻工业旅游、建筑业旅游等等诸多类型。例如,参观矿山和矿井、参观汽车的生产过程、参观矿石的冶炼过程、参观并参与手工业的生产、参观大型建筑工地、参观日用品的生产并购买等等。

知识拓展

燕京啤酒集团工业旅游

燕京啤酒集团是一座现代化的啤酒生产企业,是首批国家级工业旅游景点参观路线,它拥有世界一流的啤酒酿造和灌装设备,游客在这里不仅欣赏到燕京啤酒生产、管理的全过程,了解大量有关啤酒知识,而且享受的是全程免费服务,并可得到一杯赠饮啤酒或饮料。

1. 参观接待放映厅

这是第一站,在这里观看燕京企业介绍片,并免费为每人提供一瓶矿泉水。

2. 展示厅

这里展示的是国家领导人来燕京视察的图片、企业的简介、企业发展的四个阶段、大事记、公司的架构图、公司的分布图、国内和国际两个销售市场分布、亚洲最大的啤酒生产企业沙盘、企业文化和展示部分啤酒。

3. 生产调度指挥中心

生产调度指挥中心负责指挥、协调各车间的生产,随时下达生产指令，这里面是由70多个画面、路线组成的，全厂的主要车间和工作岗位都可以监测到，镜头可以切换，叶可以360度旋转，而且可以与主要岗位直接对话。

4. 糖化车间

这里采用的是从德国HUPPMAN引进的糖化设备和西门子微机设备，糖化是将70%的麦芽、30%的大米和1%的酒花等原料，在酶的作用下把淀粉转化为糖的过程；糖化车间主要有粉碎、糊化、糖化、过滤、煮沸、澄清、冷却等工序。

5. 发酵车间

发酵车间采用微机控制每个480千升发酵罐，燕京是国内首家采用微机控制露天发酵技术的啤酒厂家。

6. 灌装车间

游客在这里可直观灌装啤酒，灌装车间主要设备有洗瓶机、验瓶机、灌酒压盖机、巴氏杀菌机、帖标机、装箱机等。

7. 燕京酒吧

二楼主要是为游客提供一个小憩场所，可免费品尝一杯燕京鲜啤酒，一楼为商品部，为游客提供一个购物环境，准备了一些便于携带的小包装啤酒和一些纪念品。

游客通过参观可以感受到燕京的飞速发展，设备装置的现代化水平，还可以看到中国啤酒业的发展水平，中华民族自豪感油然而生。

3. 数字娱乐业+旅游业

数字娱乐业主要是指动画和互动游戏，如动画剧、游戏。尤其是电子游戏作为新兴的娱乐行业发展迅猛，电子游戏最主要的用户是40岁以下的年轻人，而这些年轻人恰好是当前中国最具消费能力并引领消费时尚的人群，是构成“驴友族”和“自驾游”的主力。数字娱乐业市场和旅游业市场出现了交叉和渗透。创造了一种兼具网络游戏业和旅游业双重性质的产业新型业态，通过他们的相互渗透，产生了两种形态：

（1）虚拟旅游。旅游业向网络游戏业的延伸，产生了所谓的虚拟旅游，指的是在现实旅游目的地的基础之上，利用虚拟现实技术，通过模拟旅游景观，构建一个虚拟的三维立体旅游环境，使玩家能够足不出户也能在三维虚拟环境中“参观游览”万里之外的秀丽风光。

（2）游戏主题公园。网络游戏业向旅游业的延伸，形成了游戏主题公园。它将某个游戏中的建筑场景建成实景，并提供相关的各种娱乐设施供游客体验，是现代旅游业在旅游资源开发的过程中所孕育出的新的旅游吸引物，是自然资源和网络游戏资源，采用现代化的科学技术和有效的资源配置，集娱乐、休闲和服务接待设施于一体的现代旅游目的地。

知识拓展

亚洲首个“愤怒的小鸟”主题公园

“愤怒的小鸟”是芬兰罗威欧公司开发的一款多平台游戏，2009年问世后，成为全球最热销的手机游戏之一。2013年6月26日，浙江海宁市政府与芬兰罗威欧公司共同宣布，亚洲首个“愤怒的小鸟”主题公园落户海宁，在海宁的“愤怒的小鸟”主题公园内，建有“小鸟城堡”、“SUTU互动广场”、“跑酷区”、4D电影院等旅游项目。

4. 房地产业+旅游业

近年来，旅游业和房地产业，两者相互影响、相互渗透形成的交叉行业——旅游房地产业已经逐步成为我国国民经济新的增长点。旅游房地产业是指依托周边丰富的旅游资源而建的，融旅游、休闲、度假、居住为一体的置业项目。主要模式可包括：

（1）以居住为主要目的的景区住宅开发。在旅游资源突出的大中型城市市内或市郊。通过依托旅游资源，如优美的自然风光、主题突出的人文景观、多种休闲娱乐设施等，开发高品质住宅。有的并不依附现有的旅游资源，而是先投入巨资，专注于搞大型旅游项目开发，营造具有影响力、冲击力的旅游景观景区，改善区域基础设施和环境质量，靠旅游业的关联带动作用吸引人流、物流，促使景区附近地产升值。此类房地产以深圳华侨城为典型代表。华侨城先后建成世界之窗、锦绣中华、中华民俗村、欢乐谷四个主题公园，为自己创造出区域性旅游资源优势，再以此为依托，开发高质量的旅游主题房地产，房价因周边的环境而持续上升。华侨城从旅游起步，旅游改善环境，环境带动地产，地产促进华侨城全面发展，是旅游与房地产相互结合的典型。也有的是与旅游景观开发合二为一的房产开发。此类房地产开发与旅游景观开发高度融合，房地产开发即旅游景观开发，房产本身即是旅游景观载体或表现形式。景即是房，房即是景，景中有房，房中有景。例如宋城集团在杭州乐园开发的荷兰水街私人酒店、地中海公寓、地中海别墅、高尔夫酒店等，景观房产本身就是景观构成的有机组成部分，无论别墅、公寓均按它所在的环境氛围建造，在造型、选材、用料、装饰上都极富个性。

（2）以旅游度假为目的的度假房地产开发。在大中城市远郊或远离大中城市的著名风景区附近，或在旅游资源突出的旅游目的地城市。依托现有的优秀旅游资源，投入休闲度假设施的建设，大力营造旅游度假氛围。开发商的目的是为异地置业者提供第二居所度假休闲区，业主以度假置业和投资置业为目的，如海南景观住宅多属此种模式，包括产权酒店、时权酒店、时值度假型酒店、养老型酒店、运动度假别墅等。

（3）以大盘形式出现的综合性旅游房地产开发。这类房地产多在旅游目的地城市，兼有第一居所和第二居所两种功能。例如万达在昆明滇池国家旅游区内4000亩土地上投入30多亿人民币进行的旅游房地产开发，项目包括大型游乐园、湖滨高尔夫球场、园林五星级酒店、英式马术俱乐部、旅游风情小镇、产权式度假公寓、连排别墅、独栋别墅等。社区配套包括中小学、幼儿园、医保中心、购物中心，是集旅游度假、大型休闲体育设施、产权式酒店、别墅等为一体，兼具第一居所和第二居所功能的大型综合度假休闲社区。

5. 电子商务+旅游业

旅游电子商务与当今旅游的个性化消费需求不谋而合。它是旅游业态经营模式的创新，即旅游企业通过旅游网站向旅游者提供旅游信息、旅游产品和旅游服务，旅游企业可以与消费者随时随地进行交流或交易。它改变了旅游企业传统的经营方式，减少了销售环节、降低了产品成本、提高了工作效率，能为客户提供低价、优质和更加便捷的服务。

知识拓展

淘宝旅行

2010年5月，淘宝网旗下旅行频道正式上线。淘宝网旅行频道把全网的优质酒店、旅行社等卖家资源整合进来，使消费者可在线安排好旅游中所需的几乎所有服务，并一举成为当前最大、最全的互联网旅行服务平台。

淘宝网旅行频道分为机票、酒店、旅游服务和目的地资讯四大板块，消费者除了可以像传统旅游网站一样在线购买机票、预订酒店之外，还可直接在线购买旅游目的地门票、租车、导游以及出国签证服务，并获得基于网友点评的目的地最火的吃喝玩乐项目信息。

淘宝网旅行频道负责人表示："所有出行相关产品和服务可以一站搞定，是淘宝网旅行频道的最大特色。"截至2013年4月，淘宝旅行已有超过2400家机票代理商和旅游卖家，向消费者提供旅游产品交易服务。淘宝机票单日出票峰值达到几万张，除机票外，淘宝旅行平台能够买到30000余家酒店客栈青年旅社、170000余个景点门票产品。

6. 旅游综合体

当前，城市凭借其政治、经济、文化和商贸等中心职能，主宰着旅游发展的方向和未来。与城市旅游同步发展的是适应城市旅游需要的体现出高度综合性、集中性和关联性的旅游新业态—旅游综合体的形成。旅游综合体就是在一定的区域内，依托旅游吸引物，将满足游客"吃、住、行、游、购、娱、体、学、疗、悟"等需求结合于一体，如在特定区域内集中布局宾馆饭店、餐饮业、娱乐业、新奇物、特色物和礼品商店等的街区，是高度综合、集中和浓缩化的现代旅游业态，其旅游服务功能强大，能实现旅游者一站式消费的旅游需求。

知识拓展

西溪天堂国际旅游综合体

公元1129年，宋高宗的一句感叹：西溪且留下。让西溪从此有了皇家文脉的玺印。现代杭州人在全面保护的前提下，将其打造成天堂中的天堂——西溪天堂。

杭州作为一个国际化的旅游都市，每年有上千万的旅游吞吐量，对高标准、大规模的旅游公共服务配套设施的需求越来越迫切。西溪天堂的整体构思即缘起于西溪湿地保护工程中“配套停车场”的概念，后演变成酒店加停车场的“大型旅游公共服务中心”，通过国际酒店咨询公司的可行性分析及开发团队的不断演进，建设性的提出“酒店集群”概念，随之演变成以国际酒店集群为核心，融合中国湿地博物馆、国际俱乐部、精品商业街、酒店式公寓、产权式酒店、旅游公共服务设施为一体的“国际旅游综合体”——西溪天堂。

为高标准地完成中国首个世界级国际旅游综合体的使命，西溪天堂以世界一流的技术、团队和领先的设计作支撑，邀请了矶崎新、戴卫·奇普菲尔德、哈韦尔·皮奥兹、马里奥·博塔、斯蒂文·霍尔等五位世界级建筑设计大师领衔近60家境内外精英团队参与设计，共创这国际共享的休闲、度假天堂。

四、旅游新业态发展对旅游人才的新要求

旅游新业态在加快旅游产业发展，优化旅游产业结构、提升旅游产业能级的同时，也对旅游人才提出了新的要求，从旅游新业态的发展趋势可以断定，未来旅游业的发展对旅游人才的需求主要表现在以下三个方面：

1. 对旅游人才需求总量的大幅增加

据统计，目前国内旅游业人才需求缺口超过200万以上，随着旅游新业态的不断产生和扩展，旅游业的总体规模在不断扩大，旅游人才供需之间的缺口会进一步加大。

2. 对旅游人才结构需求发生新的变化

从目前旅游人才整体结构看，首先，旅游企业经营人才、旅游专业技术人才和旅游服务技能人才等旅游主体人才质量不高；其次，旅游策划人才、旅游会展人才、旅游传媒人才、旅游商品设计人才、旅游营销管理人才、旅游投融资人才、旅游装备制造人才、旅游信息化人才等适应旅游新业态的新型旅游人才极为鲜见。

3. 对旅游人才素质提出新的要求

首先，旅游新业态产生的内驱力是在科技进步、市场变化与管理创新宏观环境下的旅游行业从业者的创新精神；其次，由于新业态的大量涌现，服务门类不断细化，服务要求不断提高，工作方式不断改变，从而对旅游从业人员的创新、资源整合、信息获取与分析、综合与系统分析、特种技术运用等与旅游新业态的创造、经营、管理高度相关的能力要求也日益提高；再次，旅游新业态的综合性、创新性、动态性、科技性等特征决定了旅游新业态从业人员的知识结构必须是多方面的，不仅要掌握旅游学、经济管理、人文社会、电子商务等知识，还要掌握生态学、环境学等诸多跨学科知识。

效果评价

知识评价

1. 请描述旅游新业态的概念。
2. 请说说旅游新业态种类，并以实例进行说明。

能力评价

结合旅游新业态发展对旅游人才的新要求，谈谈我们应该怎么做？

任务四 旅游业发展趋势

任务引入

中国旅游业发展政策对路（摘要）

——访联合国世界旅游组织秘书长塔利布·里法伊

联合国世界旅游组织秘书长塔利布·里法伊23日在接受新华社记者专访时说："近些年中国旅游业发展迅速，这得益于中国政府高度重视旅游业，而且制定了正确的旅游发展政策。"

在全球金融危机背景下，世界旅游业在过去几年内仍然保持良好的增长势头。2012年，全球旅游业收入增长4.5%左右；全球境外游客总数达10亿，增长42%，其中约8000万是中国人。中国对世界旅游业作出了巨大贡献。

中国也是一个旅游热点，是世界第三大旅游目的地，去年6000万人次到中国游览。中国既是旅游来源国，又是旅游目的地，旅游业已成为中国主要经济支柱之一，中国政府高度重视旅游业的可持续发展。世界旅游组织在中国成立了5个旅游观察站，负责监测和分析旅游对环境、社会和经济等方面的影响。

里法伊说，全球旅游业的持续增长与旅游文化的形成有关，旅游对人们来说已是生活的一部分，是生活的一种权利，不可剥夺。旅游业的增长势头将持续至少20年。

资料来源：新华网，2013年1月24日

通过上面这段话，请谈谈你对世界旅游业发展趋势的认识。

任务执行

随着我国社会经济的快速发展，个人可支配收入的增多，在空闲时或节假日外出旅游，正逐渐成为人们重要的生活方式。从世界旅游业未来的发展方向看，以下趋势将占主流：

一、进入大众旅游发展阶段

当代中国旅游业始于1979年，那时，中国还很贫穷，老百姓既没有旅游的需求，也没有旅游的能力。整个旅游业就是入境观光市场。目前中国旅游业正在进入以国民消费为基础的大众旅游发展阶段。旅游已成为人们生活中的一种元素，进一步将成为生活的要素。在这样的大背景下：

首先是旅游行为的普遍化。现在中国的人均出游人数是两次多，美国是七次，所以将来是旅游行为的普遍化。其次是旅游生活常态化。这种常态化也就是对个人来说旅游是短期的生活方式，但是对于整个社会来说旅游是恒久的生活形态。每天都有大批量的人在旅游，以2012年来说，国内旅游人数达29亿人次，是全球最大的国内旅游市场。入境旅游人次达1.33亿人次。第三是旅游市场全球化。不仅外国人进来，中国人也走遍世界，2012年，中国出境旅游人数达0.8亿人次，是世界上最大的出境旅游消费国，出境旅游消费全年达1020亿美元。第四是旅游通行便利化，如北京的72小时过境免签证、落地签证。除此之外，各方面的变化都会促进旅游通行的便利化。比如选择高铁，非常方便，而且很舒服。

知识拓展

中国游客拉动圣诞消费

圣诞连着新年，节日气氛渐浓。根据新华社驻外记者的长期观察，在西方这个一年一度的传统节日季，从节日商品、节日旅游，到节日文化，正体现出越来越浓的“中国味”。

在瑞士湖畔城市卢塞恩有上百年历史的宝齐莱表行，圣诞树还没摆出来，就已经计划着为迎接中国新年重新装饰店铺了，邀请中国游客到店里选购豪雅、劳力士和另外20多个品牌的手表。

如今中国人正成为世界上最有价值的游客，2012年在境外游期间总共消费1020亿美元。在圣诞节这个传统的节日里，西方的酒店、商店和政府都在极力吸引中国游客，以助力本国经济复苏，例如，把粥和饺子加入早餐菜单、向来自中国的游客发放象征好运的红包，提供能说流利汉语的导购、中文的产品说明和购物指南。

代表伦敦购物区中心600家零售商的新西区百货公司表示：“中国购物者促进了大卖。”中国访英游客人均消费达到1676英镑（约合2674美元），接近全球平均水平的三倍。

为方便游客支付，伦敦塞尔福里奇、哈罗德等多个百货公司都已接受中国银行卡。伦敦西区的商店也设立了中国导游接待处，鼓励他们带游客到店内消费，以获得佣金。而牛津郡的比斯特购物村每逢圣诞节就会遭遇大堵车，那里有100多家商店在出售高档打折商品。销售人员说：“我们每天都在接待不少中国游客。”

哈罗德百货今年还利用中国的新浪微博推出“圣诞寻宝”互动活动。想要赢得大礼的粉丝们需要在店内找到礼盒与之合影，并把照片上传至哈罗德百货的官方微博。

哈罗德百货表示，此次“圣诞寻宝”活动的目标受众既包括赴英旅游的中国人，也包括在英国生活和工作的中国人。此次推广活动旨在提高哈罗德百货在中国消费者中的知名度。通过微博营销活动，哈罗德百货希望对赴英中国游客产生强大影响。

资料来源：http://www.ce.cn/culture/gd/201312/30/t20131230_2018286.shtml

二、度假旅游呈持续增长之势

从世界旅游业发展来看，度假旅游的发展历程已经走过了半个多世纪。随着世界各国经济的发展和生活水平的提高，众多旅游者旅游的目的也从传统的开阔眼界、增长见识向通过旅游使身心得到放松休息、陶冶生活情趣等转变，度假旅游活动成为现代人生活的重要组成部分。随着旅游者中度假人数比例的不断增大，现在度假旅游已经成为重要的市场方向。如海岛、滨海旅游度假，在一些国家和地区成为主要的经济收入来源，如在百慕大、巴哈马、开曼群岛，旅游业收入占其国民收入的50%以上。目前，地中海沿岸、加勒比海地区、波罗的海及大西洋沿岸的海滨、海滩成了极负盛名的旅游度假胜地。

休闲度假与旅游体验逐步迈上大众化轨道。欧洲发达国家是大众度假旅游的发源地。随着科技进步和经济发展，人们的休闲时间与时俱增，人们的可自由支配收入大幅度增长。在美国，美国人已有1/3的休闲时间，2/3的收入用于休闲，1/3的土地面积用于休闲。休闲度假已成为现代社会人们的重要生活方式，休闲经济成为经济社会发展的重要经济形态。

旅游市场的供求内容发生了实质性变化。旅游者已不满足传统的大众化的观光旅游产品，开始选择具有鲜明地域特色、时代特色和个性特色的度假旅游产品。度假者在度假期间除了在度假地活动以外，往往还会以该地为中心，做短途游览，进行观光、考古、探险、运动等，认识、感悟和体验不同旅游度假地的特色文化，扩大视野，放松身心，提升内涵。

知识拓展

做个天堂岛民

爱热闹又不想只住进隐世度假酒店的小岛的游客，可以来到咸美顿岛（Hamilton Island），顿时会有变成一个天堂岛屿度假村居民的亲切感。

咸美顿岛是充满渔港风情的小岛小镇，岛上的一条主要街道，所有小店餐厅酒吧都会聚于此。我们入岛随俗，租了一辆岛上主要交通工具——高尔夫球车代步，做个正式岛民感觉非常好，小岛由南至北环岛一游都只是5公里的路，连居民也以高尔夫球车代步。

这儿也有度假村，岛上的五家三至五星级的酒店可供短期住宿，连同大部分的餐厅及玩乐设施，这些都由咸美顿岛连锁管理。无论选择相对比较经济的小屋或者五星级面海度假酒店，衣食住行都不用局限于入住一家酒店，而是觉得大家都住在一个快乐小岛的屋檐下。

黄昏时你会看见游人开始在大街上开车游玩，向高速公路上的日落亭开去，都为看南太平洋的绝美日落。

资料来源：http://blog.sina.com.cn/lsylsmlyp

三、智慧旅游的快速发展

智慧旅游是一个全新的概念，就是利用移动云计算、互联网等新技术，借助手机等上网设备，获取旅游相关信息，并及时安排和调整旅游计划。简单地说，就是游客与网络实时互动，让游程安排进入触摸时代。从旅游管理者的角度出发智慧旅游的“智慧”体现 在“旅游服务的智慧”、“旅游管理的智慧”和“旅游营销的智慧”这三大方面。

（一）服务智慧

智慧旅游从游客出发，通过信息技术提升旅游体验和旅游品质。游客在旅游信息获取、旅游计划决策、旅游产品预订支付、享受旅游和回顾评价旅游的整个过程中都能感受到智慧旅游带来的全新服务体验。

如携程旅游网，创立于1999年，总部设在中国上海，向超过五千余万注册会员提供有关旅游资讯的全方位旅行服务。网站服务和内容有：(1) 携程旅游网提供在线预订服务，包括：在线机票预订、酒店预订、旅行线路预订。携程旅游网有覆盖中国及世界各地旅游景点的目的地指南频道，其信息涉及吃、行、游、购、娱以及天气等诸多方面，堪称一部网上旅行百科全书。(2) 社区。网站社区频道深受网民欢迎，社区为旅游者提供交流和获取信息的场所，兼有趣味性和实用性于一体的栏目，如“结伴同游”、“有问必答”等。俱乐部开展各种特色旅行活动：对商旅客户按企业的需求定制，有效的出差费用管理，上网随时随地享受服务。

（二）管理智慧

智慧旅游将实现传统旅游管理方式向现代管理方式转变。通过信息技术，可以及时准确地掌握游客的旅游活动信息和旅游企业的经营信息，实现旅游行业监管从传统的被动处理、事后管理向过程管理和实时管理转变。

智慧旅游将通过与公安、交通、工商、卫生、质检等部门形成信息共享和协作联动，结合旅游信息数据形成旅游预测预警机制，提高应急管理能力，保障旅游安全。实现对旅游投诉以及旅游质量问题的有效处理，维护旅游市场秩序。

智慧旅游依托信息技术，主动获取游客信息，形成游客数据积累和分析体系，全面了解游客的需求变化、意见建议以及旅游企业的相关信息，实现科学决策和科学管理。

智慧旅游还鼓励和支持旅游企业广泛运用信息技术，改善经营流程，提高管理水平，提升产品和服务竞争力，增强游客、旅游资源、旅游企业和旅游主管部门之间的互动，高效整合旅游资源，推动旅游产业整体发展。

如通过旅游业服务的电子商务平台，可以有助于有效地解决旅游紧急救援以及安全保障的问题。随着人们个性旅游需求的不断释放以及大众旅游需求的不断膨胀，旅游安全问题日益突出，如何有效监控旅游大巴的驾驶状态（包括司机的疲劳驾驶与否），如何准确定位遇险的自驾旅游者以及野外攀登、徒步、穿越等特种旅游爱好者的位置等，有了电子商务平台，游客可以非常顺利地找到野外的避难所、急救站等野外定点旅游救援设施，也方便救援力量能第一时间确定遇险游客位置，实施有效救援。

旅游业服务的电子商务平台还可以有助于有效地解决我国景区景点管理问题，尤其是旅游景区内游客空间分布不均的问题。游客不仅可以通过手机购买景区门票，景区更可以充分、完全地了解游客在景区的全时、全域的分布，从而调整景区的管理力量配置，也可以通过景区内配置的游客管理系统引导游客的空间流向，借助平台对游客在景区内的流动特征、消费习惯等进行科学地计量分析，游客自身也可以根据手机等通讯设备得到景区内客流分布实时信息，自主调整游览线路。游客还可以将自己即时的旅游体验通过平台与更多的人共享，增加对旅游景区（当然也包括其他旅游相关企业）的舆情监督。

（三）营销智慧

智慧旅游通过旅游舆情监控和数据分析，挖掘旅游热点和游客兴趣点，引导旅游企业策划对应的旅游产品，制定对应的营销主题，从而推动旅游行业的产品创新和营销创新。智慧旅游可以通过量化分析和判断营销渠道，筛选效果明显、可以长期合作的营销渠道。智慧旅游还可以充分利用新媒体传播特性，吸引游客主动参与旅游的传播和营销，并通过积累游客数据和旅游产品消费数据，逐步形成QQ、微博、微信等自媒体营销平台。

如安吉旅游新浪官方微博开通短短5个月时间，通过图片、景区活动介绍、各季节旅游信息发布、互动的话题等，迅速集聚了近万名的网络人气，而各粉丝之间也在传播不同的信息，达到了推波助澜的效果。

旅游管理部门还可以借助微博工具，进行精准营销。目前，新浪微博上已经开发出来的应用工具有很多。如通过新浪微博数据，景区不仅可以了解粉丝在全国各地的分布情况、男女比例、粉丝的兴趣爱好，还能够通过分析粉丝对企业微博的关注、评论、转发等行为的数据，了解自身微博的运营状况。也可以通过应用工具深度挖掘微博各项数据，查询任一用户微博的影响力，并有互动的人脉图关系展示。并对其微博、关注人、粉丝进行营销分析。通过页面流量统计可以随时查看微博页面的流量变化趋势，监测到推广效果，作为制定后续营销策略的参考。类似的分析工具非常多，景区可以根据自己的需要去使用，借助数据分析更好地帮助我们进行个性化、精准化营销。

然而当微博营销刚刚被大众所熟悉，旅游业内又掀起了微信营销风。

知识拓展

旅游行业内掀起微信营销新风潮

微信的公众平台，公众账号二维码的时代，让每个企业单位都可以以拟人化的形式通过手机端和粉丝互动、群发、图片甚至语音等全方位的沟通。旅游行业的营销，也需要有新的管道加入，消费者都会对新鲜的事物更感兴趣，新的营销方式同时也能给消费者带来新的体验。

近日包括酒店、航空公司、在线旅游网站、国内景区以及旅行社等也都纷纷开始利用微信独有的特性，进行本地营销推广，将微信做为移动式实时客服平台、预订功能、景点门票打折等各种服务。

记者从微信客户端官方账号搜寻功能发现到，在线旅游网站包括同程网、艺龙网都已跟进，同程网的官方公众账号可以预订之外，还开通全国景点团购的公众账号，提供8000家景点的团购；廉价航空亚洲航空的微信则以发送促销信息为主，提前告知促销信息，每周大概发送2—3次到其关注的手机客户端；其他如上海旅游局也在几天前刚推出名为上海会奖旅游的微信，定期发布上海旅游市场动态及热点旅游信心，开展一系列在线线下活动。

又如平价连锁酒店布丁酒店之所以在微信上取得不错的营销成果，主要是由于微信通过附近的人功能推荐用户所处地理位置附近的上述两家酒店，并将用户引导到他们的公众账号申请会员卡或进行预订等营销手段所拉动。

据了解，目前布丁酒店的微信客户端会员总数已超过25万，日均增长会员数逾4600人，平均每天为布丁酒店带来169个。当使用者关注酒店的同时，不仅仅是获得一张会员卡，实际上更是收藏了酒店的订房方式，未来只要使用者有订房需求，可直接打开微信布丁酒店账号进行订房操作，对有使用微信习惯的用户来说提供极大便利。

此外，部分国际品牌旗下的个体酒店也已开设各自的官方账号。而朗廷集团中国区公关经理孙焱也向记者表示，朗廷集团大中华区有专门的电子商务部早已关注到微信营销，集团今年已全面在大中华区的所有酒店尝试微信营销，包括朗廷、朗豪、逸东华等品牌旗下单体酒店都有自己的二维码图片及微信号，并在酒店电梯、大堂、客房等区域上都放置二维码图片及宣传展板，客人只要拿起手机扫描二维码就可关注酒店，之后每家酒店陆续开始对自身酒店的餐饮、客房优惠等活动，不花一分钱就可以有效且针对性的直接面向单个潜在消费者。

最初微信(Wechat)的推出，仅限于便利个人与个人之间的联系，而现在大家开始发现手机用户用微信不再局限于朋友之间的交流对话，还可以查找更多其他专业信息平台公众账号，关注更多有价值的微信公众平台。

不同于微博的微信，商家和使用者之间的对话是私密性的，不需公之于众，亲密度更高，可以将满足消费者需求和个性化的内容推送到各个潜在关注的使用者手中，使用者也可以一对一的与其互动。微信公众平台信息的到达率可说是100%，还可实现用户分组、地域控制在内的精准消息推送。反观去年热议的微博营销，其广告信息很容易就被淹没在微博滚动动态中，除非刷屏发广告或者消费者刷屏看微博，无法保证消费者可以实时看到信息。

资料来源：http://www.9tour.cn/info/53/395052.shtml

四、旅游市场个性化发展

一是旅游消费的个性化。新一代消费者的产生，个性化的要求越来越高。传统旅游过程中，往往是旅行社独自设计旅游路线和景点，以及停留的天数等等。游客只能从有限的范围内选择产品和服务中进行选择。虽然随着市场竞争的日益激烈，游客们选择的范围越来越大，但是却始终满足不了顾客的个性化需要。因此近来那些不需要旅行社代理，自行旅游的人越来越多，自助个性化旅游成为重要的发展趋势。

二是旅游服务的个性化。个性化的要求需要有精准化的选择，随着网络技术的运用，这种需求被更好地满足。游客通过网络媒体，能够了解到旅游目的地的某些特色，从而极大地激发起兴趣。而且游客还能够按照自己希望得到的体验进行目的地的查询，再从各种带有这种体验氛围的目的地中选择。

如新兴的个性化定制旅游——专属游，从消费者需求角度对团队游进行细分，赋予团队游更多个性和自主性，形成新的分类体系，帮助解决“和谁去”、“去玩什么”等问题。比如，蜜月游、亲子游、夕阳游、私家团、半自助游等满足消费者对于旅游自主性、私密性的要求。一单一团，专车专导，自由私密，比团队游舒适，行程顺序安排较有弹性，比自由行安排内容更饱满、充实，两人起订，每张订单都独立成团，全程配专属导游、专车服务，还根据游客的需求调整行程。这在常规旅游团队市场竞争日趋激烈，利润被挤得越来越少，价格越来越透明的情况下，发展特色鲜明、个性突出的定制式旅游，是未来的发展趋势。

五、产业融合发展愈发明显

目前，工业、农业、文化产业、医疗业、体育业等众多产业已经开始了与旅游的融合化发展，并取得了一定成效：以美国迪士尼主题公园为代表的文化产业与旅游业融合，以台湾宜兰为代表的农业与旅游业的融合，以韩国美容旅游为代表的医疗美容业与旅游业的融合等。基于产业融合的旅游发展要注意与文化、创意、休闲等方面的结合。

1. 文化

实现旅游开发与产业文脉的对接，通过旅游吸引物、旅游体验环境、旅游消费商品等多种载体和渠道，实现产业文化的演绎、展示、传承、弘扬，塑造产业旅游的鲜明个性形象，将产业品牌核心文化价值传递给游客。

2. 创意

要以差异化、特色化的原则为指导，以文化创意和技术支撑为手段，提升旅游业与相关产业融合的广度和深度，提升产业旅游项目中的创意含量，创新产品和服务，以创意释放旅游与产业融合的创新潜力。

3. 休闲

集生产性、生活性、休闲性于一体，融科技、设施、环境为一炉，以人性化原则为指导，在信息、交通、活动、配套设施等方面建立包容性强、适应休闲需要的服务体系，提高产业的日常休闲质量，以提升旅游价值。

知识拓展

世界旅游强国旅游业发展的主要经验和做法

● 希腊和西班牙促进旅游业发展的主要经验和做法

1. 高度重视发展旅游业，深层次开发旅游产品。希腊和西班牙除推出丰富多彩的旅游景点和活动吸引游客外，还非常重视旅游商品的开发。两国一方面抓好旅游产品体系建设，不断拓展和完善产品系列，尽可能扩大现有市场规模，另一方面不断加大旅游产品的深度开发，挖掘文化内涵，打好历史牌、文化牌，将单纯的文物旅游扩展为文化旅游，创造新的发展亮点。重视历史遗址作为重要旅游资源的研究与开发，所有的遗址都得到了很好的保护和整理，被开发建设成遗址公园，有的还配以博物馆。希腊和西班牙重视通过文化观光产品的解说系统体现其文化内涵，在导游员的资格与素质的控制上，在景点解说词的编写上，在游览线路的安排上，都能通过精心设计充分展现其旅游产品的文化魅力。

2. 严格产品服务的质量管理。西班牙不仅在管理上常抓不懈、狠抓服务质量，而且在基础设施等硬件投入上也加快步伐。投资用于道路交通、环保设施、文物保护和开发、旅游教育和科研、景点开发、景区和度假区的环境改善和辅助设施的建设等方面。

3. 注重相关资源整合，形成大旅游的发展格局。希腊、西班牙都非常重视旅游相关资源的整合，不仅重视借大型活动做好国际旅游的促销工作，而且重视将一些大型体育和展示活动设施作为观赏点加以充分利用。

4. 在加强旅游资源开发利用的同时，高度重视资源保护。希腊和西班牙非常重视通过在政府严格管理下对资源的有效利用，来实现对资源的持久保护和旅游业的可持续发展。所有城市都制定有比较科学和严格的城市规划，对市区的土地利用和城市的建筑物高度和外形都有严格规定，以此保护城市原有的历史风貌，使许多城市本身就构成了独特的旅游目的地。所有重要的文物都有相应的保护措施。景区景点的所有门票收入，都用于景区的资源保护，很好地协调了旅游部门和资源管理部门之间的矛盾。

5. 加强基础设施建设，完善旅游配套条件。西班牙现代化综合运输体系和通讯网络很完善，硬件设施和软件服务达到了世界较先进的水平，基础设施方面注重细节，即使是旅游景点的厕所也都非常干净整洁；各旅游城市都设有为游客服务的旅游咨询中心，成为当地旅游服务的窗口；在交通运输基础设施建设上尽可能为旅游发展提供方便，各种交通工具间的衔接都具有良好的协作运行机制。

● 新加坡旅游业的成功经验

1. 注重保存历史和发扬自身特色。新加坡在城市建设中，因地制宜，对一些有特色的民居，都加以特别保护和修葺，或按原先模样加以恢复，或古今结合、古为今用，使之成为旅游景点。新加坡将各种文化节作为保存和展示历史文化的重要手段，如华人的春节，各种富有民族特色的表演等。游客在新加坡不仅可以体验自己国家的文化，也可以接触世界各地、各民族的优秀文化艺术。

2. 因地制宜地开发建设旅游景点。新加坡国土面积狭小，自然景观不足，因此新加坡不断地利用其他自然条件，因地制宜地人工开发旅游景点并形成旅游胜地。比如圣淘沙，以前是荒岛和军事基地，现在已经成为花园之国的花园；利用地处赤道的优越条件，建立了很好的植物园，集中了各种名贵植物，培育了品质很高的兰花作为国花，成为世界上兰花出口最大的国家；利用四面环海的条件，开辟了许多新旅游区。

3. 塑造了东方文明的旅游形象。新加坡努力塑造了一个非常文明的国度，它给外来游客的共同印象是：清洁、安定、文明、亲和。

4. 通过会展旅游和创新发展的旅游方式吸引游客。“旅游经济无止境”是新加坡旅游局制定各项政策的基础，在这一思想指导下，新加坡不断扩展旅游经济的发展空间，不断创新，利用其交通中心和金融中心的有利条件，大力发展会议旅游，把新加坡定位于区域旅游的中心门户，亚洲地区会议、奖励旅游、论坛、展览和休闲的首选地点，以及世界海上旅游的主要基地。

5. 政府重视对旅游产业的管理和规划。新加坡政府非常重视对旅游产业的管理和规划，以及人才的培养。除发展观光旅游外，新加坡还积极开发旅游购物、奖励旅游、会议旅游、教育修学游、医疗保健游、游轮旅游、商务旅游等多种旅游产品，不断适应世界各地游客的需要。

● 法国和美国发展旅游业优点

1. 社会(福利)旅游兴起于法国，发展迅速。政府将部分福利基金资助一些不以盈利为目的的旅游公司发展旅游业，目的是让低收入家庭也能享受旅游度假的权利。在美国社会福利也比较完善。

2. 法国和美国的旅游接待条件，从起居设备、饮食到服务质量均居上乘。无论哪种档次的旅店，都很卫生、整洁、安全、安静，能满足旅客的基本需要，即使是三星、四星级酒店，也以追求舒适为主，远没有国内同星级酒店那么豪华。所有的旅店都有免费的叫醒服务，而没有国内那样的电话骚扰。从居住的大环境来看，美国气候宜人，城市和乡村洁净如洗。在美国，很少看到围墙、防护窗，给人一种开放感和安全感；很少看到裸露的泥土地，到处是郁郁葱葱的森林，绿茵茵的草地；几乎看不到散弃的生活垃圾，严格的垃圾袋装化、完善的环卫设施、强烈的公民卫生意识、严厉的处罚手段结合在一起，创造了文明卫生的生活环境。

3. 交通条件好。法国有150家民用航空公司，包括空中客车公司；有125座机场，其中89座机场能起降各种民用客机。铁路运输和基础设施由国家垄断企业法国国营铁路公司经营。法国内河水运公司有328家，共有25万多艘船用来载客，其中2000艘船供租赁用。美国的运输主要靠公路和航空，美国公路高度发达，其高速公路的总长度占世界高速公路总长度的2/3。美国航空业运输发展十分迅速，无论在客货总运量、航空线路、机场设施、飞机数量和质量方面，都明显超过世界任何国家。

4. 优质酒店及中介旅游公司多。法国有很多星级饭店，各类饭店床位占世界总数的4.9%，还有各类旅行社3805家。美国的酒店和旅行社更是世界第一。

5. 世界优秀主题公园、博物馆及旅游产品多种多样。法国有主题公园70多座，如迪士尼乐园等，有1100多座国家级艺术博物馆。美国的旅游产品类型多样，影视娱乐类，如洛杉矶好莱坞、迪斯尼以及拉斯维加斯；城市文化观光类，如纽约、华盛顿、费城、旧金山、康宁；自然风景观光类，如尼亚加拉大瀑布；休闲度假类，如夏威夷等等。洛杉矶的好莱坞、迪士尼的特点是惊、险、奇、特，进园不久就让人切身体验到它们扣人心弦的魅力和折腾人的高超本领。即使是休闲度假型的夏威夷也以冲浪刺激为精品，自然观光性的尼亚加拉大瀑布则以巨大落差给人以强烈的视觉刺激。

资料来源：http://wenku.baidu.com/link?url=iu485CTU45uj_W0AorLHMqp wq6STXuFSdVLpcHtmlorb12354vGWVI7wZ2wgbnizY7Pr1xlphUEc-clz6WwanaTq8zAnLVX9-c5mnMgU6EC

效果评价

知识评价

1. 试述未来旅游的发展趋势。
2. 什么是智慧旅游？如何做好智慧旅游？
3. 结合实例谈谈什么是旅游市场的个性化发展？

能力评价

通过上网查看，收集资料，找出三个你认为“智慧旅游”做得最好的城市，并撰写一份完整的分析报告。

参考文献

[1] 王兴斌.各国旅游管理体制评述[J].旅游调研,2008(3).
[2] 王洪滨,高苏.旅游学概论[M].北京:中国旅游出版社,2010.
[3] 李天元.旅游学概论[M].天津:南开大学出版社,2009.
[4] 向三久,熊彩云.旅游概论[M].广州:暨南大学出版社,2007.
[5] 葛建男.旅游概论[M].北京:清华大学出版社,2012.
[6] 吴必虎,旅游学概论[M].北京:中国人民大学出版社,2009.
[7] 刘晓明.旅游市场营销[M].上海:上海交通大学出版社,2011.
[8] 刘伟.旅游概论[M].南京:南京师范大学出版社,2012.
[9] 陈爱梅.旅游学概论[M].北京:北京师范大学出版社,2011.
[10] 蔡敏华.旅游概论[M].2版.北京:人民邮电出版社,2011.
[11] 邹统钎,陈芸.旅游目的地营销[M].北京:经济管理出版社,2012.
[12] 韩玉灵,张焱蕊,唐承财.旅游法出台对景区管理有哪些影响[J].中国旅游报,2013(6).
[13] 钟林生.《旅游法》对生态旅游提出更高要求[N].中国旅游报,2013-7-29.
[14] 吴必虎.区域旅游规划原理[M].北京:中国旅游出版社,2002.
[15] 黎兴强.中国旅游规划体系新框架的探讨[J].旅游学刊,2011(26).
[16] 李小健.旅游发展规划入法:保护资源优先[J].中国人大杂志,2013(333).
[17] 周晓霞.旅游规划类型与编制内容研究[D].上海:同济大学,2008.
[18] 邹统钎.旅游目的地管理[M].北京:高等教育出版社,2011.
[19] 韩梁.威尼斯人的感叹[N].经济观察报,2011-9-30.
[20] 唐龙文.经济发展与构建和谐社会[M].沈阳:辽宁大学出版社,2010.
[21] 中华人民共和国环境影响评价法,2002.
[22] 杨玲玲,魏小安.旅游新业态的“新”意探析[J].资源与产业,2009(6).
[23] 刘雨涛.中国旅游业从“量变”向“质变”飞跃的机理研究[J].特区经济,2012(1).
[24] 朱华.旅游学概论[M].北京:北京大学出版社,2012.
[25] 沈仲亮,张玫.景区承载量与客流量控制[N].中国旅游报,2013-12-13.
[26] 韦伟,江山.安徽旅游发展研究报告[M].合肥:安徽大学出版社,2009.
[27] 张瑞真,马晓冬.我国旅游新业态研究进展及展望[J].旅游论坛,

2013(6).
[28] 方世敏,杨静.国内旅游演艺研究综述[J].旅游论坛,2011(11).
[29] 曾毓琳.从横店旅游演艺看休闲旅游时尚[N].中国经济时报,2013-06-07.
[30] 童薇菁."中国游客争夺战"吹响新年号角"土豪"线路成新宠[N].文汇报,2013-12-23.
[31] 陈戎.旅游地产案例研究[M].上海:上海交通大学出版社,2011.
[32] 徐文雄.旅游发展与产业融合"四化"[J].旅游学刊.2011.4(26).
[33] 张补宏.旅游学教程[M].广州:华南理工大学出版社,2010.
[34] 臧良运.旅游学概论[M].北京:电子工业出版社,2009.
[35] 张吉献.旅游学概论[M].北京:机械工业出版社,2012.
[36] 魏向东.旅游概论[M].北京:中国林业出版社,2000.
[37] 孙文昌,郭伟.现代旅游学[M].青岛:青岛出版社,2002.
[38] 张辉.旅游经济论[M].北京:旅游教育出版社,2002.

参 考 网 站

http://www. wttc. org/
http://www. uftaa. org/
http://www. ih-ra. com/
http://www. cnta. gov. cn/
http://www. caixin. com/
http://www. sina. com. cn/
http://baike. baidu. com/
http://www. toptour. cn

图书在版编目（CIP）数据

旅游学概论／章艺，郑昭彦主编.—上海：华东师范大学出版社，2014.1
创新旅游管理系列教材
ISBN 978-7-5675-1693-9

Ⅰ.①旅…　Ⅱ.①章…　②郑…　Ⅲ.①旅游学—高等职业教育—教材　Ⅳ.①F590

中国版本图书馆CIP数据核字（2014）第020153号

创新旅游管理系列教材
旅游学概论

主　　编　章　艺　郑昭彦
项目编辑　孙小帆
审读编辑　彭泽蔚
责任校对　胡　静
版式设计　卢晓红
封面设计　孔薇薇

出版发行　华东师范大学出版社
社　　址　上海市中山北路3663号　邮编 200062
网　　址　www.ecnupress.com.cn
电　　话　021-60821666　行政传真 021-62572105
客服电话　021-62865537　门市（邮购）电话 021-62869887
地　　址　上海市中山北路3663号华东师范大学校内先锋路口
网　　店　http：//hdsdcbs.tmall.com

印 刷 者　浙江省临安市曙光印务有限公司
开　　本　787×1092　16开
印　　张　13.5
字　　数　295千字
版　　次　2015年3月第一版
印　　次　2016年1月第二次
书　　号　ISBN 978-7-5675-1693-9/F·248
定　　价　27.00元

出 版 人　王　焰